BELIEVE THE HYPE!

BELIEVE THE HYPE!

AMERICAN FOOTBALL: MEHR ALS NUR EIN SPIEL

COACH ESUME
MIT BJÖRN JENSEN

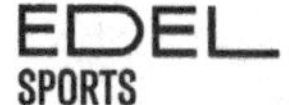

Edel Sports
Ein Verlag der Edel Verlagsgruppe GmbH

Neumühlen 17, 22763 Hamburg
www.edelsports.com
7. Auflage

Dieses Buchprojekt vermittelte die Agentur Sportsfreude / www.sportsfreude.com
Projektkoordination: Dr. Marten Brandt
Lektorat: Alex Raack
Layout und Satz: Datagrafix GSP GmbH | www.datagrafix.com
Umschlagabbildung: (c) Thomas Koch
Abbildungen Innenteil: Privatarchiv Patrick Esume außer S. 9 (c) Zelter Media Service/Michael Zelter // S. 10, 11o., 15 (c) Lionel Friedrich // S. 16 o. (c) Julien Crosnie/picture alliance/DPPI Media // S. 16 u. (c) Michael Freitag
Umschlaggestaltung: Groothuis. Gesellschaft der Ideen und Passionen mbH | www.groothuis.de

Druck und Bindung: GGP Media GmbH, Pößneck

Printed in Germany

ISBN 978-3-98588-015-7

INHALT

FOURTH QUARTER

VORWORT

Ich weiß noch gut, dass es für mich als vermeintliches „Frontschwein“ von „ran NFL“ nicht einfach war, als ich mein Urteil zu den Bewerbern als Kommentator und Experte für unsere Sendungen abgeben sollte. Es waren viele Leute dabei, die wirklich Ahnung von diesem Sport hatten. Für mich war aber eine andere Frage viel wichtiger: „Wie schaffen es gerade die Experten, eine Sportart kompetent und unterhaltsam zu vermitteln?“ Für mich stellte sich auch die Frage, wen ich mir da im TV-Studio live wirklich vorstellen konnte. Expertise und große Klappe ohne Kamera reichen da längst nicht aus!

Bei den Kommentatoren waren sich die Verantwortlichen schnell einig. Babyface Schmiso erhielt den Job. Keine schlechte Entscheidung, wie man heute weiß. Bei den Experten waren viele gute Jungs dabei, aber einer stach, meiner Meinung nach, heraus. Der Coach! So nennen ihn heute fast alle Mitarbeiter, Zuschauer und Fans. Schwarzer Bruder, freche Schnauze, ehemaliger Spieler und aktiver Trainer. Was will man denn mehr?

Ich kann es Euch sagen: Ich habe sehr schnell gespürt, dass er liebt, was er tut. Mit jeder Faser liebt er diesen Sport. Dabei vergisst Patrick nie, dass er in einem Team spielt, auch beim Fernsehen! Er ist eitel, wer ist das nicht? Er kann aber jeden mit ins Boot mit der Aufschrift American Football holen. Das ist für den Job im Fernsehen unglaublich wichtig. Die Couchexperten, die glauben, alles besser zu wissen, verstummen spätestens in der offenen Diskussion mit ihm. Und viel wichtiger: Das „Lakritzbärchen“ schließt keinen Fan und keinen Neuling aus. Das ist im Fernsehen fast schon ein Alleinstellungsmerkmal.

Für mich ist Coach Esume derzeit der beste Sportexperte im deutschen Fernsehen! Ja, ich bin da etwas befangen, weil ich die Zusammenarbeit mit ihm extrem genossen habe. Aber glaubt mir, ich habe in diesem Business schon sehr viel erlebt.

Jetzt noch ein paar persönliche Worte an Dich, Coach: Ich weiß, dass es gerade zu Beginn nicht einfach war, mit mir Alphatier zu arbeiten. Sieh mich einfach als den strengen Lehrer, der ein großes Talent erkannt hatte. Von Woche zu Woche wurde es immer einfacher, gemeinsam zu kommentieren, wir waren ein Team. Die Krönung war sicherlich der Super Bowl in Houston (mehr Drama geht nicht). Für mich der Abschied vom Football im TV, für Dich erst der Anfang!

Lass Dir Deine Haltung nie nehmen, die schätze ich mehr als Dein TV-Talent. Bewahre Demut, denn Du kennst all die Schulterklopfer, die ganz schnell wieder verschwinden, wenn es mal nicht so läuft. Erinnere Dich an meinen Spruch: „Am Ende ist es nur Fernsehen!" Vor allem aber bewahre Dir die Liebe zu Deinem Sport, nur deshalb schreibe ich nämlich gerade diese Zeilen. Weil Du diesen Sport kannst, kennst und vor allem liebst!

Ich werde Dich als Kollegen vermissen, aber ich habe damals beim Casting mehr als einen Footballexperten kennengelernt. Ich habe einen tollen Menschen gefunden. Ich drücke Dich!

Dein Buschi

KICK-OFF:

ZWEI MONATE ALPTRAUM – MEIN ERSTES CAMP IN DER NFL

Regungslos saß ich auf meinem Stuhl und versuchte, mich unsichtbar zu machen. Wie eine Maus, die sich unter den Küchenschrank in eine Ecke verzieht, drückte ich mich so nah wie möglich an die Wand. Ich wusste, dass mein Abflug nach Deutschland bevorstehen würde. 18 erwachsene Männer hatten gerade den Einlauf ihres Lebens bekommen. Sie saßen da um die lange Tafel im Konferenzraum, die rot angelaufenen Köpfe gesenkt, einige den Tränen nahe.

Und nun war für den schwarzen Grizzlybären, der in diesem Raum wütete, nur noch ein Opfer übrig geblieben: Patrick Esume, der kleine Praktikant aus Hamburg, der sich erhofft hatte, im Juli 2006, in dem Deutschland mit seinen Fußballern das Sommermärchen feierte, seine Karriere in der großen Welt des American Football zu starten. Ich wusste zwar nicht, was ich falsch gemacht hatte. Aber da Art Shell alle 18 Mitglieder seines Trainerstabs zuvor an die Wand genagelt hatte, bestand wenig Hoffnung, dass ich verschont werden würde. Ich schwitzte, mein Herz raste.

Der Headcoach schickte die Coaches mit der Ansage, sie in zehn Minuten auf dem Platz zum Neustart des Trainings zu erwarten, aus dem Raum. Mich, der ich mich in seinem Rücken aus der Tür zu schleichen versuchte, hielt er mit seiner riesigen Pranke fest, obwohl er mich eigentlich gar nicht hatte sehen können. „Patrick, du bleibst hier!“, dröhnte er. Das war es, dachte ich. Jetzt schickt er dich nach Hause. Doch Art Shell, als Offensive Tackle in die Hall of Fame des Profifootballs aufgenommen und 1990 als erster schwarzer Headcoach der NFL-Geschichte zum Trainer des Jahres gewählt, sagte nur: „Ich wollte, dass du eins verstehst: Trainer in der NFL zu sein, das ist kein Kindergeburtstag, sondern harte Arbeit.

Hast du das verstanden?" „Verstanden, Coach", presste ich heraus. „Dann ab zum Training!", sagte er.

Vorbereitungscamps sind niemals ein Vergnügen, das weiß jeder, der in seinem Leben schon einmal eins mitgemacht hat, egal in welcher Sportart. Aber das, was ich im Sommer 2006 als Praktikant bei den Oakland Raiders erlebte, lässt all die anderen Camps meines Sportlerlebens im Rückblick wie Spaziergänge im Park erscheinen. Es waren zwei Monate Alptraum, eine Achterbahnfahrt durch die Abgründe der menschlichen Seele, oftmals bittere Cocktails aus Druck, Schlafmangel und Eitelkeiten – und dennoch Erfahrungen, die mich sehr bereichert haben. Deshalb habe ich mich entschieden, diese Erfahrungen zu Beginn dieses Buches mit euch zu teilen.

Ich war 2006 im Trainerstab der Hamburg Sea Devils tätig gewesen, die im Europaableger der NFL spielten. Vor Saisonbeginn standen in Tampa (Florida) die NFLE-Sichtungscamps an. Art Shell war als Commissioner dort anwesend. Irgendwann kam die Nachricht, dass er die NFLE verlassen würde, um als Headcoach bei den Raiders den entlassenen Norv Turner zu beerben. Da ich im Jahr zuvor ein dreiwöchiges Praktikum in Oakland absolviert hatte, stand mir der Club nahe, und so sprach ich Art Shell auf seinen neuen Job an.

Er war begeistert von meinem Interesse und sagte, dass er es gern sehen würde, wenn ich im anstehenden Sommer für zwei Monate ins Camp kommen könnte. Das ging runter wie Öl. Also sagte ich zu und saß Anfang Juli im Flugzeug nach Kalifornien.

Meine Aufgabe bestand darin, Runningback-Coach Skip Peete zu assistieren. Ihn kannte ich noch aus dem Vorjahr, und weil ich durch den Kontakt zum Headcoach ins Camp gekommen war, galt ich nicht als Praktikant, sondern wurde voll in den Stab integriert, was für mich eine unglaubliche Ehre war. Immerhin waren dort ein paar echte Legenden dabei. Fred Biletnikoff zum Beispiel, nach dem der Award für den besten Wide Receiver im College-Football benannt ist, war als Wide-Receiver-Coach im Staff. Quarterback-Coach war Jim McElwain, der später eine Bilderbuchkarriere im College-Football machte und heute als Headcoach der Florida Gators 4,5 Millionen

Dollar im Jahr verdient. Mit Willie Brown (Squad Development) und Jackie Slater (Co-Offensive Line) waren zwei weitere Hall of Famer am Start, dazu Chuck Pagano (Defensive Backs), der seit 2012 Headcoach der Indianapolis Colts ist. Kurz: Als Anfänger aus der Football-Provinz fühlte ich mich wie das schwarze Entlein unter lauter prächtigen, weißen Schwänen.

Die Saison 2005 war schlecht gelaufen für die Raiders. Entsprechend Druck hatte Besitzer Al Davis, ein exzentrischer, für seine cholerischen Anfälle bekannter Mann, auf den neuen Headcoach ausgeübt. Davis, der 2011 im Alter von 82 Jahren starb, war für sein hartes Regiment bekannt, tat aber alles, um seinen Angestellten das bestmögliche Umfeld zu garantieren. So fand das Camp im Napa Valley statt, der berühmten kalifornischen Weinanbauregion. Weit ab von jeglicher Ablenkung, in einem Klima, das beste Möglichkeiten für sportliche Betätigung bot. Es hat während der zwei Monate, die ich dort war, nicht ein einziges Mal geregnet.

Das Marriott-Hotel war zur Hälfte für die 93 Spieler und den Trainerstab geblockt, die Konferenzräume waren hermetisch abgeriegelt. Hinter dem Hotel war ein Maschendrahtzaun, der extra aufgebrochen worden war, um Zugang zu den dahinter gelegenen vier Highschool-Sportplätzen zu bieten, wo das Team trainieren sollte. Die rund 50 neuen Spieler teilten sich Doppelzimmer, die Veterans, also diejenigen, die schon länger für die Raiders spielten, hatten, ebenso wie die Coaches, Einzelzimmer. Und das Essen war das Beste, was ich je in einem Camp erlebt habe. Es gab alles, was man sich wünschen konnte, und das in der Menge, die jeder brauchte.

Einmal stand ich gerade an, um mir ein saftiges T-Bone-Steak auf den Teller zu laden, als hinter mir eine Stimme sagte: „Kann ich bitte auch mal die Zange haben, mein Freund?“ Ich kannte diese Stimme, und zwar von meiner Playstation, auf der ich jahrelang „Madden NFL“ gedaddelt hatte. Kein Zweifel, das musste John Madden sein, einer der profiliertesten Headcoaches der NFL! Ich drehte mich also um – und sah dieser Legende direkt ins Gesicht. Madden hatte 1976 mit den Raiders den Super Bowl gewonnen und war als Ehrenmitglied ins Camp eingeladen worden. Ich konnte gar nichts sagen, reichte ihm wortlos die Zange – und verbrachte den Rest der Mittagspause damit, John Madden aus respektvoller Entfernung beim Essen zuzuschauen.

Das Problem war allerdings an den allermeisten Tagen, dass es keine Zeit gab, um dieses Essen in Ruhe zu genießen. Außer vielleicht in den ersten Tagen, als noch keine Spieler da waren, sondern sich der Coaching Staff zur Vorbereitung traf. Ich jedoch war viel zu sehr damit beschäftigt, die verschiedenen Trainer kennenzulernen und mich mit den Inhalten vertraut zu machen, die vermittelt werden sollten, um an so profane Dinge wie Nahrungsaufnahme zu denken.

Bereits im ersten Meeting zog ich die Arschkarte. Ich wollte höflich sein und warten, bis alle einen Platz gefunden hatten, und als ich mich setzen wollte, war nur noch der Platz neben Art Shell frei. Niemand will freiwillig am Kopf der Tafel neben dem Headcoach sitzen, das war mir schon klar. Aber dass ausgerechnet ich es dann machen musste, und zwar für den Rest des Camps, war sicherlich nicht das gewesen, was ich mit meiner Höflichkeit hatte bezwecken wollen.

In den ersten beiden Tagen wurden im gesamten Stab die Personalien besprochen. Das läuft in der Regel so ab, dass alle Spieler nach Positionen geordnet werden, dann gibt es Berichte darüber, wie die Jungs durch die Off-Season gekommen waren, ob es Verletzungen gab, die möglicherweise den Austausch von Personal nötig machen könnten. Außerdem unterrichtete Art Shell seinen Stab über die grobe Ausrichtung für die neue Spielzeit.

An den kommenden Tagen teilten sich die Coaches in Offense und Defense und besprachen, welche Spielzüge implementiert werden sollten. In dieser Zeit lernte ich zum ersten Mal die Abkürzung CYA kennen. Das steht für „Cover your ass“ und beschreibt letztlich das Anliegen, sich vor dem Donnerwetter des Cheftrainers oder – noch schlimmer – des Besitzers zu schützen, indem man alles, was man im Training erarbeitet hat, schriftlich dokumentiert. Und alles heißt in diesem Zusammenhang: jeden einzelnen Pass, jeden Catch, jeden Spielzug. Das geht natürlich nur, indem jede Einheit aufgezeichnet wird, damit man anschließend das Video auswerten kann. Was das bedeuten würde, war mir anfangs nicht klar, aber ich sollte es lernen.

Nach knapp einer Woche kamen die neuen Spieler ins Camp. Diese Gruppe besteht aus den Rookies, also denjenigen, die noch nie als Profi gespielt haben, und den Free Agents, die in anderen Teams aktiv waren und nun auf einen neuen Vertrag hofften. Diese Jungs kennen sich untereinander selten, und damit sie den Club und seine Philosophie verstehen lernen, und um ihnen einen Vorsprung auf die Veterans zu geben, kommen sie eine Woche früher als die Jungs, die schon im Vorjahr im Kader standen.

Mit ihrer Ankunft veränderte sich der Tagesablauf gravierend. Um 6.30 Uhr war das erste Meeting des Trainerstabs angesetzt, um den Tagesablauf zu besprechen. Weil ich dort frisch und munter auflaufen wollte, stand ich jeden Morgen um 4.45 Uhr auf und zog draußen in der Finsternis ein Work-out-Programm durch. Zwischen 7 und 8 Uhr gab es Frühstück, danach zwei Stunden interne Besprechungen in den verschiedenen Positionsgruppen. Um 10 Uhr stand die erste zweistündige Einheit an. Anschließend hatten die Spieler Zeit für das Mittagessen, für Pflege, medizinische Behandlungen und ein Schläfchen.

Die Trainer jedoch mussten ihr Essen in sich reinschlingen, um genug Zeit zu haben, die Vormittagseinheit auf Video zu analysieren. Schließlich musste noch vor der zweiten Einheit, die gegen 16 Uhr startete, die Analyse des Vormittags abgeschlossen sein, um die dort gewonnenen Erkenntnisse in die Trainingssteuerung einfließen zu lassen. Jeder Coach muss für seine Spieler ganz genau jeden Wert belegen können. CYA sage ich nur.

Bevor die zweite Einheit starten konnte, wurden die Spieler zusammengerufen, um mit ihnen gemeinsam das vorangegangene Training zu analysieren. Dabei ist es immens wichtig, den Spielern ihre Fehler nicht nur vorzuhalten, sondern diese auch durch Videomaterial belegen zu können. Oft genug ist es mir passiert, dass mir vor allem erfahrene Profis nicht glauben wollten, dass sie einen Schritt in die falsche Richtung gemacht hatten. Erst als ich das Beweismittel abspielte, sahen sie ihren Fehler ein.

Nach dem zweiten Training des Tages wiederholte sich diese Prozedur. Abendessen runterwürgen, Videos auswerten, im Trainerstab besprechen und anschließend mit den Spielern analysieren. Dann hatten die Spieler um 22.30 Uhr Bettruhe, für die Coaches ging es jedoch weiter mit dem Strategiemeeting. Dort wurde jeden Abend ein neues Ranking der verschiedenen Positionsgruppen aufgestellt, in das alle Werte des Tages einflossen. Es gab ein Update aus der medizinischen Abteilung, und anschließend wurde unter Leitung des Headcoaches haarklein abgestimmt, was am kommenden Tag die Trainingsinhalte sein sollten.

Wenn man diese dann zu Papier gebracht hatte, war es selten früher als 1 Uhr nachts. Oftmals habe ich es nicht einmal mehr geschafft, mir die Zähne zu putzen oder zu duschen. Ich bin mit Schuhen an den Füßen und meinen Trainingsklamotten am Leib aufs Bett gefallen, habe es gerade noch geschafft, den Wecker anzuknipsen, der auf 4.45 Uhr programmiert war, bevor ich in einen komatösen Schlaf fiel. Und wenn dann nicht einmal vier Stunden später der Alarm losging, fühlte ich mich jedes Mal wie Bill Murray in „Täglich grüßt das Murmeltier".

Das Problem verschärfte sich, als die Veterans ins Camp kamen. Der Tag der Ankunft ist absolut skurril. Eine Mischung aus Auto- und Modenschau. Manche der Jungs lassen sich für diesen Tag ein besonderes Outfit einfallen, um die anderen zu beeindrucken. Du siehst wirklich alle Arten von Autos, aber manch ein Superstar kommt auch mit einem 10.000-Dollar-Pickup, weil ihm Autos nicht wichtig sind. Ich habe nie zuvor eine solche Ansammlung an Louis-Vuitton- und Gucci-Taschen oder -Koffern gesehen. Wenn ich die auf einen Schlag verkauft hätte, hätte ich wohl erst mal einige Jahre nicht mehr arbeiten müssen. Der absolute Hammer.

Insgesamt waren es 93 Spieler, die man zu der Zeit ins Camp holen konnte. Von denen mussten 40 aussortiert werden, was naturgemäß zu einem harten Ausleseprozess führte. Mit Randy

Moss als Wide Receiver, Warren Sapp als Defensive Tackle oder Zack Crockett als Runningback hatten wir ein paar richtige Granaten im Aufgebot. Zu Sapp gibt es eine kuriose Anekdote, die mir deutlich machte, warum er ein solcher Star war. Eines Morgens sah ich, während ich mein Work-out durchzog, zwei Gestalten im Dunklen. Einer sprintete, der andere hielt ihn an einem Band fest. Ich ging näher heran und sah, dass es Warren und Athletikcoach Jeff Fish waren. Eine Extraeinheit morgens um fünf Uhr! Kein Wunder, dass der Typ so ein Gigant war.

Mit der Ankunft der Veterans änderte sich der Charakter des Camps radikal. Es war, als hätte jemand die Vorspultaste gedrückt. Die Geschwindigkeit wurde maximal erhöht, das erste Meeting fand nun schon um 6 Uhr morgens statt, und nachts war ich selten vor 2 Uhr im Bett. Schlafentzug ist ja nicht umsonst eine anerkannte Foltermethode, aber ich war anfangs noch so vollgepumpt mit Adrenalin, dass ich die Müdigkeit kaum spürte. Dass sich das ändern würde, war mir klar, aber zunächst einmal wollte ich es bewusst ausblenden.

Die Arbeit mit der Runningback-Gruppe machte mir extrem viel Spaß. Es waren zwar ein paar Multimillionäre dabei, doch die hatten alle keine Starallüren. Zack Crockett war der alte Leitwolf. Wegen seiner Rastazöpfe wurde er in Anlehnung an den Rapper Busta Rhymes nur Busta genannt. Er war eine absolute Maschine. Lange Zeit fragte ich mich, warum ich ihn nie beim Essen sah. Irgendwann fragte ich ihn selbst, woraufhin er mir seine Küchenzeile zeigte, die extra in seinem Zimmer eingebaut worden war. Er kochte sich sein Essen selbst. „Mein Körper ist mein Kapital, und ich will genau wissen, was für ein Benzin ich in ihn hineinfülle", erklärte er mir. Was für ein Profi!

Der Star war LaMont Jordan, ein explosives Kraftpaket und ein Monsterathlet. Er war sehr an Deutschland interessiert und wollte mich unbedingt in Hamburg besuchen kommen, was er bis heute nicht geschafft hat. Mit ihm habe ich aber noch über Facebook Kontakt. Und der Clown unserer Gruppe war Rod Smart, der vorher in der XFL gespielt hatte, einer Liga, die Football und

Entertainment vermischte. Er hatte auf seinem Trikot nicht seinen Nachnamen, sondern „He hate me" stehen, weil er das mal über einen seiner Trainer gesagt hatte. Ein total verrückter Vogel, der aber immer für ein Späßchen zu haben war.

Leider gab es für Spaß allerdings immer weniger Raum, und das lag daran, dass relativ schnell klar war, dass zwischen der Offensive und der Defensive ein himmelweiter Qualitätsunterschied lag. Und das war nicht in erster Linie das Problem der Spieler, sondern des Offensive Coordinators. Tom Walsh war ein sehr intelligenter Mensch, der mit seiner Softwarefirma die Spielzüge für das Playstation-Game „Madden NFL" programmiert hatte. Nun versuchte er, diese auch in die Schädel seiner Spieler zu hämmern. Er schlief so gut wie nie. Sein Leitsatz war: „Schlafen kann ich, wenn ich tot bin."

Das Problem war, dass alles, was er sich ausgedacht hatte, zu kompliziert war. Mein Football-IQ ist bei aller Bescheidenheit relativ hoch Aber die Formationen von Tom Walsh waren so absurd, dass niemand – vielleicht nicht einmal er selbst – sie durchblicken konnte. Die ersten zwei Wochen waren absolutes Chaos!

Wir hatten drei Quarterbacks, Aaron Brooks, Marques Tuiasosopo und Andrew Walter. Die standen im Huddle, hörten Anweisungen, die 14 Worte lang waren, und wussten nicht, was sie tun sollten. Aaron bekam einen Call, ging weg, kam zurück, fragte nach, was das bedeuten solle. Die Receiver schauten sich nur kopfschüttelnd an, keiner wusste, wo er wie zu stehen hatte. Dazu einen Star-Receiver wie Randy Moss, der mit seiner quiekenden Stimme ständig nörgelte und schlechte Stimmung verbreitete. Dass das nicht gut gehen konnte, wurde mir schnell klar.

In den Meetings hieß es zu Beginn, dass ein neues System immer holprig sei, und dass man Geduld haben müsse. Aber diese Geduld hatte niemand. Die Runningbacks haben es relativ einfach, sie müssen hinter dem Quarterback stehen oder rechts und links von ihm. Aber für die Receiver war es die Hölle. Mehr als einmal hörten wir aus dem Nebenraum, wie Fred Biletnikoff, der Receiver-Coach, seine Jungs zusammenfaltete. Einmal brüllte er sie eine halbe

Stunde lang an. Da fielen Sätze wie „Deine Mutter hat dich wohl zu oft fallen gelassen", oder „Ihr könnt direkt bei Wendy's Frikadellen braten gehen, wenn ihr diese Übung nicht hinkriegt." Wenn die armen Teufel dann aus dem Meeting Room getrottet kamen, hingen die Köpfe fast auf dem Teppich. Außer der von Randy Moss, dem war das alles ziemlich egal.

Die schlechte Stimmung schlug sich aber natürlich auf das gesamte Team nieder. Die Sitzungen wurden immer länger, Headcoach Shell wurde immer deutlicher mit seinen Ansagen, und so war es kaum verwunderlich, dass es irgendwann zum großen Knall kommen musste. Allerdings kam dieser dann doch aus buchstäblich heiterem Himmel. Es war ein wunderbar sonniger Vormittag, wir bereiteten uns auf das erste von fünf Pre-Season-Spielen vor. Die Stimmung war gelöst, ich hatte viel mit meiner Trainingsgruppe rumgealbert. Es war gerade eine Laufspielübung angesagt, als die Stimme von Art Shell über den Platz dröhnte.

Ich habe ihn im Einstieg als Grizzlybären betitelt, und genauso einschüchternd kann er wirken. Seine Stimme geht durch Mark und Bein, wenn er sie donnern lässt, und genau so ein Moment war jetzt. Es waren zu dem Zeitpunkt rund 150 Leute auf dem Platz, und zunächst schien niemand so genau zu wissen, was los war, denn die Periode war noch nicht beendet. Erst als der Headcoach ein zweites Mal schrie und dabei nicht wirklich freundlicher klang, ließ der gesamte Tross alles stehen und liegen und scharte sich um Art Shell. Der sagte nur: „Get off the fucking field. Coaching staff, meeting in five minutes. No interns!"

Ich wollte schon aufatmen, denn ich galt ja grundsätzlich als Praktikant. Aber Art sagte: „Patrick, you are coming!" Ted Daisher, Special Teams Coordinator, warf mir einen Blick zu, der fragen sollte: „Was hast du gemacht?" Ich zuckte nur mit den Schultern, befürchtete aber, dass der Coach gesehen hatte, dass ich mit den Spielern gequatscht hatte, und er mir deshalb eine Lektion erteilen wollte. Also machte ich mir vor Angst fast in die Hose. Aber den anderen ging es nicht besser. Ich sah 18 erwachsene Männer in absoluter Panik.

Als alle auf ihren angestammten Plätzen saßen, begann Art Shell links von sich, die Reihe einmal komplett durchzugehen. Jeder bekam 45 Sekunden lang eine vernichtende Einzelkritik. Einzig mein direkter Vorgesetzter Skip Peete und Shells frühere Mitspieler Fred Biletnikoff und Willie Brown kamen einigermaßen glimpflich davon, der Rest wurde in Grund und Boden gestampft. Besonders Rob Ryan, der Defensive Coordinator, bekam tüchtig in die Fresse.

Er war wohl der Auslöser für den Wutanfall gewesen, da er sich nicht an eine Anweisung des Teambesitzers gehalten hatte. Al Davis hatte verfügt, dass er kein Passverteidigungssystem sehen wolle, in dem zwei Safetys tief stehen. Das war zwar Wahnsinn, aber wer die Musik bestellt, bestimmt eben auch, was gespielt wird. Rob hatte in der Annahme, der Alte würde schon nichts merken, dennoch mit zwei Safetys trainiert. Davis hatte sich aber die Tapes vom Training angeschaut, anschließend hatte er wutentbrannt den Headcoach angezählt, warum der seinen Stab nicht unter Kontrolle habe. Das fand Art Shell nicht so witzig.

Als Rob Ryan nach der Schelte zu seiner Verteidigung anhob, gab es eine extratrockene Gerade voll ins Esszimmer. Wer ihn denn nach einer Rechtfertigung gefragt hätte, wollte Art Shell wissen, um hinterherzuschieben: „Dein Vater würde sich für dich schämen!" Dazu muss man wissen, dass Buddy Ryan, Vater von Rob und dessen Zwillingsbruder Rex, einer der anerkanntesten Trainer in der NFL war. Die Familienehre infrage zu stellen, war harter Tobak. Aber Rob war clever genug, klein beizugeben. Wer das in diesem denkwürdigen Meeting nicht getan hätte, der hätte sich wohl sofort seine Papiere holen können.

Keine Frage: Kurzfristig hatte dieser Vulkanausbruch eine durchschlagende Wirkung. Das Training danach war irre, vielleicht eins der brutalsten, das ich jemals erlebt habe. Die Spieler waren wie ausgehungerte Löwen, die sich aufeinander stürzten. Es war wie ein Glaubenskrieg, jeder wollte dem anderen zeigen, dass er nicht die Schuld an der Misere trug. Es gab blutige Nasen, Bewusstlose, zig Prellungen – es war der Wahnsinn. Dieser Tag war für mich wie ein Weckruf. Ich hatte verstanden, dass das Leben als Coach in der NFL extrem hart ist. Der Druck wird vor deiner Nase aufgebaut und dir direkt ins Gesicht geschleudert. Und damit musst du umgehen können.

Ich als Trainernovize aus einem Football-Entwicklungsland genoss immerhin so eine Art Welpenschutz. Trotzdem versuchte ich natürlich, mich so nützlich wie möglich zu machen. Der Special-Teams-Coordinator Ted Daisher hatte einen Assistenten, Lorenzo Ward, der die Arbeit nicht erfunden hatte. Im Klartext: Ward war stinkfaul, kam zu den Meetings immer völlig verschlafen und hatte überhaupt keine Lust, seine Aufgaben zu erfüllen. Für Ted, der einen militärischen Hintergrund hat und aussieht und redet wie ein Drill Sergeant, war das ein absolutes No-Go.

Ich hatte in Hamburg schon mit den Special Teams gearbeitet, deshalb bot ich ihm meine Hilfe an, und das war eine großartige Erfahrung, denn von Ted Daisher zu lernen, ist etwas Besonderes. Ich wollte unbedingt alle Chancen wahrnehmen, um Einblicke in Dinge zu bekommen, die man in Europa einfach nicht sieht. Und durch die Arbeit mit den Special Teams hatte ich auch bei den Vorbereitungsmatches eine feste Aufgabe, sodass ich nicht nur am Rand stehen und zuschauen musste.

Mein erstes NFL-Spiel als Mitglied des Trainerstabs erlebte ich am 6. August 2006. Mit dem Hall-of-Fame-Game in Canton (Ohio), dem Standort der legendären Ruhmeshalle des Profifootballs, wird traditionell die NFL-Saison eröffnet. Jedes Jahr werden beim Super Bowl die neuen Mitglieder der Hall of Fame angekündigt, und im Rahmen dieses Spiels werden die Büsten enthüllt. In jenem Jahr durften die Raiders gegen die Philadelphia Eagles antreten. Gespielt wird im Fawcett-Stadion, das direkt neben der Hall of Fame liegt.

Wir waren mit einer extra gecharterten Boeing 747 angereist. Wenn NFL-Teams reisen, ist das ein ganz besonderes Bild. In der First Class sitzen die Geschäftsführer und der Teameigner, in der Business Class die Trainer, und die Spieler teilen sich die Sitze in der Economy Class. Man wird in Bussen direkt aufs Rollfeld gebracht, das Gepäck wird dort verladen, man steigt ein, und es geht direkt los. Es schnallt sich auch niemand an, die Handys werden nicht ausgeschaltet, und es gibt auch kein Nachtflugverbot. Wenn die NFL reist, dann reist sie so, wie es ihr passt.

Noch eindrucksvoller war es, am Tag vor dem Spiel durch die Hall of Fame geführt zu werden, und das an der Seite von Art Shell, Fred Biletnikoff, Willie Brown und Jackie Slater, die dort alle ihre Bronzebüsten stehen haben. Das musste ich erst einmal auf mich wirken lassen. Und als ich am nächsten Tag im Stadion stand, die Nationalhymne gespielt wurde und die obligatorischen Düsenjets über mich hinwegdonnerten, dachte ich nur: „Das kanntest du vor ein paar Monaten nur von der Playstation. Was ist hier eigentlich los?"

Das Spiel selbst war krass, obwohl die potenziellen Starter beider Teams kaum Spielzeit bekamen. Dennoch war es sehr intensiv, weil das Stadion eigentlich auf Highschool-Football ausgelegt und der Platz relativ klein ist, was der Atmosphäre aber zuträglich ist. Ich erinnere mich an eine Szene, die sich direkt vor mir abspielte. Unser Runningback LaMont Jordan fing einen Ball, als von der Seite Philadelphias Strong Safety Brian Dawkins angestürmt kam, den alle nur „Wolverine" nannten. Die Kollision war so heftig, dass ich dachte, die beiden müssten tot sein. Waren sie aber nicht, sie schüttelten sich kurz und machten weiter, als wäre nichts gewesen. Die NFL war einfach noch einmal ein ganz anderes Brett als die NFLE. Am Ende siegten wir 16:10.

Wir flogen noch in der Nacht nach dem Spiel die fünf Stunden zurück ins Camp. Dort angekommen war es 3 Uhr nachts, der Headcoach verschob das erste Meeting des nächsten Tages generös auf 9 Uhr. Allerdings sollten dann schon die Filme des Spiels komplett analysiert worden sein. Das bedeutete: eine weitere Nacht ohne Schlaf. Keine Ahnung, wie ich das ausgehalten habe. Das bringt mich auf eine weitere Anekdote.

Das Camp ging bereits dem Ende entgegen, als der Eigner die schöne Idee hatte, sich über die Besetzung des Quarterback-Postens Gedanken machen zu wollen. Also forderte er von

Quarterback-Coach Jim McElwain bis zum nächsten Morgen eine Aufstellung aller Daten der drei Anwärter, Aaron Brooks, Andrew Walter und Marques Tuiasosopo – aus allen Trainingseinheiten und Spielen! Der arme Jim musste alle Tapes der vergangenen Wochen noch einmal durchforsten und auswerten. Es war sein erster Job in der NFL, er war eigentlich die ganze Zeit im Panikmodus unterwegs, und nun drohte sein sonst schon tomatenroter Kopf die Farbe eines schweren Rotweins anzunehmen.

Sein Gesicht in diesem Augenblick war unbezahlbar, denn er hatte das gute alte CYA vergessen. „Kein Problem", versicherte er dem Headcoach, aber innerlich brach er komplett zusammen. Als Art Shell aus dem Raum war, ging es los. „Ich schaffe das nie, selbst wenn ich durchmache", jammerte er und war den Tränen nahe. Ich bot an, ihm zu helfen, denn er hatte nur acht Stunden Zeit, und ich wusste, dass er das allein wirklich nicht schaffen konnte. Und so verbrachte ich die Nacht damit, alle Quarterback-Aktionen des gesamten Trainingscamps zu scannen. Die Farce war dann: Als Jim am nächsten Morgen dem Headcoach die gesamte Auswertung überreichte, sagte der nur: „Oh, danke, aber Mister Davis hat sich entschieden: Wir starten mit Aaron." Die ganze Arbeit für nichts! Den Sinn solcher Aktionen werde ich niemals verstehen.

An diesem Tag ging es mir extrem dreckig – nach dem Schlafentzug der vergangenen Wochen und dem Stunt der vorangegangenen Nacht war das kaum verwunderlich. Im abendlichen Meeting mit den Spielern hing mir der Kopf auf dem Tisch, Speichelfäden rannen aus dem Mund, ich muss wie ein Zombie ausgesehen haben. LaMont Jordan fragte mich immer wieder: „Coach, alles okay mit dir?" „Klar", sagte ich, nur bemüht, nicht hart mit dem Kopf auf die Tischplatte aufzuschlagen. Plötzlich sagte er mir: „Hey Coach, ich habe hier noch ein bisschen Dip, versuch es mal damit!"

Dip ist stark konzentrierter Tabak, den die Skandinavier als Snus kennen. In der NFL nutzen ihn viele Spieler, die natürlich nicht rauchen dürfen, um wacher und konzentrierter zu sein. Ich hatte mir geschworen, das Zeug zu ignorieren, aber an dem Tag war ich so müde, dass ich mir ein kleines Kügelchen geben ließ und es mir, wie von LaMont angewiesen, in den Mundwinkel schob. Und die Wirkung war, nun ja, durchschlagend.

Mir wurde innerhalb von Sekunden speiübel. Mein Herz raste, ich spuckte prustend die Kugel auf den Tisch. Die Spieler konnten sich vor Lachen kaum halten, während ich krampfhaft versuchte, nicht im Strahl über den Tisch zu kotzen oder wahlweise bewusstlos zu werden. Mit einigen Flaschen Wasser konnte ich die Symptome bekämpfen, und immerhin war ich anschließend hellwach. Aber ich habe Dip nie wieder angerührt.

Eins möchte ich an dieser Stelle hervorheben: Es war natürlich nicht alles schlimm in diesem Camp, es gab auch einige lustige Momente. Einer davon war das erste reguläre Pre-Season-Game am 14. August 2006 in Minnesota gegen die Vikings, das wir 16:13 gewannen. Von zwei sehr wichtigen Erfahrungen will ich berichten. Nach einem Score von Minnesota mussten wir einen Kick-off-Return laufen. Ted Daisher sagte an, dass wir über rechts laufen sollten. Ich hatte mir aber die Videos der Vikings angeschaut und glaubte zu wissen, dass der zweite Kick nach links geht.

Tatsächlich fragte mich der Headcoach, ob ich es auch so sehen würde wie Ted. Doch anstatt mein Maul zu halten und einfach abzunicken, sagte ich: „Ich denke, dass der Kick nach links kommt, wir sollten also über diese Seite laufen." Ted schaute mich verwundert an, Art Shell nickte nur und sagte: „Okay, dann machen wir es so."

Der Kick kam, er kam nach links, wir waren vorbereitet, und unser Defensive Back Chris Carr trug den Ball über 60 Yards. Alle feierten meinen Call, das war natürlich ein riesiger Erfolg. Ich hatte meine Eier auf den Tisch gelegt, und das hatte sich ausgezahlt. Ich war glücklich, aber auch erleichtert, denn was wäre gewesen, wenn der Kick nach rechts gegangen wäre? Ted hätte mir wahrscheinlich den Kopf gewaschen. Oder sogar abgerissen.

Es gab noch eine zweite Szene mit ordentlich Lerneffekt für mich als Neuling. Damals bekam man von den Spielszenen noch Ausdrucke, auf denen man sehen konnte, welcher Spieler welche Fehler gemacht hatte, weil es ja noch keine Smartphones oder

Tablets gab, auf denen man die Mitschnitte live hochladen konnte. Einer unserer Linebacker war Grant Irons, ein absurder Athlet. 198 Zentimeter lang, 130 Kilo schwer, eigentlich die Statur eines Defensive-Line-Spielers. Er war eine physische Rakete, sein Spitzname war „Game Ready", weil er immer Vollgas gab.

Grants Problem war, dass er nicht die hellste Kerze auf dem Kuchen war. Er verstand nicht immer, wie er stehen musste, um seinen Gegner zu blocken, obwohl das Special-Team-System im Gegensatz zum Walsh'schen Offensivchaos leicht zu durchschauen war. Wir hatten also gerade fast einen Kick geblockt bekommen, und Ted Daisher war außer sich vor Wut, als wir bei der Ansicht der Ausdrucke feststellen mussten, dass wieder Grant Irons derjenige war, der den Fehler gemacht hatte. Ted wollte ihm an den Kragen, aber ich wusste, dass das wenig hilfreich gewesen wäre, also bot ich an, mit Grant zu reden. Ted sagte: „Ja, reiß du ihm den Arsch auf. Das musst du auch lernen!"

Ich also hin zu Grant, der auf Stollenschuhen an die 2,10 Meter groß war. Ich sagte: „Grant, wir müssen reden." Er baute sich vor mir auf und fragte: „Aha. Worüber?" Ich: „Du hast den Fehler gemacht, du hast nicht den Richtigen geblockt." Er: „Sagt wer?" Ich schaute rüber an die Seitenlinie, wo Ted stand und mich anfeuerte, damit ich Grant richtig den Arsch aufriss. Also baute ich mich auf, ruderte mit den Armen, als würde ich gleich auf ihn einschlagen, sprach aber ganz ruhig mit ihm. „Du, Grant, Ted ist gerade ziemlich sauer auf dich, aber ich dachte, ich spreche mit dir und erkläre dir, was falsch war, damit es keinen Ärger gibt, okay?" Auf einmal wurde dieses Monster von einem Mann wachsweich: „Oh, bitte, Coach, du musst mir helfen, ich will nicht meinen Job verlieren!" „Klar, Grant, wir kriegen das hin", sagte ich, zum Schein weiterhin mit den Armen rudernd, „ich erkläre dir das später noch einmal in Ruhe. Aber jetzt bleibst du cool und tust, was wir geübt haben." Von da an klappte es, und Ted war zufrieden, weil er glaubte, dass ich dem Riesen einen Einlauf verpasst hatte.

Der tollste Tag im gesamten Camp war jedoch die Rookie-Show. Dieses Ritual gibt es in jedem NFL-Team. Die Neulinge müssen vor dem ersten Cut, also bevor die ersten Spieler aussortiert werden, einen Abend gestalten, an dem jeder Spieler etwas aufführen muss. Unser Eigner Al Davis hatte dazu auf sein Weingut im Napa Valley eingeladen. Alle Angestellten aus dem Hauptquartier waren eingeladen. Es gab ein unglaubliches Buffet, und von 21 bis 22 Uhr erlebten wir eine einmalige Show. Manche trugen ein Lied aus ihrer Heimat vor, manche machten auf Comedian, aber am besten waren die Parodien. Zwei junge Passverteidiger ahmten Willie Brown und Lorenzo Ward nach. Ward wurde als dummer Affe dargestellt, der alles nachplapperte, was Brown sagte. Und weil das der Realität sehr nah kam, lagen bald alle unter den Tischen vor Lachen. Ein Abend, der eine sehr willkommene Ablenkung vom Football-Alltag bot und der uns für ein paar Stunden den Stress und den Ärger vergessen ließ.

Lange hielt diese gelöste Stimmung allerdings nicht an. Nach dem ersten Cut fehlten plötzlich Spieler, die uns menschlich ans Herz gewachsen waren. Die Atmosphäre änderte sich dadurch, der ständige Schlafmangel und der wachsende Druck taten ihr Übriges, sodass auch bei mir Müdigkeit und Verdruss über die Situation durchbrachen. Zwar gewannen wir zwei weitere Pre-Season-Games, gegen die San Francisco 49ers in der prestigeträchtigen „Battle of the Bay“ mit 23:7 und gegen die Detroit Lions mit 21:3, aber das waren Muster ohne Wert, weil nicht die besten Spieler zum Einsatz kamen. Und spätestens, als uns die Seattle Seahawks im letzten Vorbereitungsspiel mit 30:7 überrollten, war mir klar, dass die Raiders trotz ihrer Topspieler keine gute Saison spielen würden. So kam es schließlich auch.

Das Team lebte ausschließlich von seiner starken Defensive, die die drittbeste der Saison 2006 war. Aber die Offense war Lichtjahre davon entfernt. In 16 Partien schafften die Raiders 168 Punkte, das sind 10,5 Punkte pro Spiel. Ein unterirdischer Wert, der fünftschlechteste in der NFL-Historie. Für die Raiders eine historische Blamage. Die Quarterbacks Brooks und Walters warfen im Saisonverlauf jeweils nur drei Touchdowns. Ein guter Quarterback kommt auf mehr als 40. Kein Wunder also, dass Tom Walsh, der

Offensive Coordinator mit dem Chaos im Kopf, noch während der Saison gefeuert wurde.

Ich verfolgte die Spielzeit aus Deutschland, natürlich besonders die Spiele der Raiders. Wenn man die ganzen Menschen dort so gut kennengelernt hat, baut man automatisch eine Beziehung zu ihnen auf. Ich versuchte mich über das Internet über alles zu informieren und blieb mit einigen Spielern in Kontakt, besonders mit LaMont Jordan, der mir öfters sein Leid klagte.

Ich war heilfroh, dass ich nach dem Seattle-Spiel diese wahnsinnige Mühle verlassen und nach Hause fliegen konnte. Meine Faszination für die NFL war unter den Eindrücken des zweimonatigen Alptraums doch sehr zurückgegangen.

Rückblickend habe ich aus der Zeit vor allem gelernt, was man nicht machen sollte. Es stimmte im Coaching Staff zwischenmenschlich nicht, was kein Wunder ist, wenn die Charaktere so unterschiedlich sind wie Karel Gott und Bushido. Und der Druck, der von außen hereingetragen wurde, war ebenfalls kontraproduktiv. Es nützt niemandem, so zu tun, als brauche ein Trainer keinen Schlaf und ständigen Antrieb, das wirkt sich am Ende nur negativ aus. Zum Glück habe ich später in meiner Karriere auch ganz andere Camps erlebt, die mich wieder mit der NFL versöhnten. Oakland war einfach eine negative Erfahrung, aber vielleicht gerade deshalb auch so wichtig für meine Entwicklung.

Als ich wieder zu Hause war, brauchte ich zwei Wochen, um wieder halbwegs zu Kräften zu kommen. Ich war sehr glücklich, dass Anna, mit der ich damals erst sehr kurz zusammen gewesen war, mich vom Flughafen abholte, obwohl ich es in den gesamten zwei Monaten nur ein einziges Mal geschafft hatte, sie anzurufen. Wegen der Zeitumstellung und meiner Arbeitsbelastung fand ich einfach keinen Moment Ruhe für die grundlegendsten Dinge im Leben. Manchmal habe ich den ganzen Tag über nicht einmal gepinkelt. Als Praktikant bekam ich nicht einen Cent. Aber ich dachte: Wenn Coaching in der NFL so ist, wie ich es jetzt erlebt habe, dann kann man mir gar nicht genug zahlen, damit ich das aushalte.

Mit einigen Jahren Abstand weiß ich, dass dieser Gedanke ungerecht war. Und natürlich wollte ich immer noch als Trainer im Profifootball arbeiten. Wie sich das alles entwickelt hat, wie ich überhaupt auf die Idee kam, diesen Job zu ergreifen, und wie ich zu dem geworden bin, der ich heute sein darf – davon möchte ich euch in diesem Buch erzählen.

FIRST QUARTER

KAPITEL 1:

KINDHEIT, JUGEND UND WIE ICH DEN WEG IN DEN FOOTBALL FAND

Hamburg 1974. Hafen- und Kaufmannsstadt, regiert von SPD-Bürgermeister Peter Schulz und schon damals eine wohlhabende und wunderschöne Metropole an Elbe und Alster. Geboren am 3. Februar im Elim-Krankenhaus im Stadtteil Eimsbüttel als einer von damals gut 1,75 Millionen Hamburger Bürgern. Ein waschechter Hamburger, der allerdings nicht so aussah. Kinder mit dunkler Haut waren damals eben noch nicht alltäglich.

Verantwortlich für meinen gesunden Teint ist mein Vater, der Ende der 60er-Jahre als Student aus Nigeria nach Hamburg gekommen war. Er und meine Mutter Heidi, gebürtige Hamburgerin, lernten sich damals in der Hansestadt kennen … der Rest ist Geschichte!

Auch wenn ich niemals nach Nigeria gereist bin und ich auf die Frage nach meiner Nationalität aus voller Überzeugung „deutsch" antworte, spüre ich an meiner Emotionalität und meiner Vorliebe für Hip-Hop, Soul und R'n'B-Musik, dass da auch noch ein anderes Herz in mir schlägt. Und mein Lieblingsessen ist bis heute Hühnchen mit gekochtem Grieß und einer scharfen, roten Soße, die meine Mama kocht wie niemand sonst auf der Welt, obwohl meine Frau, die das Rezept übernommen hat, mittlerweile an der Perfektion kratzt. Wenn ich diese rote Soße esse, spüre ich, dass meine Wurzeln nicht zu 100 Prozent in Hamburg sind.

Das liegt vielleicht auch daran, dass es im Kindergarten am Alsenplatz, wo ich als kleiner Buttje hinging, regelmäßig das Hamburger Traditionsgericht Labskaus gab – und das habe ich gehasst.

Das ist aber auch schon alles, was ich an Hamburg nicht mag. Ich verliebte mich in Windeseile in die Stadt, und das war nicht schwer, denn wir wohnten damals an der Breiten Straße am Fischmarkt, wo jeden Sonntagmorgen Vollalarm ist. Wer noch nie da war: ausprobieren, das ist Hamburg vom Feinsten! Vom Fenster meines Zimmers aus konnte ich direkt auf die Elbe schauen, auf die Trockendocks, wo die großen Pötte wieder frisch gemacht werden. Besonders abends war das eine tolle Sache. Wenn ich mal nicht schlafen konnte, musste ich nicht, wie viele andere Kinder, im Bett liegen und Schäfchen zählen. Ich konnte einfach rausschauen und den Schiffen hinterherträumen. Wenn für die Hafenarbeiter eine Schicht beendet war, wurde laut gehupt. Dieses Geräusch habe ich noch immer im Ohr. Diese Kulisse, das besondere Licht des Hafens am Abend, haben mich geprägt. Das ist für mich Ur-Hamburg, und bis heute ist die Elbe für mich der schönste Platz in der Stadt.

Meine frühe Kindheit erinnere ich als eine Art Abenteuerspielplatz. Bei uns zu Hause war immer was los. Wir hatten viel Besuch, es wurde gefeiert, gelacht, gegessen und Musik gehört. Am Wochenende und in den Ferien durfte ich bis 22 Uhr aufbleiben. In den Sommerferien übernachteten wir oft in unserem Schrebergarten. Gegenüber von unserer Parzelle hatte mein bester Freund Marco mit seiner Familie auch einen Garten. Das war eine tolle Zeit.

Die Umgangssprache bei uns zu Hause war Deutsch, aber wenn Freunde oder Verwandte da waren, war es ein Mix aus Afroenglisch und Deutsch. Englisch war immer um mich herum. Wie sehr mir das später mal helfen würde, habe ich damals natürlich nicht gewusst.

Ich hatte schon als kleiner Stöpsel den Kopf voll mit Flausen. Spaß hatte ich auch, wenn ich bei meinen Großeltern mütterlicherseits war. Die wohnten an der Langenfelder Straße, 300 Meter vom Kindergarten entfernt. Ich war oft nachmittags dort und ging für Oma Magdalena und Opa Hans Zigaretten kaufen. Gold Dollar ohne Filter, das ganz harte Kraut. Wahrscheinlich kommt daher meine komplette Abneigung gegen das Rauchen. Ich habe nie auch nur einen Zug getan, weil ich mir beim besten Willen nicht erklären konnte, warum man etwas, das stinkt, teuer ist und krank macht, gut finden sollte. Ich hatte einmal eine Freundin, die geraucht hat. Wobei, Freundin ist vielleicht zu viel gesagt, wir waren nur fünf Minuten zusammen. Der erste Kuss hat geschmeckt wie Omas nasser Aschenbecher, und da war mir klar, dass das mit der Dame nichts werden würde. Aber Omas Rinderbraten, den habe ich geliebt. Fast so sehr wie die scharfe, rote Soße.

Als es Zeit war, in die Schule zu gehen, zogen wir um. Weg vom Fischmarkt, tiefer hinein nach Eimsbüttel, in die Övelgönner Straße. Eingeschult wurde ich in die Grundschule Edwardstraße. Schwarze Kinder hatten sie damals selbst in Altona, wo du heute als Weißer manchmal zur Minderheit gehörst, nicht wirklich viele. In meiner Parallelklasse gab es ein dunkelhäutiges Mädchen, Joyce hieß sie, was ich auch nur noch weiß, weil sie eben nicht weiß war. Ein Problem war das nicht, denn in dem Alter achten Kinder nicht auf solche Dinge. Mein bester Freund war Marco, das komplette Gegenteil von mir. Blond, fast weiße Haare und blaue Augen – wir beide waren das Duo Infernale.

Ich gebe zu, dass ich im Unterricht eher so der typische Junge war. Gut im Sport, ansonsten eher nicht an Schulbildung interessiert, sondern viel mehr damit beschäftigt zu schauen, was da für Tiere auf der alten Kastanie vor dem Klassenzimmerfenster herumturnten. Mein Fokus war, so viel Unsinn wie möglich zu machen. Ich war der Klassenkasper, und froh, wenn ich nachmittags mit Marco am C64 oder Atari Olympische Spiele daddeln oder zum Fußballspielen gehen konnte.

Wie unbeschwert die Grundschulzeit ist, merkt man leider erst, wenn auf dem Gymnasium der Ernst des Schullebens beginnt. Meine Mutter hatte die Überzeugung, mir die bestmögliche klassische Bildung angedeihen zu lassen, und so wurde ich aufs altsprachliche Wilhelm-Gymnasium am Klosterstieg im noblen Stadtteil Harvestehude geschickt. Das war eine Art Kulturschock, für beide Seiten. Man muss es ehrlich sagen: Optisch und soziokulturell passte ich zwischen die vielen Kids aus reichem Hause nicht zwingend hinein. Da kam der Fußballproll aus Altona, und die anderen spielten alle Hockey oder Tennis. Ich fuhr Bus und Bahn, die anderen wurden mit dem Jaguar zur Schule gebracht.

Ich erinnere mich an meine erste Musikstunde. Alle außer mir spielten ein Instrument, und wir sollten irgendwelche Partituren dechiffrieren. Ich hatte nicht im Ansatz einen Plan, was die von mir wollten, und die meisten Lehrer gaben mir das Gefühl, dass es ihnen völlig egal war, ob der dünne dunkle Junge wusste, was da gespielt wurde. Ich erinnere mich an eine Lehrerin, die immer grobmaschige Pullover ohne Büstenhalter drunter trug, sodass die Nippel durchblitzten. Das war wie bei einem Verkehrsunfall: Hingucken tat weh, weggucken konnte ich auch nicht. Echt nicht schön.

Letztendlich war mir schnell klar, dass es nur zwei Möglichkeiten geben würde: Entweder gnadenlos untergehen oder durchbeißen und ankommen. Die Option Aufgeben gab es für mich nicht. Auf dem Gymnasium wurde ich erstmals auch mit so etwas wie Alltagsrassismus konfrontiert. Ich weiß nicht, ob jemand von euch das Buch „Neger, Neger, Schornsteinfeger" kennt. Das hat der Hamburger Hans-Jürgen Massaquoi geschrieben, der als Farbiger in der Nazizeit aufwuchs. Als ich es las, erkannte ich vieles von dem wieder, was ich auch erlebt habe.

Richtig gestört hat es mich nie, weil ich mir immer gesagt habe, dass Leute, die sich von einem Dunkelhäutigen wie mir angegriffen fühlen, in Wahrheit arme Würste sind. In Hamburg ist der Rassismus auch wirklich kein großes Thema. In Kiel, wo ich später arbeitete, war das anders, da habe ich öfter mal Sprüche gehört wie „Geh zurück nach Afrika!", oder „Verzieh dich in den Busch, du Kanake!" Letzteres hat eine Studentin zu mir gesagt, die auf ihrem Fahrrad an mir vorbeifuhr.

Aber grundsätzlich habe ich wirklich keine Probleme mit Rassismus. Ich fühle mich durch und durch als Hamburger. Wer mich nicht kennt und mich sprechen hört, der glaubt das auch sofort, schließlich hab ich schon einen derben Hamburger

Akzent. Wer mich sieht, bevor er weiß, woher ich komme, tippt vielleicht nicht zuerst auf Deutschland. Aber auch das wandelt sich. Es gibt in der jüngeren Generation immer mehr Leute, denen Aussehen und Herkunft völlig egal sind. Wenn ich in einem Dorf in Sachsen zum Bäcker gehen würde, würden die vielleicht anders reagieren – wenigstens so lange, bis ich zu reden anfange. Aber auch da gibt es solche und solche. Wenn man mich fragt, sage ich: Ich bin einer von den neuen Deutschen, weil Deutsche heute eben nicht mehr alle blond und blauäugig sind. Wenn ich durch Hamburg gehe, sehe ich überall Schwarze, Araber, Asiaten, und viele von denen sind in Hamburg geboren und haben den deutschen Pass. Ich finde, das ist eine schöne Entwicklung.

Als Kind war ich ein ganz ansehnlicher, schlanker und athletischer Bursche, und weil das auch die Mitarbeiter von der Kinderagentur Höppel fanden, hatten die meine Mutter und mich mal angesprochen, ob ich Lust hätte, für Werbefotografien oder Modeschauen zur Verfügung zu stehen. Hatte ich, und so landete ich in deren Kartei und wurde kräftig gebucht.

Ich war das einzige farbige Kind im Otto-Katalog, habe kleine Rollen im „Großstadtrevier" gespielt oder bin auf Modeschauen über den Laufsteg stolziert. Der angenehme Nebeneffekt war, dass ich mir mithilfe der Gage den Lebensstil leisten konnte, den meine Mitschüler dank ihrer gestopften Eltern als selbstverständlich ansahen. Wenn die ein BMX-Rad aus dem obersten Regal hatten, kaufte ich mir das auch. Waren gerade Daunenjacken von Helly Hansen in oder Pullover von Hans Mundhenk? Ich holte mir so ein Teil. Als Nebeneffekt stärkte das Modeln mein schon damals nicht gerade gering ausgeprägtes Selbstbewusstsein.

In meiner Klasse gab es einen Jungen namens Florian. Einmal, es war kurz vor Beginn des Kunstunterrichts, meinte er, es sei lustig, sich über meinen Nebenjob zu mokieren. Er dachte sich dann kleine Wortspielchen aus, aus „Neckermann" wurde „Negermann". Um uns herum standen einige Mädchen, und ich gab mir selbst zehn Sekunden Zeit, um zu überlegen, wie die Reaktion ausfallen sollte. Sollte ich das über mich ergehen lassen und auf Durchzug schalten? Oder sollte ich ein Exempel statuieren?

Ich entschied mich für Variante zwei, und der Kandidat erhielt dafür nicht 1000 Punkte, sondern eine kräftige Abreibung. Ich war damals wahrlich kein Kraftprotz, der ständig Streit suchte. Ein Kind von Traurigkeit aber auch nicht, dafür hatte ich in Altona zu viel Lebenswirklichkeit um mich herum. Und bevor ich was an den Kopf bekam, habe ich lieber zuerst zugehauen. In Hamburg gibt es den schönen Satz „Wat mutt, dat mutt" – jeder bekommt, was er verdient.

Natürlich schlage ich heute als Erwachsener nicht mehr einfach zu. Was ich mir bewahrt habe, ist das Einschreiten gegen Ungerechtigkeiten. Ich gehe meiner Frau damit manchmal auf die Nerven, weil sie nicht immer überzeugt davon ist, dass es schlau ist, sich einzumischen, wenn Streit droht. Aber ich habe mich durch mein früheres Exotendasein intensiv mit der Geschichte der Schwarzen in den USA beschäftigt, und wenn ich eins daraus gelernt habe, dann das: Man darf sich nicht alles bieten lassen und einfach das hinnehmen, was manche für ihr von Gott gegebenes Recht halten. Wenn jemand unfreundlich oder respektlos ist, wenn er im Bus nicht für gebrechliche Menschen aufsteht, oder wenn sich Jugendliche an der Supermarktkasse mit ihrem Wodka und Billig-Energydrink vor die arme Oma drängeln, dann weise ich freundlich, aber bestimmt darauf hin. Und das klappt meistens erstaunlich gut, was, zugegeben, auch daran liegen kann, dass die meisten denken, dass ich ihnen ein paar an die Backen geben könnte. Mache ich natürlich nicht. Aber ich könnte.

Ich gebe zu: Florian war nicht der Einzige, der das bekam, was er verdiente. Aber es war ein wichtiges Exempel mit zwei herausragenden Folgen: Zum einen hatte ich danach Ruhe, was dumme Sprüche angeht. Und zum anderen wurde Florian mein bester Freund und blieb das, bis er in der achten Klasse aus Hamburg wegzog und wir uns aus den Augen verloren.

Im Rückblick kann ich sagen, dass mir die Schulzeit nicht geschadet hat. Die inhaltliche Ausbildung war erstklassig, mit den meisten

Leuten kam ich wirklich gut klar. Über die Zeit wächst man im Klassenverband zusammen, und ich war auch im Gymnasium kein Einsiedler, sondern voll integriert.

Ich bekam zwar einige blaue Briefe und meine Mutter musste nicht nur einmal zum Krisengespräch einbestellt werden. Aber am Ende bestand ich mein Abitur mit den Leistungskursen Mathe und Physik und den Prüfungsfächern Deutsch und Religion. Mich durchgebissen zu haben war mir eine gute Lehre und hat mir auf dem Weg, Profitrainer zu werden, sehr geholfen. Sich als Außenseiter in einem fremden Umfeld zu behaupten, das war mehrmals in meinem Leben eine Herausforderung.

Zunächst einmal stand ich jedoch vor der Herausforderung, was ich anfangen wollte mit meinem Leben. Mit 18, noch als Schüler, war ich von zu Hause ausgezogen. Meine Sachen passten in eine Sporttasche. Mein erstes Auto war ein alter Ford Fiesta, klassisch mit Choke als Starthilfe und durchgerostetem Rahmen. 200 Mark hatte der gekostet, und manchmal schlief ich darin. Kurzzeitig kam ich bei einer Cousine unter, dann fand ich für wenig Geld ein Zimmer in der Herderstraße in Barmbek. 25 Quadratmeter, Dusche in der Küche, aber ich war glücklich und stolz, meine erste eigene Bude zu haben.

Überhaupt habe ich meine Jugend ordentlich ausgekostet. Eine meiner Leidenschaften war Musik. Mit 15 hatte ich angefangen, Saxofon zu spielen, weil ich fand, dass es das coolste Instrument überhaupt war. Vier Jahre später, als ich in meiner zweiten Wohnung am Kernbeißerweg in Lurup wohnte, wurde mir das Teil gestohlen, und weil ich mir kein neues leisten konnte, war das das Ende meiner Karriere als Saxofonist. Dafür war ich voll auf HipHop und Soul getrimmt. Meine erste Single war allerdings – jetzt wird es peinlich – „Looking for Freedom“ von David Hasselhoff. Ich fand das Lied scheiße, aber auf meiner ersten Hanseatic-Kompaktanlage, so einem heißen Teil mit Schallplattenspieler und Kassettendeck, habe ich Davids Nummer-eins-Hit zu Tode gescratcht.

Durch einen kuriosen Zufall wurde ich dann als Sänger entdeckt. Mit Anfang 20 startete ich als Backgroundsänger bei einer Band namens Babes and Dudes. Die brauchten einen passabel aussehenden schwarzen Bruder, und da ich nichts Besseres zu tun hatte, sagte ich zu. Eines Abends saßen wir in der Wohnung des Leadsängers, ein neuer Song sollte entstehen, aber die Band brach sich unglaublich einen ab beim Versuch, den Text zu schreiben. Weil ich des Englischen mächtig war, half ich nach Kräften, und als wir dann im Studio zur Aufnahme waren, war der Produzent der Meinung, dass der, der den Text geschrieben hatte, ihn auch singen sollte. Da ich aus guten Gründen bis dahin nur unter der Dusche gesungen hatte, war das Ganze eine ziemliche Farce und endete damit, dass der frustrierte ehemalige Leadsänger die Band kurz danach auflöste.

Wie es aber mit Zufällen so ist: Der Hamburger Musikproduzent Achim Sobotta hörte von den Geschehnissen rund um die legendären Babes and Dudes, und weil er überzeugt davon war, dass man aus meiner Stimme etwas machen könnte, begleitete er mich einige Zeit. Wir arbeiteten sogar an einer eigenen LP, fünf Songs waren auch schon fertig, bis die NFL Europe rief. Ich denke, das war auch gut so. Es war eine lustige Erfahrung, und wenn irgendjemand noch im Besitz der „Bravo Christmas Hits 2000“ sein sollte, dann empfehle ich dringend, sich das Duett Uneed mit dem Titel „A merry Christmas“ anzuhören. Der männliche Part, das bin ich!

Ich war an jedem Wochenende in der Hamburger Partyszene unterwegs. Natürlich auf der Reeperbahn, aber auch im Traxx bei den legendären Partys von Michael Ammer. In der Markthalle, im Logo – eben überall, wo man nette und coole Leute treffen konnte. Mein Vorteil war, dass ich niemals auch nur einen Tropfen Alkohol trank, geschweige denn irgendwelche Drogen nahm. Ich war Sportler, das passte für mich nicht zusammen. Ich habe eine ganze Reihe an Freunden wegen Drogen abdriften sehen oder wieder andere beobachtet, die mit dem Verkauf des Zeugs viel Kohle verdienten. Aber für mich war das nichts.

Ein positiver Nebeneffekt dessen war, dass ich so niemals in Gefahr war, den Führerschein zu verlieren, was eine Katastrophe für mich gewesen wäre, denn Autos sind eine meiner großen

Leidenschaften. Ich interessiere mich sehr für die neuesten Entwicklungen, bin ein treuer Leser von „Auto Bild" und „auto, motor und sport" und habe sogar ein Soundbook, in dem ich mir die Motorengeräusche aller Porsche-Modelle anhören kann. Porsche ist meine absolute Lieblingsmarke, da stehe ich total drauf.

Ich war allerdings nie der klassische Schrauber, der an seinem Wagen alles selbst macht. In meinem ersten Ford Fiesta installierte ich mal einen Subwoofer, aber danach sah die Verkleidung so verknittert aus, dass der Wagen es sogar in die Abizeitung schaffte. Mit 16 hatte ich den Motorradführerschein erworben und mir eine richtig schön aufgemotzte MTX zugelegt, die 120 Sachen fahren konnte. Nach dem Fiesta kam ein Fiat Ritmo, dessen Elektronik so schadhaft war, dass er bei jedem Um-die-Ecke-Biegen hupte.

Es folgten ein Honda CRX, auf den ich lange gespart hatte, ein Golf VR6 mit Ledersitzen, der mir nach drei Monaten gemeinsamer Zeit vor meiner damaligen Wohnung in der Haldesdorfer Straße in Farmsen geklaut wurde. Danach hatte ich einen Golf GT II in üblem Grün und ein BMW 325i Cabrio in Schwarz mit rotem Faltdach, eine absolute Pornoschüssel, die bei Sonnenschein echt was hergemacht hat. Als ich in der NFL Europe arbeitete, musste ich Autos vom Ausrüster Skoda fahren, und seit 2013 bin ich nun Volvo treu. Wenn ich nicht im Football gelandet wäre, dann hätte ich mir auch einen Beruf mit Autos vorstellen können.

Tatsächlich jedoch stand ich nach dem Abitur vor der Frage, was mein Beruf werden soll. Dass ich mich schließlich für ein Studium der Heilpädagogik am Friedrich-Robbe-Institut in Hamburg entschied, hatte einen ernsten Hintergrund. Meine Schwester Jessica war vier Jahre nach mir mit einer komplizierten körperlichen und geistigen Behinderung zur Welt gekommen. Sie konnte nicht sprechen, war aber trotz des Handicaps ein sehr lebenslustiger Mensch, der allseits beliebt war. Unser Verhältnis war sehr innig, wir haben uns als Kinder ein Zimmer geteilt, und ich habe mich als großer Bruder stets als ihr Beschützer verstanden.

Meinen Zivildienst leistete ich an ihrer Schule ab, und spätestens da wurde mir klar, dass ich kein Typ fürs Büro bin. Ich muss mit Menschen arbeiten, Kontakt haben und versuchen, eine positive Wirkung auf andere zu entfalten. Wenn ich heute darüber nachdenke, dann finde ich, dass Heilpädagogik und Footballcoaching gar nicht so weit auseinanderliegen. Damals aber war mein Plan, nach dem Fachstudium in die Schweiz zu gehen und dort Theosophie und Sprachgestaltung zu studieren mit dem Ziel, Dozent zu werden. Habe ich dann nicht getan, weil sich die Chance auftat, in der NFL Europe zu arbeiten. Ich war schon immer der Überzeugung, dass man diese sogenannten „Once in a lifetime"-Gelegenheiten ergreifen muss, deshalb griff ich zu – und habe es nie bereut, auch wenn meine Mama immer davon geträumt hat, dass ich irgendwann mal die Leitung des Friedrich-Robbe-Instituts übernehme. Aber das kann ich ja zur Not immer noch nachholen.

Vielleicht ist es an dieser Stelle angebracht, meine Familie noch ein wenig näher vorzustellen. Meine Eltern kennt ihr bereits. Meine Mutter ist heute meine beste Freundin, sie lebt im Hamburger Stadtteil Iserbrook, und ich versuche, sie so oft wie möglich zu besuchen. Und ich habe noch eine weitere Schwester. Janine ist 33, und sie ist mir sehr ähnlich, auch ein sehr disziplinierter, arbeitsamer Mensch mit der Neigung zum Perfektionismus. Wir unterstützen einander, wo immer es geht, und sind eine verschworene Einheit.

Diese Einheit wurde 2004 auf eine harte Probe gestellt, als unsere Schwester Jessica starb. Ich war damals in der NFL Europe bei der Frankfurt Galaxy als Running-Back-Coach unter Vertrag und durch Zufall auf Heimatbesuch, als sie mit einer Hirnhautentzündung ins Universitätsklinikum Eppendorf eingeliefert wurde. Zweieinhalb Monate dauerte ihr Kampf. Meine Mutter, die sich ins Krankenhaus hatte mit einweisen lassen, sowie Janine und ich haben durchgehend an ihrem Bett gewacht – wir tagsüber, Mama nachts. Jessica war niemals allein. Ich habe nicht gearbeitet in der Zeit, doch eines Tages schien es ihr besser zu gehen, sodass ich es wagte, nach Frankfurt zu reisen, um ein paar Dinge zu erledigen.

Als nachts in meiner Wohnung in Wiesbaden das Telefon klingelte, wusste ich allerdings sofort, was los war. Meine Mutter sagte, ich müsse mich beeilen, wenn ich mich von meiner Schwester noch verabschieden wolle. Ich raste in vier Stunden nach Hamburg und kam zum Glück rechtzeitig. Sechs Stunden saßen wir gemeinsam an Jessicas Bett, ehe sie starb. Für mich war das die erste Naherfahrung mit dem Tod. Meine Schwester zu verlieren, die nur 26 Jahre alt werden durfte, war eine furchtbare Erfahrung.

Man kann sich auf so etwas nicht vorbereiten, denn obwohl wir damit rechnen mussten, dass es passiert, hofften wir doch immer, dass sie durchkommt. Als es dann vorbei war, stürzte ich mich in die Arbeit, um auf andere Gedanken zu kommen.

Ebenso prägend, wenn auch natürlich auf eine viel angenehmere Art, war die Geburt meiner Tochter. Romy kam am 3. Oktober 2012 zur Welt, ein Feiertagskind, was ich sehr passend fand. Meine Frau Anna und ich hatten uns zwölf Jahre vorher kennengelernt. Damals jobbte ich in einem angesagten Klamottenladen namens „Tate" am Gänsemarkt in der Hamburger Innenstadt, und Anna kam über eine Freundin, die meine Kollegin war, ebenfalls in den Laden. Damals fand ich, dass sie ein hübsches, nettes Mädel war, aber sie war erst 18 und ich schon 26.

Ich ging nach Frankfurt zur Galaxy, und als ich 2005 zurück nach Hamburg kam, war aus dem netten, hübschen Mädel eine überragend aussehende, absolut bezaubernde Frau geworden, die glücklicherweise auch ähnlich positiv über mich dachte. Ich war mir schon sehr früh sicher gewesen, dass ich mal eine Frau und Kinder haben wollte, weil das zu meinem Verständnis eines echten Mannes dazugehört wie die Leidenschaft für Autos und Football. Aber ich habe mir Zeit gelassen, um herauszufinden, wann die echte Liebe um die Ecke gebogen kommt. Anna war diese echte Liebe. 2011 haben wir geheiratet, und es fiel mir nach vielen Jahren des Ausprobierens überhaupt nicht schwer, sesshaft zu werden. Es hat sich einfach genau richtig angefühlt.

Romys Geburt war – und ist bis heute – das Highlight in meinem Leben, und ich kann in aller Bescheidenheit behaupten, dass ich insbesondere im Sport doch einige Höhen erleben durfte. Aber wenn ich nach langen Reisen oder auch nur langen Arbeitstagen nach Hause komme und da dieser blond gelockte Engel auf mich wartet, dann ist mir alles andere egal. Die Familie ist mein sicherer Hafen. Viele sagen ja, dass ein Kind ihr Leben komplett auf den Kopf gestellt hat. Ich würde eher sagen, dass Romy mein Leben bereichert hat.

Meine Prioritäten haben sich durch sie verändert. Den Traum, in den USA zu leben und im Profifootball zu arbeiten, habe ich für sie aufgegeben. Ich möchte einfach, dass sie eine behütete Kindheit hat, dass sie nicht in fünf, sechs verschiedenen Städten aufwächst, sondern in Hamburg. Mein Fokus liegt jetzt darauf, dass es ihr gut geht. Natürlich ist es auch bei mir so, dass ich die Konsequenzen meines Handelns viel mehr überdenke, als das vor der Vaterschaft der Fall war. Aber ich bin ja mittlerweile auch alt genug, um vernünftig zu sein.

Nun zu dem, was mein Leben geprägt hat wie nichts anderes: Sport. Ich war schon als kleiner Junge fasziniert von Bewegung, und so war es vorgezeichnet, dass ich als deutscher Junge zunächst einmal in einen Fußballverein eintrat. Beim SC Union 03 an der Waidmannstraße begann in der 2. F-Jugend meine Karriere. Warum ich zunächst Torwart war, weiß ich nicht mehr.

In den folgenden Jahren der Jugendfußballzeit arbeitete ich mich immer weiter nach vorn, bis ich in meinem letzten Jahr als A-Jugendlicher im Sturm spielte. Meine beste Zeit hatte ich aber als Libero und Vorstopper, wie damals der heute so vielzitierte Sechser genannt wurde. Das lag wahrscheinlich daran, dass ich von Beginn an ein gutes Auge für den Spielaufbau hatte. Technisch war ich nicht gerade begnadet, ich fand über den Kampf ins Spiel.

Den Traum, Fußballprofi zu werden, hatte ich nie, dazu war ich Realist genug. Aber ich war fußballverrückt, sammelte Panini-Klebebilder und hatte Lieblingsspieler wie jeder andere Junge auch. Bei mir waren es die farbigen Exoten, ich mochte den Franzosen Jean Tigana oder die Holländer Ruud Gullit und

Frank Rijkaard. Anfangs war ich, wie die meisten Hamburger Jungs, HSV-Fan. Aber als mich einmal im Block E in der Westkurve des Volksparkstadions, wo die härtesten Fans standen, ein Skinhead anpöbelte, was ich Neger denn hier wolle, brach ich mit dem HSV. Ein Verein, der solch eine Fankultur tolerierte – und beim HSV waren solche Nazis leider damals zuhauf unterwegs –, konnte nicht mein Verein sein. Seitdem halte ich zum FC St. Pauli.

Mein Karriereende als Fußballer hatte einen Grund, den manche vielleicht als nichtig ansehen würden. Ich war als 18-Jähriger in der A-Jugend des ETSV Altona bisweilen auserkoren, in der Herrenmannschaft, die in der Landesliga kickte, auszuhelfen. Das machte mir auch Spaß – bis einmal nach dem Training ein Kasten Astra in die Kabine gestellt und ich aufgefordert wurde, mir auch ein Bier zu nehmen. Ich war geschockt, denn Alkohol und Sport passten für mich einfach nicht zusammen. In dem Moment wusste ich, dass es vorbei war mit dem Fußball.

Doch was sollte nun kommen? Ich hatte parallel zum Fußball mal eine Zeit lang Judo gemacht und eine Saison Handball gespielt. Und mit 17 hatte ich, um in den engen Shirts, die damals in Mode waren, einen ordentlichen Bizeps zu haben, mit Kraftsport begonnen. Aber ein Ersatz für den Fußball war nirgends zu sehen.

Das änderte sich erst, als ich Frank Fischer kennenlernte. Frank spielte damals bei den Silver Eagles American Football, und weil er gehört hatte, dass ich ein laufstarker und für meinen Körperbau recht kräftiger Athlet sein sollte, fragte er mich, ob ich nicht einmal zum Probetraining mitkommen wolle. Zu diesem Zeitpunkt hatte ich keine Ahnung von diesem Sport.

Ich weiß noch genau, wie der damalige Trainer Bill Shipman zu mir sagte, dass ich Talent hätte, nachdem ich im Vollsprint einen Ball aus der Luft gepflückt hatte. Und wahrscheinlich war es dieser simple Satz, der in mir ein Feuer entzündete, das seitdem nicht mehr aufgehört hat zu lodern. Von dem Tag an ging ich immer wieder zum Training, obwohl es in den ersten Monaten fast jedes Mal ordentlich auf die Fresse gab, weil die großen Jungs im Team natürlich Lust hatten, den schmächtigen Neuling richtig zu überfahren. Damals war es völlig normal, dass es ordentlich vor den Latz gab.

Football war für mich die aufregende Blondine, die ich niemals zuvor gesehen hatte. Die Komplexität des Spiels hat mich in ihren Bann geschlagen, obwohl ich sie damals nur erahnen konnte. Das Spiel im Ganzen zu durchdringen, das gelingt einem erst als Trainer, glaube ich. Aber ich spürte, dass dieser Sport wie eine ansteckende Krankheit ist, die aber nicht irgendwann wieder ausheilt, sondern mit der Zeit immer heftiger wird.

Was mich besonders faszinierte, war die Ausrüstung. An dieses Gefühl, das in mir aufstieg, als ich zum ersten Mal Helm und Shoulderpads anlegte, erinnere ich mich genau. Ich fühlte mich wie ein Gladiator, der sich für die große Schlacht bereit macht. Meinen ersten eigenen Helm habe ich immer noch zu Hause. Ich hatte ihn damals Stefan Mau abgekauft, dem Quarterback der Silver Eagles, weil für mich außer Frage stand, dass ich mir keinen neuen Helm leisten könnte. Für meine ersten Shoulderpads sparte ich monatelang.

Cool fand ich auch, dass beim Football meist Englisch gesprochen wurde, und mir gefiel auch der Teamgeist viel besser als beim Fußball, weil ich diese Energie liebte, die man beim Football spürte, wenn alle gemeinsam für die Sache kämpfen. Ich habe es schon so oft gesagt, deshalb darf es in diesem Buch natürlich nicht fehlen: Football erfüllt in meinen Augen die Grundbedürfnisse des Mannes – Jagen, Erlegen und Beschützen. Und aufgrund meiner Herkunft und meiner Genese war – und ist – Football einfach der passende Sport für mich.

Meine Familie und meine Freunde fanden es völlig okay, dass ich mit diesem Outlaw-Sport anfing. Einige waren zwar der Meinung, dass ich zu dünn für Football sei, weil dort doch eigentlich nur richtige Bullen benötigt werden. Aber als sie sahen, dass es durchaus auch athletische, schmächtigere Spieler gibt, fanden sie es cool und kamen oft zum Zuschauen, denn Football war schon damals in Szenekreisen in Hamburg ein hipper Sport.

Für mich war der Abschied vom Fußball und die Hinwendung zum Football eine Zäsur, wie sie viele Jugendliche kennen, die im Sport den Übergang vom Jugend- in den Herrenbereich schaffen müssen. Manches löst sich auf, viele gehen neue Wege – und meiner führte eben in den American Football. Dass daraus ein Lebensinhalt werden würde, konnte ich damals nicht ahnen. Aber ich war bereit dafür, mich dem Neuen zu öffnen. Und ich sollte es nicht bereuen.

KAPITEL 2:

VON KARRIERE ZU KARRIERE – MEINE LAUFBAHN ALS SPIELER UND DER SCHRITT INS TRAINERGESCHÄFT

Wer ein Buch schreibt, der wird feststellen, dass man sich an einige Ereignisse des Lebens erinnert, als wären sie gestern passiert, während andere wiederum so tief verschüttet zu sein scheinen, dass man lange graben muss, um sie zutage zu fördern. Letzteres musste ich tun, um dieses Kapitel mit Leben zu füllen, denn meine eigene Spielerkarriere ist nicht nur eine Ewigkeit her, sondern war für meinen Werdegang auch nicht so prägend wie die Laufbahn als Trainer. Und dennoch gehören meine Erfahrungen als aktiver Spieler natürlich dazu, wenn ich ein umfassendes Bild zeichnen will von dem, der ich geworden bin.

Wie ich zum Football gekommen bin, habe ich bereits erzählt. Mein Freund Frank Fischer hatte mich zum Training der Hamburg Silver Eagles mitgenommen, die in der Saison 1992 gerade in die Bundesliga aufgestiegen waren. Ich war 18 Jahre alt und hätte deshalb noch A-Jugend spielen können, trainierte aber ausschließlich mit dem Herrenteam. Und das war wirklich eine illustre Truppe. Football war damals in Hamburg eine Szene-Sportart, bei der sich die Leute, die am Wochenende auch auf die angesagten Modelpartys von Michael Ammer gingen, unbedingt blicken lassen mussten. Zu den Bundesligaspielen, die im Hoheluft-Stadion des SC Victoria am Lokstedter Steindamm stattfanden, hatten wir immer gute vierstellige Besucherzahlen.

Im Training, das zweimal wöchentlich am Steinwiesenweg im Hamburger Stadtteil Eidelstedt stattfand und rund zweieinhalb Stunden dauerte, gab es fast jedes Mal ordentlich an den Hals. Dazu muss man wissen, dass in der Mannschaft viele Spieler richtige Old-School-Haudegen waren, für die ein Training erst erfolgreich war, wenn sie jemandem an die Backen hauen konnten. Für mich als Jüngsten war das völlig normal. „Irgendwann bin ich auch der Alte und darf austeilen", dachte ich mir nur, damit war das okay für mich.

Unser Headcoach war Bill Shipman. Er war ein ganz ruhiger Highschool-Coach aus den USA, der immer eine große Brille trug und eine Silver-Eagles-Kappe, die er sich auf den äußersten Rand seines Kopfes schob. Ich habe ihn als netten, ruhigen Opa in Erinnerung, der niemals laut wurde. Musste er aber auch nicht, denn laut waren die anderen Jungs ja schon genug. Der „Golden Boy" des Teams war René Acolatse, unser Receiver und Cornerback, der Mann für die wichtigen Touchdowns. Er war so etwas wie die zehn Jahre ältere Version von mir, und deshalb für mich eine ganz prägende Figur. Ich erinnere mich an ein Spiel, bei dem er sich schlimm an der Schulter verletzt hatte. Mit der Trage wurde er vom Spielfeld gebracht, aber er lag nicht, sondern saß darauf und machte einen flotten Spruch in meine Richtung. Ein bisschen so wie die Hamburger Kiezlegende Kalle Schwensen, der auf der Trage liegend das Victory-Zeichen machte, nachdem sie auf ihn geschossen hatten. Fand ich damals unglaublich lässig, und ich hatte das Glück, dass René sich um mich als Neuling sofort kümmerte. Und wer mit René gut konnte, mit dem konnten auch alle anderen gut.

Gern erinnere ich mich auch an Marcel Hasan, unseren Linebacker. Typ Türsteher. So breit wie groß, immer grimmiger Blick, Meckie-Haarschnitt. Der hatte seine Bude in der Schanze, einem Hamburger Stadtteil zweifelhaften Rufs, und weil ich in der Nähe wohnte, fragte ich ihn nach einer meiner ersten Trainingseinheiten, ob er mich nicht mit dem Auto mitnehmen könnte. Das hätte sich ein Neuling bis dahin niemals getraut zu fragen. Aber weil er genau deswegen wahrscheinlich keine schlaue Antwort parat hatte, nahm er mich mit.

In der Defensive Line spielte ein Zweimetermann namens Sven Wicklow, der war Thai- und Kickboxer und hatte so lange Arme und Beine, dass ihn alle nur Thekla nannten, nach der Spinne aus

„Biene Maja". Auch Importspieler gab es damals schon. Unsere beiden Stars waren John Davis als Linebacker und Troy Conquest als Nose Tackle, die brachten den Spirit der USA und NFL in unsere Mannschaft. Ich fand das ziemlich cool und fühlte mich in der Truppe richtig wohl.

Zu einer normalen Trainingseinheit kamen damals 40 bis 50 Leute. Der Trainerstab umfasste vier Personen, zwei für die Offense, zwei für die Defense. Wir hatten einen Special-Teams-Coordinator namens Jay Bergström, an den ich mich vor allem erinnere, weil er einen so lustigen amerikanischen Akzent hatte, wenn er Deutsch sprach. Als ich vor einigen Jahren durch Zufall mal Bruce Darnell bei „Germany's Next Topmodel" reden hörte, musste ich lachen, denn genauso hörte sich damals auch Jay Bergström an. Und genau diese Stimme war es, die mir mein erstes Spiel für die Silver Eagles ankündigen sollte.

In der Saison 1993 stand ich erstmals im Aufgebot der Silver Eagles, nachdem ich in meinem ersten Jahr mit den Herren nur trainiert hatte. Bei einer Partie gegen die Regensburg Royals durfte ich im Kick-off-Team laufen und wurde dabei von einem US-Linebacker mit der Rückennummer 56, an dessen Namen ich mich nicht erinnere, völlig überfahren. Aber die erste richtige Spielzeit auf der Position des Free Safety erhielt ich in einem Heimspiel gegen die Dortmund Giants. Starter auf der Safety-Position war Florian Riepe, aber wir führten irgendwann so hoch, dass mein Debüt eine Frage der Zeit sein musste.

Als Jay Bergström dann in seinem breiten Deutsch-Amerikanisch sagte: „Patrick, komm her. Geh du mal rein und spiele Safety!", hätte ich mir trotzdem fast in die Hose gemacht. Immerhin standen da eine ganze Menge Freunde draußen und warteten nur auf meinen ersten Einsatz. Außerdem waren meine Mutter und meine später leider verstorbene Schwester Jessica bei jedem Heimspiel mit dabei – an all diese Menschen dachte ich, als ich mich bereit machte für meinen ersten Einsatz.

Ich weiß nicht mehr genau, in welcher Minute und bei welchem Spielstand ich ins Spiel kam, aber an meine erste Aktion erinnere ich mich genau. Bei den Giants spielte Werner Hippler als Tight End. Er war groß, schwer – und er bekam den Ball und wollte durchlaufen. Ich sah das und legte all meine Kraft in den Sprint, um ihn zu erwischen. Ich rannte gegen ihn, prallte ab wie von einem Rammbock, aber auch Werner ging zu Boden. Mein erster Tackle! Danach war mir klar: Jetzt bist du ein richtiger Footballspieler. Kurios daran ist, dass ich neun Jahre später bei der Frankfurt Galaxy Werner Hippler trainieren durfte. Dort kreuzten sich unsere Wege also wieder. Das zeigte mir, wie rasant sich meine Karriere in Richtung Coaching bewegt hatte.

An die Party nach meinem ersten Einsatz habe ich keine besondere Erinnerung. Die After-Game-Partys fanden damals in einer Bar am Fischmarkt statt, aber ich war meist gar nicht lange dort, sondern bin mit meinen Kumpels auf andere Feiern gegangen. Ich war damals ein krasser Partygänger, trank aber keinen Alkohol und hielt mich deshalb auch meist von Ärger fern. Aber natürlich waren Footballer auf einem Haufen ein sehr feierwütiges Völkchen, das kaum zu stoppen war.

Ich erinnere mich so gerne an meine Zeit bei den Silver Eagles, weil das Team meine Heimat ist. Dieser Club hat die erste Ära im Hamburger Football geprägt, die Heimspiele waren groß aufgezogen mit Burgerbuden und allem, was dazugehörte, um das Publikum zu erfreuen. Zu einem Heimspiel gegen die Düsseldorf Panther kamen in der Saison 1994 mal 7000 Zuschauer, was für eine Nischensportart damals eine unglaubliche Zahl war. Das Spiel verloren wir mit 6:7, weil unser Kicker Jürgen Wix – ja, der hieß tatsächlich so – den Extrapunkt nach dem Touchdown verschenkte.

In meiner ersten Bundesligasaison erreichten wir mit den Silver Eagles zum ersten und einzigen Mal die Play-offs. Als Vierter im Norden mussten wir zum Südmeister Munich Cowboys nach München reisen. Wir zuckelten mit einem Bummelnachtzug runter, und weil die Bahn schon damals nicht alles im Griff hatte und mit unseren Reservierungen etwas schiefgelaufen war, lagen einige von uns im Gang. An Schlaf war nicht zu denken, und so war es kaum verwunderlich, dass uns die Cowboys mit 60:0 brutal vermöbelten.

Eine frustrierende Erfahrung, dennoch waren wir alle stolz, mit den Eagles in den Play-offs gespielt zu haben.

Leider sollte die Geschichte dieses stolzen Vereins bereits ein Jahr später ein trauriges Ende nehmen. Ich hatte in der Saison 1994 als Receiver spielen wollen, um meinem Idol René Acolatse nachzueifern. Wir hatten zwei richtig starke Imports, an deren Namen ich mich leider nicht erinnere. Einer war Quarterback von den Clemson Tigers und trug als Schmuck ein Geldstück im Ohr. Der fuhr einen krassen Jeep Wrangler und holte mich damit manchmal von der Schule zum Training ab. Die Blicke der Mitschüler am Wilhelm-Gymnasium, als der dünne braune Bruder zu Big Daddy ins Auto stieg waren unbezahlbar.

Der andere war Brian Schoeneberger, ein 135-Kilo-Koloss aus dem amerikanischen Nirgendwo. Den nahmen wir einmal mit auf eine Kieztour und landeten schließlich im „Rasputin", einer einschlägigen Transvestitenbar an der Großen Freiheit. Er schaute immer wieder zu den Thai-„Mädels" hinüber und sagte irgendwann: „Ich glaube, die eine findet mich gut." Wir brauchten eine ganze Weile, um ihm zu erklären, dass „die" in Wahrheit „der" war, doch als er es begriffen hatte, sahen wir 135 Kilo Panik schneller aus der Bar stürmen, als wir „Transe" hätten sagen können. Ein legendärer Abend!

Leider gab es 1994 so gravierende finanzielle Probleme, dass die Importspieler, von denen damals nur zwei zur gleichen Zeit auf dem Feld stehen durften, während der Saison nach Hause geschickt werden mussten. Wir spielten mit einem Rumpfteam noch bei den Berlin Rebels, dann war auch für uns Schluss. Die Saison wurde nicht zu Ende gespielt, 1995 löste sich der Verein auf. Eine großartige Epoche des Hamburger Footballs war beendet.

Weil der Club pleite gegangen war, durften wir ohne Sperre wechseln. Mit ein paar anderen Eagles spielte ich die Saison 1994 bei den Stormarn Vikings in der Dritten Liga zu Ende. Für mich eine großartige Zeit, denn ich konnte dort auf jeder Position auflaufen, die ich ausprobieren wollte, was perfekt war, um Spielpraxis zu sammeln und Spaß zu haben. Bei den Vikings, die im nordöstlichen Hamburger Randgebiet beheimatet waren, spielte ich mit dem Schauspieler Carsten Spengemann zusammen. Allerdings merkte ich sehr bald, dass die Dritte Liga nicht die Herausforderung war, die ich brauchte und suchte.

Was für eine glückliche Fügung also, dass die Lösung in der eigenen Stadt zu finden war! Die Hamburg Blue Devils hatten parallel zu den Silver Eagles in der Football League of Europe (FLE) gespielt. Vereinsgründer Axel Gernert hatte es geschafft, mit seinem Baby viele Fans ins Volksparkstadion zu ziehen. 1995 wurde die FLE aus finanziellen Gründen aufgelöst, und weil Gernert es irgendwie gedeichselt hatte, ohne Umwege eine Lizenz für die Bundesliga zu erhalten, konnten die Blue Devils die Silver Eagles nahezu lückenlos ersetzen. Ich erinnere mich an ein sehr interessantes Recruiting Meeting, zu dem Devils-Headcoach Kirk Heidelberg alle interessierten Footballspieler aus dem Hamburger Raum einlud, um zu schauen, aus was für einem Fundus er sich würde bedienen können.

Ich ging auch zu diesem Meeting, weil ich durchaus große Lust hatte, weiter in Hamburg auf nationalem Topniveau zu spielen. Die alten Silver-Eagles-Recken hatten alle aufgehört, weil sie sich lieber die Zunge auf ein Holzbrett genagelt hätten, als zu den Devils zu gehen. Aber ich war jung und wollte etwas gewinnen, also wagte ich den Schritt. Kirk Heidelberg ging an mir vorbei, schaute mich an und fragte: „Junge, was ist deine Position?“ „Receiver“, sagte ich, denn das wollte ich gern weiter spielen. „Nein“, sagte Kirk, „du bist ein guter Cornerback. Ich will, dass du als Cornerback in mein Team kommst.“ Ich wusste zwar nicht, was das bedeuten würde, sagte aber: „Okay, Coach!“ Und so wurde ich ein blauer Teufel.

Das Team, das wir damals hatten, war wirklich eine Art Hamburger All-Star-Auswahl. Es fasste die Spielstärke der Stadt zusammen und lockte zu jedem Heimspiel rund 10.000 Leute ins Volksparkstadion. Unser stärkster Mannschaftsteil war die Offensive Line mit Leuten wie Toni Söker, Oliver Kirchhoff, Lutz Gernert, Rolf Gerhold und Dirk Weidlich. Lutz war der Bruder vom Vereinschef Axel Gernert, er spielte immer mit Brille unterm Helm und war 24/7 absolut aggro – und damit das absolute Gegenteil von seinem sanftmütigen Bruder. Rolf nannten wir nur „Tante Käthe“, weil er die alte Frisur von Rudi Völler auftrug. Und Dirk war der Mann, der Jägermeister trank wie Wasser. Einmal waren wir nach einem Spiel mit einer Wagenkolonne zur After-Game-Party unterwegs, als wir an einer Tankstelle hielten. Im Auto vor mir saß Dirk, er kaufte eine Flasche Jägermeister. Als wir weiterfuhren, flog die Pulle nach etwa 200 Metern aus dem Auto vor mir aus dem Fenster. Dirk hatte mit seinen rund 150 Kilo Kampfgewicht aber auch den entsprechenden Resonanzkörper.

Wir hatten damals auch eine Reihe starker Imports im Team: Xavier Kairy in der Passverteidigung, Johnny Wright als Runningback, als Quarterback Dino Bucciol, einen englischen Receiver, Simon Morris, und unseren Star-Fullback Bruce „Bacon“ Reid, der zwar nur einen Kopf größer als ein Spiegelei war, den man aber einfach nicht zu Boden bekommen konnte. In Headcoach Kirk Heidelberg, besaßen wir einen absolut cholerischen, lauten Menschen, der Flüche auf der Pfanne hatte, die kein Buchlektorat der Welt durchgehen lassen dürfte. Nicht nur einmal stand er wutentbrannt auch vor mir und schrie mich an, als gäbe es kein Morgen mehr. Ich erinnere mich an ein Spiel bei den Berlin Adler, als mir deren Receiver Frank Stahnke mächtig den Hintern aufriss. Kirk machte mich total zur Schnecke, aber ich konnte damit eigentlich immer gut umgehen. Ich war recht gut darin, meine Ohren auf Durchzug zu stellen.

Persönlich beleidigt hat mich während meiner gesamten Karriere nur ein Trainer, das war einige Jahre später. Ein ehemaliger Spieler, der für die Devils gespielt hatte, wurde spielender Defense Coordinator, was oft eine ungünstige Konstellation ist. Vor allem, wenn einem die Fähigkeit zur Selbstkritik fehlt. Als Spielertrainer macht man selbstverständlich auf dem Feld auch Fehler, doch wenn man die Schuld trotzdem nur bei anderen sucht, muss das schiefgehen. Und dieser Kerl war so ein Typ. Einmal konnten Jan-Hendrik Wohlers und ich unseren Linebacker Martino Destro nur ganz knapp davor bewahren, ihm den Kopf abzureißen und ihm selbigen in den Hintern zu stopfen, nachdem er Martino beleidigt hatte. Und mich nannte er im Training einmal „stupid motherfucker“. Ich blieb ruhig, griff ihn mir aber nach der Einheit und machte ihm sehr deutlich klar, dass ich diese Art der Kommunikation nicht sehr zu schätzen wisse. Und siehe da: Er verstand es und nannte mich nie wieder so.

Sportlich hatten wir eine unglaubliche Firepower. Gleich im ersten Bundesligajahr 1995 erreichten wir den German Bowl. Nach dem 0:60 mit den Silver Eagles in München zwei Jahre zuvor quälte mich regelrecht das Verlangen danach, auch einmal einen solchen Championship-Ring zu gewinnen, den die Meister im Football bekommen. Doch wir verloren das Endspiel in Braunschweig mit 10:17 gegen die Düsseldorf Panther. Deren Star-Runningback war damals Estrus Crayton, der später zu den Devils wechseln sollte. Ich spielte direkt gegen ihn und bekam zu spüren, was für eine Maschine der Typ war. Aber dieses Finale zu verlieren, war viel härter als das 0:60 zwei Jahre zuvor.

Umso glücklicher war ich natürlich, als wir 1996 direkt die Möglichkeit zur Revanche bekamen. Erneut hatten wir den German Bowl erreicht und sollten im Volksparkstadion gegen die Düsseldorfer antreten. 19.700 Fans jubelten uns zum 31:12-Sieg! Eine unglaubliche Stimmung und ein großartiger Tag. Kurioserweise erinnere ich mich nicht mehr gut an das Spiel, nur daran, dass unser Defensive Back Christoph Malewski, den wir nur „Kolumbus“ nannten, das Spiel seines Lebens machte und völlig zu Recht zum MVP gewählt wurde.

Nach dem Spiel hätte ich fast die Zeremonie verpasst, weil ich eine von den extra angefertigten Meister-Zigarren geraucht hatte. Und die hatte eine so durchschlagende Wirkung, dass ich nur schwer vom Pott herunterkam. Dennoch war dieser Tag die Krönung unserer Saison, denn wir hatten in dem Jahr schon den Euro Bowl gewonnen, sozusagen die Champions League des Footballs, mit 21:14 im Stuttgarter Gottlieb-Daimler-Stadion gegen die Aix-en-Provence Argonauts aus Frankreich. Das Double zu holen, war wirklich etwas ganz Besonderes. Zumal wir unter erschwerten Bedingungen spielten. Kurz vor dem Halbfinale der deutschen

Meisterschaft in Braunschweig war unser Headcoach George White verstorben.

Das Ganze war eine furchtbar tragische Geschichte. George war gerade 60 Jahre alt, er war der Prototyp eines amerikanischen College-Coaches, mit einer Brille, die uns alle an „Puck, die Stubenfliege“ erinnerte. Wir hatten am Donnerstag vor dem angesetzten Halbfinale in Braunschweig einen Teamabend auf der Kartbahn am Nedderfeld geplant. Ich war an dem Abend etwas zu spät dran, und das war mein Glück, denn so musste ich wenigstens nicht live erleben, wie unser Coach aus seinem Kart ausstieg und mit einem Herzinfarkt zusammenbrach. Er fiel einfach um und war sofort tot.

Natürlich waren alle geschockt, niemand wusste, wie es weitergehen würde und ob wir überhaupt zum Halbfinale antreten sollten. Es war dann Georges Witwe, die uns im Namen ihres Mannes bat, auf jeden Fall zu spielen, da er es so gewollt hätte. Es mag pathetisch klingen, aber natürlich löst so etwas noch einmal einen ganz besonderen Motivationsschub aus. Den German Bowl 1996 gewannen wir auch für unseren verstorbenen Trainer.

Ich weiß nicht mehr, wo und wie genau wir das Double feierten. Ich bin keiner, der Triumphe lange auskostet. Weiter, immer weiter – da bin ich voll bei Oliver Kahn. Stillstand ist Rückschritt. Aber ich war, das gebe ich gern zu, auf die ersten beiden Ringe an meiner Hand sehr stolz. Sie sind ja nicht besonders hübsch, diese Ringe. Aber sie haben einen immensen ideellen Wert. Wir verdienten damals kein Geld, eine Meisterprämie gab es auch nicht. Der Ring, auf dem die Spielpaarung draufsteht, das Ergebnis, das Logo des Clubs sowie der eigene Name samt Rückennummer und Position, ist die einzige Belohnung. Und das macht ihn zu einem echten Schatz.

Ich bin kein Sammler und Bewahrer, habe keine Zeitungsartikel über mich ausgeschnitten (meine Mutter schon) oder irgendwelche Statistiken abgeheftet. Aber meine Ringe, die Ehrungen der Stadt, Medaillen und meine beiden Helme, die ich während der aktiven Zeit bei den Blue Devils getragen habe, die habe ich heute noch. Einer steht in meiner Wohnung, der andere bei meiner Mutter; die

Ringe sind, fein säuberlich in ihren Schatullen, auf der Ablage im Badezimmer aufgereiht.

Spätestens nach dem Doublesieg waren wir das Powerhouse des Footballs in Europa. Alles, was in Norddeutschland Football spielen wollte, kam nach Hamburg. Der Zulauf, den wir hatten, war Wahnsinn. Auch die Fans kamen in Scharen zu unseren Spielen. Schon 1995 hatten wir im Charity Bowl das St. Xavier College aus Chicago mit 20:0 besiegt und waren damit das erste europäische Team, das eine College-Mannschaft aus den USA schlagen konnte. Zwei Jahre später durften wir uns auf einem USA-Trip in Tallahassee mit der Florida State University messen. Mein Zimmerkollege auf dieser Reise war Chris Hicks, ein überragender Runningback, der als Import bei uns spielte. Und im Euro Bowl zementierten wir diese Dominanz in den Folgejahren. 1997 gewannen wir das Finale erneut in Stuttgart mit 35:14 gegen Bologna Phoenix aus Italien. 1998 durften wir das Endspiel am Millerntor, im Stadion des FC St. Pauli, austragen. Gegner war Paris Flash mit Top-Receiver Marco Soumah, mit dem ich mir eine richtige Schlacht lieferte. Wir gewannen das Spiel 38:19 und waren damit die erste Mannschaft, die den Euro Bowl dreimal in Serie gewinnen konnte. Nach dem Spiel feierten wir in einem riesigen Partyzelt auf dem Dom, wie in Hamburg der Jahrmarkt genannt wird. Unser Center Volker Vollmer, ein 125-Kilo-Geschoss, das wir alle nur „Erbse“ nannten, versuchte im Überschwang der Gefühle, von der Bühne direkt in den Spagat zu springen. Kann sich wohl jeder vorstellen, dass seine Muskeln und Gelenke das nicht allzu lustig fanden. Wir dafür umso mehr.

Leider konnten wir unsere internationale Dominanz in der nationalen Liga nicht in Titel umsetzen. 1997 flogen wir gegen die Cologne Crocodiles nach einer starken Saison raus, 1998 verloren wir das Endspiel gegen die Braunschweig Lions mit 14:20. Dennoch prägten wir in dieser Zeit die zweite Ära des Hamburger Footballs nachhaltig. Das Teamgefüge war der Grund für die Erfolge, die wir feiern konnten. Wir hatten eine Menge Talent in unserer Mannschaft. Das brachte natürlich auch eine gewisse Unruhe, weil die

Egos der Spieler nicht gerade klein waren. Auch bei mir war der Hang zum Größenwahn durchaus ausgeprägt in dieser Zeit.

Wenn ich mich heute mit früheren Mitspielern wie Rolf Gerhold unterhalte, dann sagt er manchmal: „Du warst ein Showman, der gern sein Sixpack herumgezeigt hat und mit seinen Schweißbändern wedelte." Wir mochten uns damals nicht, aber der Erfolg hat uns verbunden, und heute sind wir absolut cool miteinander. Es waren sich sicherlich nicht immer alle grün, aber wenn wir am Wochenende unsere Helme aufsetzten und die Trikots überstreiften, dann waren wir eine verschworene Einheit, in der jeder für jeden einstand. Dieses Gefühl habe ich geliebt, und mit dem Abstand von fast 20 Jahren kann ich sagen: Es war schon eine richtig coole Zeit.

1999 musste ich eine Auszeit vom Football nehmen, da ich beschlossen hatte, mich auf mein Studium der Heilpädagogik am Hamburger Friedrich-Robbe-Institut zu konzentrieren. Mir war damals klar geworden, dass ich mit Football kein Geld würde verdienen können, und weil ich nach Spielen einige Male schwer humpelnd in den Unterricht kam oder wegen einer maladen Schulter die Kinder nicht auf den Arm nehmen konnte, hatte die Institutsleitung mir nahegelegt, mit dem Sport doch kürzer zu treten, um meinen Abschluss nicht zu gefährden.

Tatsächlich war eine schwere Verletzung das, wovor ich am meisten Angst hatte. Zum Glück hat es mich im Verlauf meiner Karriere nie richtig heftig erwischt. Mal ein Bänderriss im Fuß, die Schulter ab und an ausgekugelt – das war das Schlimmste, aber ich musste nie operiert werden. Nicht zu vergessen natürlich meine Gehirnerschütterungen. Die erste hatte ich 1995 in einem Spiel gegen die Düsseldorf Panther. Da kam Estrus Crayton angerauscht, und ich dachte in meinem jugendlichen Leichtsinn, das dünne Ding locker stoppen zu können. Er rannte mich voll über den Haufen, und ich bekam sein Knie unters Kinn. Ich dachte zunächst, mein Genick sei gebrochen, aber als ich den Nacken befühlte, war alles noch da. Die Jungs fragten mich, ob alles okay sei, ich nickte und spielte weiter. Aber das Nächste, an das ich mich erinnern kann, war, wie ich im

Bus sitze und mir richtig übel wurde. Ich soll in der Partie noch einige Tackles durchgezogen und ein gutes Spiel gemacht haben. Aber ob das stimmt, weiß ich nicht. Die Erinnerung daran ist völlig ausgelöscht.

Meine zweite Concussion hatte ich zwei Jahre danach. Wir spielten bei den Hanau Hawks, die knallgelbe Jerseys trugen. Nach einem heftigen Block war ich mit dem Kopf aufgeschlagen, und als ich wieder aufstand, drehte sich alles, und die gelben Trikots des Gegners sahen für mich plötzlich grasgrün aus. Ich taumelte zur Seitenlinie und wollte mich auf die Bank setzen, aber ich dachte: „Scheiße, du kennst hier keinen. Was ist los?" Das war los: Ich war, benommen, wie ich war, zur falschen Seitenlinie gewankt und stand an der Bank der Hawks. Schon krass, was eine Gehirnerschütterung auslösen kann. Aber dazu an anderer Stelle im Buch mehr.

Zu meinem Glück blieb ich von schweren Verletzungen verschont. Ich schloss mein Studium ab und konnte in der Saison 2000 noch einen neuen Angriff mit den Blue Devils wagen. Das Team hatte 1999 sowohl den German Bowl als auch den Euro Bowl knapp gegen den großen Rivalen Braunschweig Lions verloren. Trotzdem konnte ich eine deutliche Veränderung feststellen: Die Blue Devils waren keine verschworene Gemeinschaft mehr. Es war nicht mehr die Hamburger All-Star-Auswahl der Jahre 1995 bis 1997, sondern eine zusammengewürfelte Söldnertruppe, die erste Züge von Profifootball zeigte.

Ich hatte das Gefühl, dass es von allem etwas zu viel gab, und das war nicht gut. Unser britischer Headcoach Lee Rowland war der erste nicht-amerikanische Cheftrainer bei den Devils. Er war aus der Südgruppe der Bundesliga gekommen und hatte einige seiner Starspieler von dort mitgebracht. Das Team wurde in A-, B- und C-Kader eingeteilt, die gestaffelt bezahlt wurden. Ich war als Starting Safety im B-Kader, der Importspieler auf meiner Position, der auf der Bank saß, war dagegen im A-Kader gelistet. Von solchen Beispielen gab es einige, und so war es nicht verwunderlich, dass es deswegen viel Verdruss gab.

Jeder schaute nur noch darauf, was der andere an Kohle bekam. Die Imports waren nicht in der Lage, den Anforderungen und ihrer Entlohnung gerecht zu werden. Und so kann es dann passieren, dass ein Team, das an Talent fast überläuft, seine Firepower nicht auf die Straße bringt. Wir gewannen in der Saison nur ein einziges Spiel und entgingen nur deshalb der Relegation, weil sich die Bremen Bravehearts zurückzogen. Das war einfach nur frustrierend. Headcoach Rowland wurde entlassen, was mir ein wenig leidtat, denn er hatte nie den Support bekommen, der nötig gewesen wäre, um ein echtes Team aufzubauen. Auch wenn ich sagen muss, dass ich ihn damals nicht besonders zu schätzen wusste.

Negativer Höhepunkt war dann allerdings der Charity Bowl. Wir sollten im Juli 2000 gegen ein Alumni-Team des berühmten Notre-Dame-Colleges antreten. Das war für uns alle natürlich eine Riesensache, und die Partie wurde angekündigt als Belohnung für die ganze Mannschaft. Alle sollten ausreichend Spielzeit bekommen. Doch tatsächlich standen viele nur am Rand und sahen zu, wie die Imports spielten, weil sich der Verein wohl nicht die Blöße einer hohen Niederlage geben wollte. Am Ende verloren wir 10:14, aber das war auch egal. In dem Moment wusste ich, dass ich keine Lust mehr hatte. Deshalb habe ich nach dem Ligaspiel gegen die Düsseldorf Panther im Alter von 26 Jahren meine aktive Karriere für die Blue Devils beendet. Mir fehlte der Teamgedanke, und deshalb fiel es mir auch nicht schwer, diese Entscheidung zu treffen.

Während ich an diesem Kapitel arbeitete, habe ich mich gefragt, wie ich meine aktive Spielerkarriere einordnen würde. Ich kann sagen, dass ich definitiv nicht alles rausgeholt habe, was möglich gewesen wäre. Ich war Realist genug, um zu wissen, dass mir Football nicht mein Leben finanzieren würde, deshalb habe ich aus Angst vor einer schweren Verletzung, die mein Privatleben entscheidend hätte beeinflussen können, nicht jeden Zweikampf so geführt, als gäbe es für mich kein Morgen mehr. Ich habe versucht, Tackles zu vermeiden und die Dinge über Manndeckung zu regeln.

Dennoch glaube ich, dass ich trainingsfleißig und grundsätzlich einfach zu führen war. Mit 1,88 Meter Körperlänge und 85 Kilo Kampfgewicht war ich ein athletischer Typ, und weil ich jeden Tag im Gym war, hatte ich auch die nötige Kraft. Damals habe ich beim Bankdrücken die 100 Kilo in 17 Wiederholungen nach oben gebracht, das schaffe ich heute nicht einmal annähernd. Was mir fehlte, waren Trainer, die mir die Faszination Football auch theoretisch näherbringen konnten. Ich glaube, dass ich das Spiel in seiner Gesamtheit erst viel später als Trainer verstanden habe.

Aber im Rückblick möchte ich festhalten, dass ich sehr froh darüber bin, die zwei wichtigsten Epochen im Hamburger Football mit den Silver Eagles und den Blue Devils miterlebt zu haben. Ich hatte dabei sicherlich auch das Glück, zur richtigen Zeit an den richtigen Orten zu sein. So durfte ich die vielleicht beste Phase meiner Teams als aktiver Spieler mitgestalten. Der Abschied fiel mir dann auch deshalb nicht mehr schwer, weil ich zu dem Zeitpunkt schon wusste, was ich wirklich wollte: Trainer werden.

Während meiner Auszeit 1999 hatte ich auf diesem Gebiet meine ersten Erfahrungen gesammelt, weil ich nebenbei die Passverteidigung des Zweitligisten Hamburg Wild Huskies coachte. Zu diesem Club kehrte ich in der Saison 2001 zurück und stieg dort in den Trainerstab ein. Wenn der Gegner richtig stark war, spielte ich sogar noch manchmal selbst. Ich erinnere mich an ein Spiel gegen die Bochum Cadets, es war das Rückspiel, und im Hinspiel hatte uns deren US-Receiver ziemlich arg zugerichtet. Das wollte ich nun verhindern. Beim Warm-up sah er mich und fragte: „Coach, willst du dir das wirklich antun?" Ich sagte nur: „Lass uns erst mal abwarten." Auf dem Tape hatte ich all seine Laufwege studiert, deshalb wusste ich schon beim ersten Spielzug, was er versuchen würde. Ich stellte mich blöd, wiegte ihn so in Sicherheit, um im letzten Moment den Pass des Quarterbacks abzufangen und zum Return Touchdown zu laufen. Das war der Anfang vom Ende. Der Mann fing nicht einen Ball, ich hatte drei Interceptions. Nach dem Spiel kam er zu mir und stammelte:

„Coach, ich wusste ja nicht, dass du das kannst. An welchem College hast du gespielt, oder warst du in der NFL?“ Ich sagte nur: „Ich war nicht am College und nicht in der NFL. Ich bin einfach ein deutscher Coach, der dir mal gezeigt hat, wo der Frosch die Locken hat.“ Ein Heidenspaß.

Ende der Saison 2001 sollte ich Defensive Coordinator bei den Huskies werden. Doch unser Defensive-Line-Coach Dominic Cardozo hatte eine andere Idee. Er hatte gehört, dass bei der Frankfurt Galaxy in der NFL Europe eine Stelle im Trainerstab offen sei, und war der festen Überzeugung, dass das etwas für mich wäre. Ich wollte erst nicht, aber er ließ nicht locker, und so rauschte ich in meiner Diskoschleuder, einem BMW 325i Cabrio, zum Bewerbungsmeeting nach Düsseldorf. Dort konnten sich alle geladenen Interessenten bei Tony Allen, dem Director of International Game Development der NFL, vorstellen.

Allen fragte mich, was mein Ziel wäre, wenn ich eine Stelle im Trainerstab eines NFLE-Teams bekommen würde. „So viel wie möglich zu lernen und von allen das Beste klauen“, sagte ich, denn das entsprach der Wahrheit. Kurze Zeit nach dem Interview erhielt ich einen Anruf von Allen, dass Doug Graber, der Headcoach der Galaxy, mit mir reden wolle. Ich konnte es kaum fassen und bereitete mich wochenlang auf dieses Telefonat vor, weil ich fachlich in Topform sein wollte, wenn man mir die Chance einräumte, mit einem Headcoach aus der NFLE zu reden. Tatsächlich rief Doug Graber mich an, aber das Gespräch lief völlig anders, als ich es erwartet hatte. Wir redeten 45 Minuten lang, aber keine Silbe über Football! Er wollte wissen, was mein Hintergrund ist, woher meine Familie kommt, was ich im Leben bislang so gemacht hatte. Und als ich auflegte, war ich zu 100 Prozent sicher, dass ich der allerletzte Kandidat war und Graber nur freundlich sein wollte, um mir das Gefühl zu geben, dass die NFL jeden Trottel ernst nimmt.

Es gingen nach dem Telefonat viele Wochen ins Land, und da ich sicher war, dass irgendjemand den Job in Frankfurt zwar bekommen würde, aber nicht ich, hatte ich beschlossen, nach Dornach in die Schweiz zu gehen und dort ein weiteres Studium zu absolvieren mit dem Ziel, Dozent an der Universität zu werden. Ein paar Tage nach diesem Beschluss, es war inzwischen Januar 2002, klingelte mein Telefon. Ich saß in meiner Wohnung in der Haldesdorfer Straße in Hamburg auf dem Sofa, und das war gut so. Denn es war Tony Allen, der dran war, und er sagte mir, dass Doug Graber mich als Assistenzcoach in seinem Team haben wolle. Ich schaute mein Telefon an, als wäre es ein Alien. „Wie viel Zeit habe ich, um es mir zu überlegen?“, fragte ich. „Wir wollen so schnell wie möglich starten“, sagte Allen. Also rief ich meine Mutter an und fragte sie, was sie von der ganzen Sache hielt. „Wenn du willst, dann mach es“, sagte sie. Also rief ich Allen an und sagte: „Ich bin dabei!“ Das habe er sich schon gedacht, sagte der, und ich solle nicht die Wohnung verlassen, da er mir per Kurier ein Flugticket schicken würde. Am nächsten Tag sollte ich in Frankfurt auf einer Pressekonferenz vorgestellt werden!

Für mich war das Ganze völlig absurd, aber in dem Tempo ging es weiter. Einige Wochen später saß ich bereits im Flugzeug nach Tampa, wo das Saisoneröffnungsmeeting des Galaxy-Coaching-Staffs stattfand. Dort saß eine Ansammlung von NFL-Veteranen, darunter auch mein späterer Mentor Bob Valesente, der als Defense Coordinator fungierte. Ich starrte die ganze Zeit auf seinen Championship-Ring, den er 1997 mit den Green Bay Packers gewonnen hatte. Irgendwann sagte er vor versammelter Mannschaft: „Junge, ich gebe dir jetzt für zehn Sekunden meinen Super-Bowl-Ring, dann kannst du ihn in Ruhe anschauen. Und dann hörst du bitte auf, mich anzustarren!“ Alle guckten mich ungläubig an, aber ich nahm den Ring, studierte ihn genau und gab ihn dann Coach Val zurück.

Die nächste Überraschung gab es, als es darum ging, wer welche Position übernehmen sollte. Ich war mit der festen Überzeugung angereist, die Passverteidigung zu coachen. Aber Headcoach Graber hatte eine andere Idee. „Du übernimmst die Runningbacks“, sagte er. „Aber ich habe keine Erfahrung mit Runningbacks“, wandte ich ein. „Egal, du bist ein guter Coach und ein junger Kerl, der was lernen soll. Du wirst das schon machen.“ Ich fühlte mich wie ein 27-jähriges Alien, das gerade auf der Erde gelandet war. Mein Einstieg in das Trainergeschäft war geschafft. Ich wusste nicht im Ansatz, was mich erwarten würde. Aber ich sollte es schnell erfahren.

KAPITEL 3:

VOM AMATEUR ZUM PROFI – DER SPRUNG INS BIG BUSINESS UND DIE UNTERSCHIEDE ZWISCHEN BEIDEN LAGERN

An den Anruf, den ich aus purer Verzweiflung tätigte, erinnere ich mich noch ganz genau. Am anderen Ende der Leitung war meine Mutter, als ich sagte, dass ich mir keine Wohnung in Frankfurt mehr suchen müsste. „Ich habe wirklich keinen blassen Schimmer, wie ich das hier hinkriegen soll“, sagte ich ihr. In jenem Moment war ich überzeugt davon, dass mein Abenteuer Profifootball noch schneller beendet sein würde, als es begonnen hatte.

Gerade hatte ich im Vorbereitungscamp der Frankfurt Galaxy auf die Saison 2002 in der NFL Europe in Tampa (Florida) erfahren, dass ich die Runningbacks coachen sollte. Ich, der eine Saison Erfahrung als Defensive-Backfield-Coach des deutschen Zweitligisten Hamburg Wild Huskies vorweisen konnte, war von Headcoach Doug Graber ausgewählt worden, diesen mir völlig unbekannten Posten zu übernehmen. Nun waren es noch drei Tage, bis die Spieler ins Camp kommen würden, und ich wusste beim besten Willen nicht, wie ich diese Situation in den Griff kriegen sollte. Natürlich hätte ich einen meiner Kollegen fragen können. Immerhin waren mit Graber, Dwain Painter (Offensive Coordinator), Don Lawrence (Offensive Line) und Bob Valesente (Defensive Coordinator) vier NFL-Veteranen mit jeweils mehr als 15 Jahren Erfahrung in Nordamerikas Topliga im Team. Aber ich wollte mir nicht eingestehen, dass ich keine Ahnung von dem hatte, was ich tun sollte. Und ich wollte es unbedingt allein packen.

Ich habe mich später immer wieder gefragt, ob es der große Gasförmige im Himmel war, der mir die Erlösung schickte, oder ob ich einfach nur verdammtes Glück hatte. Meinen Retter traf ich am ersten Tag meines verzweifelten Daseins als neuer Runningback-Coach nämlich durch puren Zufall. Ich war auf dem Weg zu einer Tankstelle, als auf der anderen Straßenseite ein Typ in kompletter Chicago-Bears-Montur auftauchte. So etwas ist in Florida in etwa so gewöhnlich, als würde man im Steakhouse einen Veganer treffen, deshalb war mir klar, dass der Mann aus dem Staff der Bears kommen musste.

Ich sprach ihn also an, und es stellte sich heraus, dass ich das unverschämte Glück hatte, vor Earle Mosley zu stehen, der seit drei Jahren die Runningbacks der Bears coachte. Ihr könnt euch vorstellen, wie viele Luftsprünge ich innerlich machte, als Earle mir anbot, mir auf seinem Hotelzimmer einen Crashkurs zu geben. Dazu muss man wissen, dass Trainer in der NFL zwar auf der einen Seite große Konkurrenten sind, sich aber andererseits auch als große Familie und geschlossene Einheit verstehen. Wer sich nicht total dumm anstellt, bekommt meist schnell wieder einen Job, wenn er bei einem Team rausfliegt, und deshalb gibt es eine Art Ehrenkodex, der besagt, dass man einander helfen sollte, sofern man nicht in direkter Konkurrenz steht. Und als junger Coach aus Deutschland, der dazu noch im Europaableger angestellt war, stellte ich für Earle Mosley keine Gefahr dar, sondern einfach einen unerfahrenen Jüngling, an den er sein Wissen weitergeben konnte.

Und das tat er. An zwei Abenden saßen wir jeweils mehrere Stunden auf seinem Zimmer, und er hat mir alles erklärt, worauf ich zu achten hatte. Ich hörte von Schrittabfolgen, Beinarbeit, den verschiedenen Spielzügen und Pass-Protection-Systemen. Die Crux beim Runningback-Coaching ist, dass man alle Phasen des Offensivspiels verstehen muss. Als Defensive-Backfield-Coach musste ich das Passsystem des Gegners kapieren. Aber in meiner neuen Funktion musste ich das Running Game ebenso durchschauen wie das Pass-Protection-System und das Passspiel.

Natürlich reichten zwei Abende nicht aus, um alles Wissen in mich hineinzupumpen. Aber als ich nach dem Crashkurs ins Training einsteigen musste, hatte ich immerhin einen Zettel voll mit

Notizen, der mich durch die ersten Einheiten würde retten können. Earle hatte mir sogar Videotapes von seinen individuellen Trainingsperioden in mein Hotel schicken lassen, die ich dort studierte. Und er hatte mir einen Grundkurs in Psychologie verpasst. Wichtigster Inhalt: „Wenn du etwas nicht verstehst, erfinde niemals irgendeine Ausrede, sondern sage offen, dass du dir die Informationen beschaffen wirst. Aber tritt ansonsten immer so auf, als wärst du der Chef im Ring, damit deine Spieler zu dir aufschauen."

Ich habe Earle Mosley sehr viel zu verdanken. Er war in der ersten Phase für mich da, wann immer ich eine Frage hatte, ich konnte mich stets per E-Mail an ihn wenden. Aber wie das so ist, wenn Coaches ihr Team wechseln und damit auch die E-Mail-Adresse sich verändert: Man verliert sich aus den Augen. Aber ich war mir stets bewusst, dass meine Karriere ohne ihn vielleicht ganz anders verlaufen wäre.

Der erste Trainingstag. Ich hatte in einem der vorangegangenen Meetings das Playbook ausgehändigt bekommen. Das ist sozusagen die Bibel eines jeden Teams, im Kapitel Half-time gehe ich darauf noch einmal gesondert ein. Dort standen ungefähr 100 Spielzüge und zahllose Varianten drin. Ich war erschlagen von Umfang und Inhalt und hielt in den Besprechungen tunlichst meinen Schnabel, um nicht negativ aufzufallen. Meine Taktik war schlicht aufs Überleben ausgerichtet, und dabei ist es manchmal besser, den Mund zu halten, wenn man nichts zu sagen hat.

Ich hatte mir natürlich die Spielerliste genau angeschaut, um zu wissen, mit wem ich es zu tun bekommen würde. Anfangs starteten wir mit fünf Runningbacks und zwei Fullbacks, die ich vor der Abreise nach Deutschland auf zwei plus einen reduzieren musste. Die Stars, die sich letztlich auch durchsetzten, waren NFL-Haudegen, die an einem Punkt ihrer Karrieren angelangt waren, an dem ihre Zukunft auf dem Spiel stand und sie sich in der NFLE durchbeißen mussten, um noch eine letzte Chance auf einen NFL-Platz zu haben. Da war Marlion Jackson, eine Kraftmaschine von 1,88 Metern und 109 Kilogramm, der zuvor bei den New York Jets gespielt hatte. Oder Curtis Alexander, Spitzname „Super Curt",

1998 im Aufgebot von Super-Bowl-Sieger Denver Broncos. Und Joey Dozier, ein draller, kleiner Kubikmeter-Klaus, der im Arena-Footballteam der San Jose Sabercats einer der Stars gewesen war. Alles Jungs also, die enorm was draufhatten, entsprechend hatte ich die Hosen doch gestrichen voll. Blamieren wollte ich mich natürlich nicht.

Headcoach Graber hatte seinem Staff vor dem Trainingsstart klar gemacht, dass er Leistung erwartete. „Egal, was ihr vorher gemacht habt oder wo ihr herkommt: Hier hat jeder seine eigene Gruppe und muss abliefern", sagte er, und ich bezog diese Worte auf mich. In den ersten 15 Minuten sollten wir also individuelles Training in unseren Gruppen absolvieren. Natürlich suchte sich Graber ausgerechnet meine Gruppe aus, um mal zu inspizieren, was der Neue aus Deutschland denn so draufhatte. Ich zog 15 Minuten lang genau das Programm durch, das mir Earle Mosley erklärt hatte. Teilweise sogar mit exakt den gleichen Sprüchen, die er gebracht hatte. Ohne dass ich auch nur ansatzweise verstand, was ich da erzählte. Graber stand die ganze Zeit mit verschränkten Armen am Rand und sagte nichts. Als die Viertelstunde abgelaufen war, nahm er mich beiseite und sagte: „Junge, und du hast gesagt, du hättest noch nie mit Runningbacks gearbeitet? Du hast es echt drauf!" Es war das einzige Mal, dass er mir so intensiv zuschaute, weil er nun sicher war, dass der komische Deutsche sein Handwerk verstand. Erst viel später beichtete ich ihm, wie es wirklich gewesen war. Da lachte er nur und sagte: „Genauso war es bei mir auch. Aber du hast dir nichts anmerken lassen, und das war genau richtig!"

Ich fing in diesem Camp im Frühjahr 2002 an, den Profifootball in Ansätzen zu verstehen. Vier Wochen lang, bis wir mit dem endgültigen Team nach Deutschland flogen, befand ich mich im Ausnahmezustand. Da ich immer erst am Vorabend erfuhr, was die Trainingsinhalte des nächsten Tages sein würden, hatte ich maximal eine Nacht Wissensvorsprung auf meine Spieler, und diesen musste ich nutzen, was bedeutete, dass ich maximal drei Stunden pro Nacht schlafen konnte. Der mentale Druck zu versagen, war enorm. Nicht nur in dem Moment, als ich meiner Mutter am Telefon mein Leid klagte, dachte ich ans Aufgeben. Aber ich wusste, dass ich es durchziehen musste, wenn ich eine Chance haben wollte. Zu meinem Glück hatte ich nicht nur Earle Mosley getroffen, sondern eine menschlich einwandfreie Trainingsgruppe abbekommen. Und so wusste ich, als wir in Frankfurt landeten, dass ich meine Berufung gefunden hatte.

Bevor ich in den nächsten Kapiteln genauer über meine verschiedenen Stationen berichte, möchte ich generell einige Anmerkungen zum Trainergeschäft und zum Unterschied zwischen Amateuren und Profis loswerden. In Deutschland hatte ich in einem Lehrgang des Hamburger Football-Verbands, der sich über zehn Wochenenden erstreckte und mit einer theoretischen und einer praktischen Prüfung abgeschlossen wurde, meine C-Lizenz erworben. Sie ist bis heute der einzige verbriefte Leistungsnachweis, den ich besitze. Das Absurde an Lizenzen ist, dass sie eigentlich wenig über die Qualitäten aussagen, die ein Trainer wirklich mitbringt.

In der NFL ist es so: Entweder, du bist gut und lieferst ab, dann ist es völlig egal, woher du kommst und was du für Lizenzen hast. Oder du bist schlecht, dann hilft dir keine Lizenz dieser Welt, denn dann fliegst du raus. Ich wurde schon so oft gefragt, ob ich in den USA denn als Deutscher mit meiner C-Lizenz akzeptiert wurde. Die Wahrheit ist: Das ist denen völlig egal. Ich weiß, warum es in Deutschland Lizenzen gibt, und für junge Trainer ist das sicherlich auch wichtig, um den Start ins Trainerleben zu schaffen.

Aber ich behaupte ganz unbescheiden, dass auf dieser Seite der Erde niemand, der eine A-Lizenz besitzt, zwangsläufig mehr über Football weiß als ich. Deshalb hatte ich auch niemals die Ambition, noch eine weitere Lizenz zu erwerben, weil diese mich wirklich kein Stück besser machen würde. Keine Lizenz in Europa bereitet dich auf das vor, was im Profifootball wichtig ist. People Management, Körpersprache, Gesichtsausdruck beim Vortragen der Übungen – all das hat einen immensen Stellenwert, da man es mit 50 bis 80 Alphamännchen zu tun hat, die jede Kleinigkeit gegen dich verwenden, wenn es ihnen nutzt. Und das lernt man einfach nur in der Praxis.

Mit meiner C-Lizenz fing ich 2001 bei den Wild Huskies als Defensive-Backfield-Coach an. Die Vorbereitungen auf den nächsten Gegner kosteten mich maximal ein paar Stunden. Es gab damals zwei Trainingseinheiten pro Woche, auf die ich mich nicht besonders vorbereiten musste. Teammeetings gab es kaum, das meiste wurde direkt auf dem Feld besprochen. Und damals war es so, dass man sich vom jeweiligen Gegner eine DVD schicken lassen musste, um dessen Spiel zu analysieren. Heute gibt es im Internet eine Plattform, auf der alle direkt nach dem Spiel ihre Videos hochladen, so dass man im Prinzip direkt mit der Analyse des nächsten Gegners beginnen kann. Damals kam die DVD am Donnerstag und am Wochenende war dann schon das Spiel. Aber es genügte ja auch, die wenigen Spielzüge zu kennen, die der Gegner immer spielte. Ich habe mir alles notiert und hatte dann ziemlich schnell eine Tendenz, in welcher Situation welcher Spielzug eingesetzt wurde. Eigentlich war das alles relativ einfach.

Um das Zusammenspiel zwischen Amateuren und Profis zu beschreiben, ist die German Football League (GFL) ein gutes Beispiel. Sie ist eine reine Amateurliga, aber um Erfolg zu haben, brauchst du zwei hauptamtliche Trainer und einige Importspieler, die wie Profis bezahlt werden und auch trainieren. Ein charakterlich starker Import, der den Superstarwind durch das Team wehen lässt und für die besonderen Momente sorgt, kann eine ganze Mannschaft mitreißen. Deshalb habe ich von meinen Ausländern immer erwartet und gefordert, dass sie sich einbringen und vorleben, wie sich ein Profi zu verhalten hat, um maximalen Erfolg zu ermöglichen.

Allerdings ist das ganze Konstrukt schwierig. Das Problem ist, dass die Profis ständig einen Spagat absolvieren müssen zwischen ihrem eigenen Anspruch und dem, was sie von ihren Mitspielern und Trainerkollegen erwarten können. Als Profi bist du plötzlich abhängig von Amateuren, die bisweilen ganz andere Prioritäten haben. Die eben mal nicht zum Training kommen, weil sie arbeiten müssen oder das Kind krank ist. Dein Erfolg hängt also von Dingen ab, die absolut außerhalb deiner Kontrolle passieren. Daran muss man sich als Profi auch erst einmal gewöhnen, denn während du als Profi totalen Zugriff auf alle Leistungsparameter hast, musst du als Amateur nehmen, was da ist. Das kann ziemlich hart und undankbar sein.

Ich habe eine Reihe an US-Trainern erlebt, die genau daran gescheitert sind. Sie waren es nicht gewohnt, improvisieren zu müssen und für Dinge verantwortlich zu sein, die nicht in ihrem originären Kompetenzbereich lagen. Im Profibereich hast du als Headcoach 20 Assistenztrainer für alle Mannschaftsteile und Trainingssituationen. Im Amateurlager hast du mit Glück zwei gute Helfer, den Rest musst du allein machen. Du musst viel elementarer arbeiten, ganz von vorn anfangen, statt dich in ein gemachtes Nest zu setzen. In der NFLE kriegst du Spieler, die schon zehn Jahre hochklassiges Coaching hinter sich haben. In der GFL hast du manchmal Spieler, die mit Mühe geradeaus laufen können, um es überspitzt zu formulieren. Und deshalb ist die Arbeitsintensität als Cheftrainer auch fast identisch, ob du nun ein NFL-Team coachst oder eins aus der GFL. Das hat viele US-Trainer in Deutschland überfordert.

Für mich war es immer wichtig, den Bezug zur Realität nicht zu verlieren, und das habe ich im Amateurbereich gelernt. Das ist meines Erachtens auch der einzige Vorteil, den ein Profi aus der Zusammenarbeit mit Amateuren ziehen kann: Den Blick dafür zu gewinnen, wie privilegiert sein Leben eigentlich ist. Deutschland ist ein Fußballland, die meisten anderen Sportarten werden vom Fußball an den Rand gedrängt. Ich habe das selbst oft genug erlebt, wenn wir beispielsweise unser Training ausfallen lassen mussten, weil es geregnet hatte und wir den Fußballern nicht ihren Platz zerfurchen sollten. Oder wenn unsere Einheit einfach vom Nachmittag auf den Abend verschoben wurde und wir dann nach 45 Minuten abbrechen mussten, weil es dunkel wurde und das Flutlicht leider nicht funktionierte. All diese Dinge lehren dich, demütig zu sein und flexibel zu reagieren. So manche Einheit haben wir im Dunkeln vom Sportplatz auf einen Industrieparkplatz verlegt, wo wir dann die Autos im Kreis drum herum geparkt und die Scheinwerfer voll aufgedreht haben.

Selbstverständlich profitiert von der Kooperation zwischen Profis und Amateuren immer der Amateur, weil er sich auf ein völlig anderes Leistungsniveau heraufarbeiten kann. Allerdings muss dafür die Bereitschaft vorhanden sein, sich zu verändern, und ich habe leider einige Trainer gesehen, die sich überhaupt nicht weiterentwickelt haben und stattdessen viele Jahre in ihrem eigenen Saft kochten. Das finde ich sehr schade. Die negative Seite für die Amateure ist, dass die Teams, die erfolgreich sein wollen, oftmals auf möglichst viele ausländische Profis setzen, was bedeutet, dass man die einheimischen Spieler nicht mehr ausreichend fördert.

Eine wichtige Erkenntnis, die ich gewonnen habe: Wir unterschätzen im Amateurfootball in Deutschland generell unsere Spieler. Viele Coaches denken, dass man die Jungs nicht überfordern darf, weil sie nicht die Grundausbildung genossen haben wie die Spieler in Nordamerika. Das mag stimmen; dennoch ist der durchschnittliche deutsche Footballer intelligenter als die Masse der US-Profis, und das sollte niemand unterschätzen. Ich gebe euch ein Beispiel. Als ich 2010 gemeinsam mit meinem Mentor Bob Valesente Headcoach bei den Kiel Baltic Hurricanes wurde, verloren wir das erste Ligaspiel gegen Marburg, und sofort ging die Diskussion los, dass unser System zu kompliziert sei und wir weniger machen müssten, um die Spieler nicht zu verwirren. Coach Val sagte damals nur zu mir: „Patrick, halte deinen Kurs und lasse dich nicht auf Diskussionen ein.“ So machten wir es. Und siehe da: Wir verloren kein Spiel mehr und wurden deutscher Meister. Überhaupt ist Coach Val ein sehr gutes Beispiel für einen Trainer, der in Europa erfolgreich arbeitete, weil er bereit war, sich an die Gegebenheiten anzupassen, ohne dabei seinen Stil zu verändern. Er hatte damals schon seine Defense aus Green Bay mit in die NFLE gebracht, und so entwickelte er sein Defensivsystem in der Form weiter, dass es auch für die GFL adaptiert werden konnte. Noch heute geistern seine Abwehrsysteme durch den Football-Norden. Einen Mann mit so viel Weitsicht gehabt zu haben, war ein Glücksgriff für die gesamte deutsche Footballszene.

Natürlich gibt es weitere dieser positiven Beispiele. Joe Roman, der in Kiel mein Defensive Coordinator war, liebte es, hier zu arbeiten, weil er fand, dass die Spieler hier noch Lust zum Lernen haben und nicht so gesättigt seien wie die NFL-Stars, die immer alles besser wüssten. Aber viele andere schaffen es leider nicht, als Profi die Amateure um sich herum besser zu machen. Genau das aber sollte der Anspruch sein. Joe und ich hatten 2013 in Kiel beschlossen, einen dritten Profi ins Team zu holen. Der Mann hatte erstklassige Referenzen aus der NFL und CFL. Aber nach ein paar Monaten musste ich ihn feuern, weil er dachte, dass er sich in Europa einen lauen Lenz machen und andere für sich arbeiten lassen könnte. Er sollte die Defensive der Gegner studieren, um unsere Offense besser zu machen. Aber über Wochen kam da nichts. Außer der Ausrede, sein Computer sei kaputt. Über so etwas konnte Coach Val, der alle seine Analysen handschriftlich machte, nur müde lächeln. Und ich fand das auch nicht mal im Ansatz komisch. Mein Lerneffekt: Eine gute Vita macht nicht automatisch einen guten Coach. Womit wir wieder beim Thema Lizenz angekommen wären.

Immer wieder wollen Menschen, die sich mit Football nicht so gut auskennen, wissen, wie ein sportlicher Vergleich zwischen einem GFL-Team und einem NFL-Team ausgehen würde. Ich antworte dann mit einem Vergleich aus dem Lieblingssport der Deutschen. Wenn Bayern München gegen einen Hamburger Kreisligisten in Bestbesetzung antreten würde und alle würden ernst machen – so ungefähr würde es ausgehen. Das Problem ist jedoch die körperliche Komponente. Deshalb sage ich: Wenn die New England Patriots gegen die Braunschweig Lions antreten und dieses Spiel mit vollem Einsatz durchziehen würden, dann würde es locker dreistellig zu null enden, und es würde Tote geben. Deshalb sollte niemand auf die Idee kommen, ein solches Spiel stattfinden zu lassen.

Jede einzelne Phase meiner Trainerlaufbahn hat ihre Berechtigung. Jede hat mich geformt und zu dem beigetragen, der ich heute sein kann. Es gibt eine Reihe von Situationen, die ich niemals missen möchte. In meiner ersten Phase bei den Huskies in Hamburg spürte ich, dass Coaching überhaupt in mir steckt. Als ich 2005 nach Hamburg zurückkehrte und drei Spielzeiten für die Sea Devils in der NFLE arbeitete, konnte ich vieles von dem, was ich in NFL-Camps gelernt hatte, umsetzen und verfeinern.

2007 und 2008 in Cleveland hatte ich mit Romeo Crennel einen Headcoach, der mir zeigte, was man braucht, um ein guter Cheftrainer zu sein. Auf ihn werde ich in einem späteren Kapitel noch näher eingehen, aber in der Phase habe ich mein Wissen über Football auf höchster Ebene vertieft. 2009 durfte ich dieses Wissen bei Paris Flash erstmals als Headcoach einsetzen. In einem fremden Land mit einer anderen Kultur und einer neuen Sprache zurechtzukommen und mit einem internationalen Topverein das erfolgreichste Jahr der Vereinsgeschichte zu schaffen, das war sehr prägend. Dort bin ich vor allem menschlich immens gereift, weil ich kulturelle Barrieren überwinden musste. Nach mir sind dort fünf oder sechs ausländische Trainer krachend gescheitert. Dieser Schritt war sehr wichtig für meine Entwicklung.

Die anschließenden fünf Jahre in Kiel waren wertvoll, weil ich mich bereit für die Herausforderung fühlte, in Deutschland als Headcoach zu arbeiten. Und als ich 2015 dann den Posten des Nationaltrainers in Frankreich übernehmen durfte, was ich als Königsdisziplin erachte, hatte ich das Gefühl, ein Level erreicht zu haben, das mich zu einem angesehenen Trainer macht.

Die wichtigste Phase aber war für mich die Zeit bei der Galaxy. Die drei Spielzeiten in Frankfurt von 2002 bis 2004 legten das Fundament, auf dem ich alles aufbauen konnte. Wenn ich heute zurückschaue, dann war es auf allen Stationen danach so, dass ich sagen konnte: „Das haben wir in Frankfurt auch gemacht, da hieß es nur anders." Mit Don Lawrence, dem Offensive-Line-Coach, hatte ich einen überragenden Mentor, der mir einbläute, wie wichtig die Offensive Line ist. Wenn sie nicht funktioniert, dann gibt es kein Running Game und der Quarterback hat keine Zeit, den Ball zu werfen. Deshalb ist sie die Grundlage von allem. Das habe ich damals gelernt, weil ich Don Löcher in den Bauch fragte. Viele Leute waren verwundert, dass ich als gelernter Passverteidiger so viel über die Offensive Line wusste. Aber genau das sind die Grundlagen, die ich brauchte, um ein kompletter Coach zu werden. In Frankfurt wurden sie gelegt, und deshalb möchte ich euch nun mitnehmen auf eine Reise. Eine Reise durch die Galaxy.

SECOND QUARTER

KAPITEL 4:

DIE NFL EUROPE – EINE ERFOLGSGESCHICHTE MIT HARTEM ENDE

Die Idee, ihren Profifootball in Europa populärer zu machen, hatten die NFL-Verantwortlichen schon Ende der 80er-Jahre. 1986 wurde im Londoner Wembleystadion erstmals ein Vorbereitungsmatch ausgetragen. 1990 kam das Berliner Olympiastadion als Standort hinzu, weil es sich herumgesprochen hatte, dass es in Deutschland eine solide Fanbasis für den Sport gab. Um ihren Reservisten und Nachwuchsleuten dauerhaft Spielpraxis zu ermöglichen, entschlossen sich die NFL-Macher dann 1991, mit der Einführung der World League of American Football (WLAF) ein Ligasystem außerhalb der USA zu etablieren. Daran nahmen sechs US-Teams, eine Mannschaft aus Kanada und drei europäische Vertreter teil.

Neben London, das sich etabliert hatte, wurde Barcelona als Olympiagastgeber 1992 ausgewählt. In Deutschland entschied man sich für Frankfurt, da im Umfeld der Stadt eine große Zahl US-Soldaten stationiert war und man darauf setzte, diese als Zuschauer gewinnen zu können, was tatsächlich aufging. Den ersten World Bowl gewannen die London Monarchs im heimischen Wembley gegen die Barcelona Dragons. Doch während das Interesse der europäischen Fans wuchs, machte sich in den USA niemand etwas aus der Liga, sodass der Spielbetrieb bereits nach zwei Jahren eingestellt wurde.

1995 startete man dann mit einem neuen Konzept einen zweiten Versuch, allerdings ohne nordamerikanische Teams. Nur logisch, dass die Liga 1998 von World League in NFL Europe umbenannt wurde. Als Gründungsmitglied war Frankfurt ein sehr bedeutendes Franchise. Durch die vielen US-Soldaten im Umfeld war die

Gegend sehr amerikanisiert, und Football wurde von einer breiten Masse an Fans angenommen. Die Fanbasis der Galaxy war zu der Zeit größer als die des Fußball-Bundesligisten Eintracht Frankfurt. Kein anderes Team hatte eine solche Unterstützung. Die Galaxy war das wichtigste Franchise der NFL Europe. Dort wollte jeder spielen, dort wollte jeder coachen. Im Stadtteil Rödelheim war das Hauptquartier der NFLE angesiedelt, hier arbeiteten rund 30 Leute.

Als ich 2002 zur Galaxy dazustieß, wusste ich all das noch nicht. Natürlich kannte ich die Liga. Einige ehemalige Blue-Devils-Spieler hatten den Weg in die NFLE gefunden. Ich war in meiner aktiven Zeit nie zu den regelmäßigen Try-outs gefahren. Einerseits, weil ich mir nicht sicher war, ausreichend Qualität zu besitzen. Andererseits, weil ich mein Studium, für das ich an Hamburg gebunden war, nicht für den Football aufgeben wollte. Meine Mutter hätte mir den Kopf abgerissen, und das zu Recht.

Ich wusste also, was die NFLE war, aber ich hatte noch nie ein Spiel live gesehen, als ich mich in Tampa zum Vorbereitungscamp einfand. Meine erste Trainingseinheit habe ich euch im vorangegangenen Kapitel ausführlich dargestellt. Eine besondere Anekdote habe ich euch bislang allerdings verschwiegen. Wir hatten vier Veteranen aus der NFL im Trainerstab – Headcoach Doug Graber, meinen Mentor Bob Valesente als Defensive Coordinator, Dwain Painter als sein Gegenpart in der Offensive und Don Lawrence als Offensive-Line-Coach. Painter war damals 60 Jahre alt, Lawrence noch fünf Jahre älter. Erfahrung hatten sie genug. Leider aber auch ziemlich gegensätzliche Ansichten darüber, wie ein gutes Offensivsystem aussehen muss. Das musste zwangsläufig zu großen Differenzen führen.

Bei unserem ersten Testspiel im Stadion der University of Tampa gegen Düsseldorf Rhein Fire hatte ich alle Hände voll damit zu tun, meine Runningbacks zu den richtigen Spielzügen aufs Feld zu schicken. Es war mein erstes Testspiel als Coach in der NFLE, entsprechend aufgeregt war ich. Und so bekam ich zunächst nur mit, dass sich Don und Dwain an der Seitenlinie ein wenig lauter austauschten. Irgendwann jedoch eskalierte die Situation. Don schrie: „Okay, then let's go!", und wollte sich mit erhobenen Fäusten auf seinen Kollegen stürzen. Ich konnte es nicht fassen: Die beiden Opas wollten sich doch tatsächlich am Spielfeldrand die letzten Zähne ausschlagen, vor den Augen der gesamten Mannschaft! Mir gelang es, mich zwischen sie zu schieben und sie so weit zu beruhigen, dass keine körperliche Auseinandersetzung mehr drohte. Aber ich dachte: Wie soll das erst werden, wenn wir mal ein richtiges Spiel haben? Dass diese kleine Eskalation tatsächlich nur der Auftakt einer Reihe an Eklats werden würde, hätte ich dennoch nicht erwartet.

An meine Premierenspielzeit mit Frankfurt habe ich kurioserweise kaum noch Erinnerungen, was wohl daran liegt, dass ich mit Eindrücken nur so bombardiert wurde und mein Hirn keine Chance bekam, sie abzuspeichern. Für mich war ja alles neu. Vor allem das Ausmaß der Begeisterung, das die Galaxy auslöste, überrollte mich. Zu unserem ersten Heimspiel kamen schon zur Pre-Game-Party vor dem Waldstadion 20.000 Leute. Und ich hatte gedacht, dass bei den Blue Devils der Teufel losgewesen wäre. In Frankfurt wurde das noch einmal um Längen getoppt.

Wir wohnten mit dem gesamten Team im Scandic Hotel in Offenbach, einer Stadt, die südöstlich an Frankfurt grenzt. Bei der Eintracht, dem Frankfurter Fußballbundesligateam, werden T-Shirts verkauft mit der Aufschrift „Lieber in Frankfurt sterben als in Offenbach leben", und ganz ohne Berechtigung ist dieser Spruch nicht, denn die Stadt ist wirklich ziemlich heruntergekommen. Aber von dort waren wir per Busshuttle oder mit den Autos unseres damaligen Sponsors Skoda schnell am Waldstadion, wo wir auf einem Nebenplatz trainierten. Sehr bequem, und so wohnte ich die drei Monate während der Saison eben auch im Hotel. Außerhalb der Saison arbeitete ich als Scout für die Regionen Frankreich, Österreich, Schweiz und Süddeutschland für die NFLE und hatte deshalb eine Wohnung, zunächst in Neu-Isenburg, später dann in Wiesbaden. Aber wenn die Saison lief, wollte ich eng beim Team sein.

Wir verpassten den World Bowl nur knapp und wurden mit sechs Siegen und vier Niederlagen Dritter hinter Düsseldorf und Berlin Thunder, die das Endspiel bei Rhein Fire gewannen. Auch an den Kader erinnere ich mich nicht mehr so genau. An meine Trainingsgruppe natürlich, und an unseren Kicker Matt Bryant, der 2017 mit den Atlanta Falcons den Super Bowl gegen New England verlor.

Aber ein Ereignis hat sich doch tief in mein Hirn eingebrant, weil es mir gezeigt hat, wie hart der Alltag im Trainergeschäft sein kann und wie wichtig es ist, die Methode CYA (Cover your ass) nie aus den Augen zu verlieren. Es gab damals ein Cardbook, das zu jedem Training mitgebracht werden musste. Dort waren auf DIN-A4-Karteikarten alle Informationen darüber gesammelt, was die Offensive und die Defensive des jeweils nächsten Gegners für Varianten spielte. Ohne dieses Buch war jedes Training sinnlos, weil Headcoach Graber dann nicht die nötigen Erklärungen hätte liefern können.

Bob als Defensive Coordinator und Dwain als Offensive Coordinator waren dafür zuständig, dieses Buch zu pflegen und die Karten einzusortieren. Meine Aufgabe als jüngster Coach war es, das Buch mit zum Training zu bringen. Eines Morgens ging ich ins Trainerbüro, um das Buch einzusammeln, da waren Dwain und Don noch damit beschäftigt, es auf Vordermann zu bringen. „Dann warte ich, bis ihr fertig seid", sagte ich. „Nein, nein", sagte Dwain, „fahr schon vor, wir brauchen noch etwas länger. Du bist ein junger Coach, und ich möchte nicht, dass du zu spät zum Training kommst." Ich sagte: „Nein, kein Problem, ich warte." Und Dwain: „Nein, wirklich, du solltest losfahren. Ich bringe das Buch nachher mit." Don nickte mir zu, und so machte ich mich auf den Weg.

Das Training begann, zunächst standen individuelle Übungsformen innerhalb der Positionsgruppen an. Dann rief Headcoach Graber das Team zu sich und ordnete eine Laufspielübung, 9 on 7 oder Inside Run genannt, an. „Wo ist das Cardbook?", fragte er. Painter, der inzwischen gemeinsam mit Lawrence eingetroffen war, erstarrte kurz. Dann schaute er zu mir herüber und sagte: „Ich weiß es nicht, das ist Patricks Aufgabe." Ich konnte es nicht fassen. Der Typ hatte mich gerade voll vor den Bus geworfen!

Ich war vollkommen perplex. Aber ich wollte vor den Spielern und Graber kein Fass aufmachen. Also entschied ich mich dafür, diese rechte Gerade zum Kinn einzustecken und die Nummer als Lernprozess abzuhaken. Ich wusste damals noch nicht, wer Freund und Feind war, und konnte nicht einschätzen, wie Don, der ja dabei gewesen war, als Dwain versprochen hatte, das Buch mitzubringen, reagieren würde. Aber ich war mächtig geladen.

Auf der Rückfahrt saß ich mit Don in einem Auto. Fünf Minuten herrschte eisiges Schweigen. Dann sagte er zu mir: „Patrick, du hast alles richtig gemacht!" Ich fragte zurück, wie er das meine. „Es war genau richtig, dass du ruhig geblieben bist und Dwain nicht vor dem Team und vor Doug reingerissen hast. Und sei beruhigt: Ich habe dem Headcoach noch während des Trainings genau erzählt, was passiert ist. Er weiß Bescheid, alles ist gut."

Damit war ich beruhigt, aber ich hatte zwei Lektionen gelernt. Erstens, dass es verdammt wichtig ist, sich abzusichern, indem man Zeugen bei Gesprächen dabei hat oder sie sogar mit dem Handy aufnimmt. Und zweitens, dass ich vor Dwain Painter gewarnt sein musste. Abseits der Arbeit war er ein wirklich netter Kerl, der eine tolle Ehefrau hatte, die ihn komplett unter Kontrolle hielt. Aber auf dem Footballplatz war er dermaßen im Tunnel, dass er ein völlig anderer Mensch wurde. Er konnte mit Druck überhaupt nicht umgehen. Allerdings muss ich ihn auch ein wenig in Schutz nehmen, denn er hatte zwei unfassbare Schicksalsschläge verkraften müssen. Seine erste Ehefrau war in San Diego von einer Monsterwelle ins Meer gerissen worden und gestorben. Genau zwölf Monate später stürzte seine Tochter an derselben Stelle von einer Klippe und starb ebenfalls. Dass so etwas Spuren hinterlässt, ist mehr als verständlich.

Dennoch hatte ich mit Dwain von da an immer wieder Probleme. Einmal machte er meinen Runningback Marlion Jackson im Meeting wieder einmal derart zur Sau, dass der seine Sachen packen und nach Hause fliegen wollte. Sein Zimmerkollege Curtis Alexander stand kurz darauf bei mir in der Tür und sagte: „Coach, du musst kommen, Marlion haut ab." Ich also ab ins Zimmer, wo der Koloss seinen Koffer packte. „Was zum Teufel ist los?", fragte ich.

„Ich lasse mich von Dwain nicht länger beleidigen. Ich habe die Schnauze voll", sagte Marlion unter Tränen. Zwei Stunden Seelsorge habe ich gebraucht, um ihn umzustimmen. Am nächsten Tag bat ich Dwain, sensibler mit Marlion umzugehen. Er sagte nur: „Dann ist er einfach nicht tough genug!" Und ich hatte wieder ein Beispiel dafür, wie man es nicht machen sollte.

In der Saison 2003 war ich schon viel entspannter bei der Sache, weil ich alles kannte und wusste, was man von mir erwartete. Ich hatte mir zwei Spitznamen erarbeitet. Der eine war „Heinz", weil ich mir auf nahezu alles, was ich aß, Ketchup der gleichnamigen Marke aufstrich.

Der zweite Name war „GFM". Das stand für „Get-it-fixed-Man", was soviel bedeutete wie: Patrick kriegt alles geregelt. Das lag daran, dass ich als einer von wenigen deutscher Muttersprachler war. Wenn es also irgendwelche logistischen Probleme gab, wurde ich eingeschaltet. Dazu gibt es eine schöne Anekdote. Wir sollten zu einem Auswärtsspiel bei den Amsterdam Admirals fahren. Aber die Busse, die uns nach Holland bringen sollten, waren nicht da. Jeanette, die Teamkoordinatorin, hatte von Doug Graber bereits einen massiven Einlauf bekommen und rief mich unter Tränen an, dass ich helfen müsse.

Ich wusste eigentlich auch nicht, was ich hätte tun können, was sie nicht schon versucht hatte. Aber ich nahm all meine Dreistigkeit zusammen und rief beim Busunternehmen an. Ich gab mich als General Manager der Galaxy aus und drohte, dass wenn nicht innerhalb der nächsten 15 Minuten zwei Luxusbusse für uns zur Fahrt nach Amsterdam bereitstünden, wir nicht nur das Unternehmen verklagen, sondern auch dafür sorgen würden, dass niemals mehr irgendein NFL-Team auch nur einen Kleinbus dort mieten würde. 15 Minuten später standen zwei Busse vor der Tür. Graber war mächtig begeistert und feierte mich als „GFM". So wurde ich zum „Get-it-fixed-Man".

Eine Sache konnte aber auch ich nicht reparieren, und das war das Verhältnis zwischen Don Lawrence und Dwain Painter. Die beiden hatten schon durch die gesamte Saison hinweg darüber gestritten, wie man am besten „Zone-Running"-Laufspiel blockt. Sportlich war das Jahr sehr gut verlaufen, und spät in der Saison mussten wir in Edinburgh bei den Scottish Claymores antreten. Die waren unser Konkurrent im Kampf um den World-Bowl-Einzug, wir mussten dort siegen, um es zu schaffen. In der Woche vor der Partie gerieten unsere beiden Kampf-Opas so heftig aneinander, dass sie sich zunächst anschrien und sich dann wieder einmal Prügel androhten. Ich versuchte zu schlichten, da fragten sie plötzlich, was denn meine Meinung zu ihrem Streit wäre. Ich war perplex, dass zwei solche NFL-Veteranen einen deutschen Novizen um seine Meinung baten, und da ich es vermeiden wollte, Partei zu ergreifen, sagte ich nur: „Ihr seid die Experten. Ihr sagt, was zu tun ist, und das tue ich." Das war vielleicht nicht besonders mutig, aber wahrscheinlich die bestmögliche Antwort.

In Edinburgh sollte ich allerdings ein Erlebnis haben, das mich endgültig zu Dwain Painters Konkurrent werden ließ. Ich saß als Runningback-Coach oben in der Box, beobachtete das Geschehen von dort und teilte Dwain meine Analysen der gegnerischen Verteidigung über Headset mit. Er war darüber sehr glücklich, denn von der Seitenlinie hatte er nicht so einen guten Überblick, und ich konnte, da ich mich auch in Defensivsystemen gut auskannte, viele Dinge vorausahnen.

Dwains großes Manko war, dass er unter Stress dazu neigte, hysterisch zu werden. Es gab dann im Spiel eine Schlüsselsituation, in der er mit seiner überschnappenden Stimme einen Spielzug ins Mikrofon kreischte, in dem ein Fullback fürs First Down vorblocken muss. Das Problem war: Wir hatten keinen Fullback auf dem Feld, sondern drei Receiver. Ich sah, wie unser Quarterback Quinn Gray den Kopf schüttelte, weil er natürlich kapierte, dass dieser Spielzug nicht ausführbar war. Und so versuchte ich, Dwain darauf aufmerksam zu machen. „Dwain, wir haben...", weiter kam ich nicht. „Quatsch mir nicht rein, während ich coache!", schrie er mich an. Ich versuchte es nochmal: „Dwain, bitte hör mir zu, wir können diesen Spielzug nicht..." Dwain tickte aus. „Du sollst nicht quatschen, wenn ich rede!", kreischte er panisch.

In dem Moment schüttelte unser Quarterback, dem langsam die Zeit weglief, erneut den Kopf und beantragte ein Timeout, weil er wusste, dass er diesen Spielzug nicht ausführen konnte. Da wurde Headcoach Graber, der sowohl den Kanal für die Offense als auch den für die Defense abhören konnte, auf das Chaos aufmerksam und fragte wütend, warum Quinn Gray ein Timeout genommen habe. Und was machte Painter? Warf mich zum zweiten Mal mit Anlauf vor den Bus! „Patrick hat mich abgelenkt, er hat die ganze Zeit dazwischengeredet, während ich den Spielzug ansagen wollte", rief er.

Das war der Moment, in dem bei mir die Klappe fiel. Ich nahm das Headset ab, legte die Füße auf den Tisch und stellte die Kommunikation mit Dwain ein. Neben mir saß unser Defensive-Back-Coach Kenny Stills, dessen Sohn Kenny Jr. heute Star-Receiver bei den Miami Dolphins ist. Der starrte mich ungläubig an und fragte, was zum Henker ich da tun würde. Ich sagte nur: „Ich lasse mich nicht zweimal vor den Bus werfen. Einem, der mit mir redet, als wäre ich sein Sklave, helfe ich nicht mehr."

Mein Gefühl war, dass ich mir diesen Wutausbruch erlauben durfte, denn ich hatte mir ein gutes Standing im Team erarbeitet. Wenn Doug Graber morgens um 5.30 Uhr ins Büro kam und glaubte, er wäre der Erste, saß ich schon da. Und wenn er abends das Licht ausknipste, um zu gehen, rief ich: „Coach, bitte lassen Sie das Licht an, ich bin noch nicht fertig." Deshalb fühlte ich mich absolut im Recht und beschränkte die Kommunikation bis zum Ende der Partie, die wir tatsächlich gewannen, auf das Nötigste, um meinen Job professionell im Sinne des Teams zu verrichten.

Nach der Partie waren alle in Feierlaune, aber ich hatte mir vorgenommen, mir Dwain zur Brust zu nehmen. Also saß ich als Erster im Bus und wartete, dass er auftauchen würde. Allerdings war der Nächste, der kam, Doug Graber. Was nun passieren sollte, hätte ich nicht für möglich gehalten. Graber kam in den Bus und sagte: „Patrick, ich weiß, was passiert ist, und wofür muss ich mich im Namen meines Offensive Coordinators noch entschuldigen?" Ich war perplex. Graber erzählte mir, dass Don Lawrence ihm die ganze Sache geschildert hatte, und er bat mich, es mit Painter unter vier Augen regeln zu dürfen. „Bitte lass es mich machen, damit du aus der Emotion heraus nicht überreagierst." Das fand ich stark und sagte ihm das zu. Painter, das erfuhr ich später, bekam einen Mörderanschiss.

Abends im Hotel hatte unser General Manager Tilman Engel den Befehl zum Trinken gegeben, doch mir, der grundsätzlich kaum Alkohol trank, war nicht danach. Mich hatte die ganze Sache zu sehr geärgert. Plötzlich stand Dwain neben mir. Er sagte: „Jetzt haben wir es tatsächlich in den World Bowl geschafft!" Dann wollte er mich tatsächlich in den Arm nehmen. Ich konnte es nicht fassen, aber in dem Moment wurde mir bewusst, dass der Typ während des Spiels tatsächlich in einem solch dunklen Tunnel stecken musste, dass er um sich herum keinerlei Dinge mehr wahrnehmen konnte. Sein eigenes Handeln war ihm anscheinend nicht bewusst, und so versuchte ich, ihm nicht mehr allzu böse zu sein. Zumal mich seine Frau beiseitenahm und mir zuflüsterte: „Ich weiß, was du mit ihm durchmachst. Aber glaube mir: Er liebt dich!" Wenn dem tatsächlich so war, hatte er in jedem Fall eine sehr sonderbare Art, seine Liebe zu zeigen.

Wie dem auch sei: Wir standen im World Bowl. Das Endspiel fand am 14. Juni 2003 im Hampden Park in Glasgow gegen unseren alten Rivalen Düsseldorf Rhein Fire statt. Der World Bowl war schon damals ein Super Bowl im Miniformat. Das bedeutete, dass die teilnehmenden Teams bereits Mitte der Woche anreisen mussten. Es gab einen Media Day, dazu wurde ein paarmal in der Gastgeberstadt trainiert. Ich fand das sehr schön, denn so konnte man schon die besondere Stimmung aufsaugen und spüren, dass ein spezielles Ereignis bevorstand.

Am Abend vor dem Spiel versammelte ich meine Positionsgruppe und redete ihnen ins Gewissen. Ich wusste, dass das Laufspiel sehr wichtig werden würde. Und so sagte ich den Jungs, dass sie vor ihrer Verantwortung nicht zurückschrecken, sondern das Spiel für das Team gewinnen sollten. Wir wollten die Gruppe sein, die die Mannschaft zum Titel führt. Und ich sagte den Jungs noch, dass sie diese Herausforderung genießen sollten. Dass sie es fast wörtlich umsetzen würden, hatte ich nicht geahnt.

Im Stadion waren 28.138 Zuschauer, darunter Tausende, die extra aus Deutschland angereist waren. Ich spürte vor dem Spiel eine Aufregung, die ich bis dahin noch nicht kannte. Mit den Blue Devils hatte ich vier Championship-Ringe gewonnen, aber das hier war eine andere Nummer, entsprechend angespannt war ich, als ich neben Kenny Stills in der Box Platz nahm. Immer wieder checkten wir unsere Unterlagen, fragten uns gegenseitig ab, ob wir auch an alles gedacht hatten, denn in so einem Spiel willst du keinen Fehler machen.

Ich fand es sehr angenehm, oben in der Box zu sitzen und den Überblick über das ganze Spiel zu haben, ohne von den Emotionen an der Seitenlinie fortgetragen zu werden. So konnte ich mich komplett auf die Partie konzentrieren und Dwain Painter alle Tipps geben, die nötig waren, um das Defensivspiel der Düsseldorfer zu durchschauen. Und zum Glück hörte er diesmal auch auf mich. Er war zwar wieder enorm panisch, brachte dauernd die verschiedenen Positionsgruppen, denen wir Vogelnamen gegeben hatten, durcheinander, was zur Folge hatte, dass er sich über Funk wie ein durchgeknallter Ornithologe anhörte. Aber wir hielten als Team zusammen und gewannen das Finale mit 35:16.

Es dauerte eine Ewigkeit, bis ich es nach Spielende von meinem Platz bis aufs Spielfeld geschafft hatte. Der Erste, der mir in die Arme stolperte, war mein Runningback Jonas Lewis. Der war ein richtig guter Junge, der von der San Diego State kam und von den San Francisco 49ers nach Europa geschickt worden war. Er hatte im Finale mit 16 Läufen für 126 Yards einen World-Bowl-Rekord im Rushing aufgestellt und war folgerichtig zum Most Valuable Player (MVP) gewählt worden. Unter Tränen fiel er mir um den Hals und stammelte immer nur „Yes, coach, we did it!“ Du kannst in solchen Momenten gar nicht mehr rational reagieren, sondern versuchst einfach, das auf dich wirken zu lassen, weil alles so surreal ist. Der Nächste, der mir vor die Flinte lief, war Jörn Maier, mein deutscher Counterpart bei Rhein Fire. Er war dort der Linebacker-Coach und hatte gerade sein zweites World-Bowl-Finale verloren. Ich versuchte, ein paar tröstende Worte zu finden, aber auch das ist kaum möglich. Man ist so sehr mit sich selbst beschäftigt. Dennoch konnte ich nachfühlen, was in ihm vorgehen musste.

Abends saßen wir mit dem Trainerteam in unserem schicken Hotel in der Fußgängerzone der Glasgower Innenstadt an der Bar und stießen auf den Triumph an. Das Feiern hatten wir den Spielern überlassen, denn die sollten immer die Hauptpersonen sein. Schon an dem Abend gab es für mich nur eine Prämisse: Was müssen wir tun, um im nächsten Jahr wieder das Finale zu gewinnen? Das ist mein Naturell: Immer weiter, Stillstand ist Rückschritt. Ich nehme mir grundsätzlich zu wenig Zeit, Erfolge zu genießen. Aber vielleicht muss das so sein, wenn man vorwärtskommen will.

Richtig realisiert habe ich das Erreichte sowieso erst, als wir nach der Rückkehr nach Frankfurt von einem Meer aus Lila auf dem Römer empfangen wurden. Der Platz vor dem Rathaus, auf dem normalerweise die deutsche Fußballnationalmannschaft ihre Titel feiert, war voller Football-Anhänger. Und da spürte ich, was wir erreicht hatten. Für mich war in dem Moment klar: „Auf dieser Seite des Erdballs hast du im Profifootball das Größte mitgenommen, das es gibt." Und als im Herbst dann der Meisterring kam, hübsch verpackt in dem üblichen kleinen Schmuckkästchen, da war das für mich die letzte Bestätigung dafür, dass ich etwas erreicht hatte, von dem ich einige Jahre vorher nicht einmal geträumt hatte.

Nach dem World-Bowl-Sieg gab es einen großen Umbruch im Trainerteam. Doug Graber wechselte als Defensive-Back-Coach zu den New York Jets, und eigentlich gab es nur einen möglichen legitimen Nachfolger: Bob Valesente hätte es werden müssen, denn er war klar der fachlich beste Coach im Team. Aber die Liga hatte eine andere Idee. Sie bestimmte, dass Mike Jones unser neuer Headcoach werden sollte. Er war Offensive Coordinator in Düsseldorf gewesen und galt als aufstrebender, sehr talentierter Coach, der sich von ganz unten hochgearbeitet hatte.

Ich befand mich dadurch im Zwiespalt. Zum einen war Coach Val mein Mentor, ich schätzte ihn menschlich und fachlich ungemein.

Zum anderen hatte ich mit Mike Jones in den NFL-Europe Camps die Receiver gecoacht, und wir waren uns auf Anhieb sehr sympathisch gewesen. Zwei junge, schwarze Trainer, die etwas erreichen wollten, das passte gut. Deshalb freute ich mich für ihn. Coach Val haute nach seiner Ausbootung in den Sack und verließ das Team. Ein harter Schlag, den wir noch bereuen sollten. Aber wir mussten nach vorn schauen, und für mich änderte sich durch die Rochaden einiges.

Mein Vorteil war, dass Mike Pläne mit mir hatte. Er wollte mich in der darauffolgenden Saison als Nachfolger von Dwain Painter zum Offensive Coordinator machen. Painter und auch Don Lawrence waren im Team geblieben, was die Stimmung nicht gerade anhob. Painter und Jones hatten derart unterschiedliche Ansichten darüber, wie eine Offensive zu funktionieren hatte, dass es regelmäßig knallte. Dazu kam, dass Jones seinen Defensive Coordinator aus Düsseldorf, Ed O'Neil, als Ersatz für Coach Val mitgebracht hatte. Für Painter fühlte sich das an, als säße der Feind nun im eigenen Wohnzimmer. Er kam damit überhaupt nicht zurecht. Das Problem war, dass Painter nicht akzeptieren konnte, dass Mike Jones der Chef im Ring war und dessen Wort also zählte. Mehrfach untergrub er die Autorität des Headcoaches, indem er andere Dinge spielen ließ, als Jones sie angeordnet hatte. Ihr könnt euch vorstellen, wie sich das auf das Binnenklima auswirkte.

Ich saß ein wenig zwischen den Stühlen, denn zum einen war ich von Mike Jones mit wichtigen Aufgaben betraut worden. Zum anderen wollte Painter mich aber nicht als Tippgeber verlieren. Ein junger Schwarzer ist im Football das perfekte Bindeglied zum Team, und so versuchte er, mich auf seine Seite zu ziehen. Letztlich war die gesamte Spielzeit 2004 eine Zerreißprobe in Dauerschleife. Dennoch war ich glücklich, dass ich den nächsten Schritt in meiner Entwicklung machen konnte, denn nach zwei Jahren Erfahrung sah ich mich in der Lage, Teammeetings zu leiten. Ich war angekommen in meinem Job, und das fühlte sich gut an.

Wir hatten durchaus eine starke Mannschaft in dem Jahr. Unser Quarterback war J.T. O'Sullivan, ein erstklassiger Mann, der ein paar Spiele für die Green Bay Packers gemacht hatte. Und dann hatte ich zwei Granaten als Runningbacks, Leonard Henry von den Miami Dolphins, der sich leider recht früh verletzte, und Skip Hicks, der als Starter für die Washington Redskins aufgelaufen war. Den kannte ich bis dahin nur von der Playstation. Sie waren meine beiden Top-Picks gewesen, und dass ich beide bekommen hatte, war Wahnsinn. Auch wenn ich sagen muss, dass Skip die faulste Socke auf Erden war.

So manches Mal kam er erst ein paar Minuten nach Trainingsbeginn auf den Platz und lieferte ein paar fadenscheinige Ausreden. Ich führte einige Gespräche mit ihm, um ihm zu verdeutlichen, dass es mit dieser Einstellung unmöglich sei, den Weg zurück in die NFL zu packen. Er sagte dann immer: „Coach, ich kriege das hin." Aber im selben Jahr wurde ihm seine Faulheit zum Verhängnis, als er im Camp der Cincinnati Bengals auch mehr als einmal zu spät zum Training erschien. Er wurde sofort gefeuert, was das Ende seiner Karriere bedeutete. Sehr schade, denn menschlich und sportlich war der Junge ein guter Typ. Ich hatte ihn gewarnt.

Als Fullback war noch Corey McIntyre in meiner Gruppe, der sich später bei den Buffalo Bills durchsetzen sollte. Alles in allem war es menschlich und sportlich eine richtig gute Einheit, aber die Saison war wegen der Querelen im Trainerteam leider sehr anstrengend. Dennoch schafften wir es erneut in den World Bowl, wo wir in Gelsenkirchen vor 35.413 Fans gegen Berlin Thunder antreten mussten. Zur Halbzeit stand es 10:10, dann zogen die Berliner auf 23:10 davon, weil unsere Defensive völlig indisponiert war. Von diesem Rückstand konnten wir uns nicht mehr erholen und verloren letztlich mit 24:30.

Für mich stand fest, dass der Abgang von Coach Val und die dauerhafte Unruhe im Trainerteam die Gründe für den Misserfolg waren. Mit Coach Val wäre die Defensive niemals so eingebrochen. Aber es war für mich eine extrem wichtige Lektion: Dass es auch im Team rund um das Team stimmen muss, wenn man den maximalen Erfolg herauskitzeln will. Leider ist uns das – ich schließe mich natürlich ein – nicht gelungen. Wir haben uns zu sehr um unsere Egos gekümmert und nicht die Ruhe und Souveränität ausgestrahlt, die es in solchen Endspielen braucht. Deshalb hatten wir den Sieg auch nicht verdient. Mein einziger Trost war, dass ich mich für meinen Freund Shuan Fatah freuen konnte, der bei Thunder die Runningbacks trainierte. Dennoch hätte ich gern meinen zweiten Ring gehabt.

In der Off-Season arbeitete ich im NFLE-Büro in Frankfurt, war aber meist unterwegs, um an den Wochenenden in diversen Camps zu coachen oder zu scouten. Ich streue das ein, weil ich in dieser Zeit eine Reihe interessanter Talente entdecken konnte. Allen voran Sebastian Vollmer. Den sahen Jeff Reinebold, der damals im Stab der Amsterdam Admirals war und in der Off-Season im Game Development arbeitete, und ich in Düsseldorf bei einem Nachwuchscamp – wir wussten sofort, auf was für einen Rohdiamanten wir da gestoßen waren.

Sebastian war sich damals nicht mal im Ansatz bewusst darüber, wie viel Talent in ihm steckte. Er sprach schlecht Englisch und hatte wenig Selbstvertrauen. Ich erklärte seiner Mutter, was für Perspektiven sich für ihren Sohn in den USA auftun könnten, wenn er den Schritt wagen würde, ein Stipendium anzunehmen und dort auf ein renommiertes College zu gehen. Heute zurückzuschauen und zu sehen, wozu all das letztlich führte, hat mich stolz gemacht. Auch wenn ich einmal klar sagen möchte, dass es niemals das Verdienst von Trainern ist, wenn Sportler groß rauskommen. Das liegt immer nur in der Macht des Sportlers. Dass Sebastian mir einen Teil des Kredits am Zustandekommen seiner großartigen Laufbahn gibt, freut mich allerdings sehr. Sehr schade, dass er seine Karriere im Mai 2017 vorzeitig beenden musste.

Im Herbst 2004 kamen die ersten Gerüchte auf, dass die NFLE ihr schottisches Franchise Scottish Claymores schließen wolle und deren Spielrecht auf ein neues Team in Hamburg übergehen würde. Natürlich überlegte ich, ob ich in meine Heimatstadt zurückgehen sollte, aber ich hatte bei der Galaxy eine gute Perspektive und fühlte mich wohl, sodass ich beschloss, in Frankfurt zu bleiben. Auch weil man mir signalisiert hatte, ein wichtiger Teil des Teams zu sein.

Dann erkrankte meine Schwester Jessica, ich habe euch davon schon zu Beginn des Buches erzählt. Und so bat ich meinen Vorgesetzten Tony Allen, mich nach Hamburg zu transferieren, wenn die Möglichkeit dazu bestünde. Innerlich hatte ich beschlossen, auf jeden Fall nach Hamburg zurückzugehen, denn die Familie sollte immer an erster Stelle stehen. Die Liga war ebenso wenig begeistert wie Mike Jones, der fest auf mich gezählt hatte, aber sie zeigten Verständnis für meinen Wunsch.

So brach ich, als im November 2004 die Umwandlung der Scottish Claymores in die Hamburg Sea Devils offiziell bekannt gegeben wurde, meine Zelte in Hessen ab und kehrte zurück in meine Heimatstadt. Und ganz ehrlich: Natürlich fand ich es Weltklasse, in meiner Stadt im Profifootball arbeiten zu dürfen. Zumal ich dort mit Kathrin Platz zusammenarbeiten durfte, der einzigen Frau, die jemals ein Franchise in der NFLE geleitet hat. Da sie die ehemalige Lebensgefährtin des Galaxy-Geschäftsführers Tilman Engel war, kannten wir uns, und ich war beeindruckt von ihrer Präsenz. Kathrin, die leider im Februar 2012 viel zu früh an einer schweren Erkrankung verstarb und nur 46 Jahre alt wurde, war eine absolut imposante Erscheinung. Eine große, blonde Lady, die mit ihrem Charme und ihrer Intelligenz all ihre Vorhaben durchzusetzen verstand.

Das Trainerteam der Scottish Claymores um Headcoach Jack Bicknell war fast komplett nach Hamburg gewechselt, aber Kathrin hatte ein Büroteam aufgestellt, das erstklassig war. Mein früherer Blue-Devils-Teamkollege Tuli Mateialona war als Operations Director mit dabei, und alle verstanden, wie wichtig Teamgeist auf allen Ebenen für den Aufbau eines erfolgreichen Franchises ist. Alle waren Feuer und Flamme, das Projekt nach vorne zu bringen, und in dieser Atmosphäre ließ es sich sehr angenehm arbeiten.

Kurz vor dem Super Bowl 2005 lernte ich beim Draft in New Hampshire, wo Jack Bicknell lebte, erstmals meine neuen Kollegen kennen. Ich war einer von nur wenigen Neuen, die meisten kannten sich schon aus gemeinsamen Tagen beim Claymores-Vorgänger in Barcelona. Von der Herangehensweise war alles komplett anders als in Frankfurt, weil Bicknell kein NFL-Veteran war, sondern ein klassischer College-Coach. Die Offense war viel, viel simpler als bei der Galaxy. Als ich das Playbook zum ersten Mal in die Hände bekam, dachte ich, man wolle mich veralbern. Das hatte vielleicht zehn Prozent des Umfangs, den ich aus Frankfurt gewohnt war. Nach einmaligem Durchblättern hatte ich alles drauf, und da war mir klar, dass die drei Jahre bei der Galaxy eine sehr wichtige und umfassende Grundausbildung gewesen waren.

Ich war als Runningback-Coach verpflichtet worden, hatte aber bei Bicknell den Wunsch hinterlegt, als Special-Teams-Coordinator zu arbeiten. Seine Antwort darauf: „Klingt gut, machen wir so." Fand ich natürlich super, und im Vorbereitungscamp in Tampa lief auch alles glatt. Ich hatte freie Hand und konnte tun, was ich für richtig hielt. Also tobte ich mich aus. Und da ich mich in Hamburg auskannte, war ich zusätzlich noch ein wichtiges Bindeglied zwischen dem Funktionsteam und dem Büro. Für mich war es perfekt, wieder zu Hause zu sein. Ich hatte mir eine Wohnung in fußläufiger Entfernung zum Flughafen gemietet und fühlte mich super wohl, zumal die Arbeitszeiten deutlich angenehmer waren, als ich sie sonst gewohnt war. Es gab Tage, an denen ich um 18 Uhr Feierabend hatte. So blieb Zeit, mich um die Familie zu kümmern.

Das Coaching-Team, das wir hatten, war menschlich sehr angenehm. Mit Sam Rutigliano hatten wir einen Receiver-Coach, der bei den Cleveland Browns Cheftrainer gewesen und zum NFL-Coach des Jahres gewählt worden war. Der war für die Play Calls zuständig, auch wenn der Offensive Coordinator eigentlich Vince Martino war. Aber Vince, menschlich eine Eins plus mit Sternchen, war cool genug, sich der Expertise von Sam unterzuordnen. Davon hätte sich Dwain Painter einige fette Scheiben abschneiden können.

Auch die Mannschaft war sehr ordentlich. Mit Casey Bramlet hatten wir einen tollen Quarterback. In der Offensive Line spielte Tyson Clabo, der es später zu den Atlanta Falcons schaffte, unser Defensive End Antonio Smith verdiente später sein Geld bei den Arizona Cardinals. Mit fünf Siegen und fünf Niederlagen spielten wir eine ordentliche Saison, die für ein neu zusammengestelltes

Team absolut akzeptabel war. Leider waren wir auswärts zu schwach und schafften nur einen Sieg in der Fremde – zu wenig, um reelle Chancen auf den Titel zu haben.

Zudem gab es ein Erlebnis, das mir zeigte, dass wir im Trainerteam auf einem falschen Weg waren. Wir spielten in Amsterdam gegen die Admirals und hätten mit einem Sieg dort den World Bowl erreichen können. Leider war schnell klar, dass die Niederländer unser Offensivspiel sehr leicht ausrechnen konnten. Die Spieler begannen schon zu murren und sich über unser eindimensionales System zu beschweren. Tyson Clabo schleuderte plötzlich seinen Helm auf den Boden und fing an, lauthals zu pöbeln und sich über die alten Coaches auszulassen. Und weil sich niemand aus dem Coaching Staff anschickte, ihn zur Ordnung zu rufen, tat ich es.

Es ging hin und her zwischen uns, bis irgendwann aus seinem Mund die Worte „Fuck you, too!" polterten. Und da war es genug, das war eine Grenze, die man bei mir nicht überschreiten sollte. Tyson und ich standen, so gut es bei dem Größenunterschied ging, Nase an Nase und diskutierten. Und das, was mich am meisten störte: Ich wusste, dass er eigentlich recht hatte mit seiner Klage. Nur ging es natürlich nicht, dass er sie so offen auf dem Feld ansprach, also stellte ich mich vor meinen alten Headcoach.

Der fette Klops sollte allerdings noch folgen: Nach der Partie stand ich an meinem Auto, mit dem ich nach Amsterdam gereist war, und lud mein Gepäck in den Kofferraum, als mir Headcoach Bicknell mit einer Handbewegung zu verstehen gab, dass ich zu ihm kommen solle. Das fand ich schon komisch, fühlte ich mich in dem Moment doch ein wenig wie ein Sünder, der zum Schafott geführt wird. Und tatsächlich hatte Bicknell mir eine Botschaft zu überbringen, die sich wie ein Urteil anhörte: „Patrick, Tyson war gerade bei mir und hat mir alles erzählt. Ich möchte, dass du die ganze Sache vergisst."

Ich konnte es nicht fassen. Ich hatte fest damit gerechnet, dass der Cheftrainer den Spieler für sein Verhalten maßregeln würde, denn wenn man den Spielern solche Dinge durchgehen lässt, tanzen sie einem auf der Nase herum. Aber stattdessen sollte die

Angelegenheit unter den Teppich gekehrt werden! Ich war entsetzt, denn ich hatte mich für das Trainerteam gerade gemacht, obwohl ich eigentlich der Meinung der Spieler war. Und das war nun der Dank? Ich muss gestehen, dass Coach Bicknell von dem Tag an für mich unten durch war. Ein Headcoach, der sich nicht hinter seine Assistenten stellt, verspielt jegliche Glaubwürdigkeit. Und wieder hatte ich ein Beispiel dafür bekommen, wie ich es nicht machen würde, wenn ich einmal in die Position des Cheftrainers kommen würde.

In der Saison 2006 setzte sich unsere Harmlosigkeit in der Offensive weiter fort, meist wurde der Ball auf unseren Top-Receiver Scott McCready geworfen, was die Gegner schnell durchschauten und mit einer Doppeldeckung ganz leicht unterbinden konnten. In einem Meeting versuchte ich, das Thema anzusprechen. „Wir können nicht immer jeden Ball nur auf McCready werfen und hoffen, dass er was damit anfängt, denn das hat jeder Gegner durchschaut", sagte ich. Aber Sam Rutigliano wollte von seiner Marschroute nicht abweichen. „Was hast du denn erreicht in deinem Leben, dass du dir anmaßt, meine Taktik zu kritisieren?", brüllte er. „Mir ist es scheißegal, was du erreicht hast. Aber ich sage meine Meinung, wenn ich glaube, dass es unserem Team hilft", antwortete ich. Jack Bicknell und Vince Martino sagten gar nichts, aber weil Bicknell und Rutigliano alte Buddys waren, wurde natürlich so weitergespielt. Wir gingen gnadenlos unter.

Nach sieben Spielen hatten wir sechs Niederlagen kassiert und ein Remis geschafft. Der World Bowl war längst hinter dem Horizont verschwunden für uns, und obwohl sich die Jungs noch einmal zusammenrissen und die letzten drei Spiele gewinnen konnten, war es eine sehr enttäuschende Saison. Man muss leider auch eingestehen, dass wir einen schwachen Quarterback hatten. Brock Berlin, von dem sich alle viel erwartet hatten, schaffte es leider nicht, richtig durchzustarten. Positiv war, dass wir mit Claudius Osei auf der Safetyposition einen echten Hamburger ins Team einbauen konnten. Ansonsten jedoch war das Jahr 2006 ein deutlicher Rückschritt für die Sea Devils und auch für mich persönlich. Ich machte mir in dieser Phase sehr viele Gedanken darüber, was ich hätte besser machen können. Letztlich ist das Versagen eines Teams ja nie das Versagen Einzelner, sondern der gesamten Mannschaft, zu der auch die Trainer gehören. Und da hatten wir einfach keinen guten Job gemacht.

Im Umfeld des Teams wurden schon Ende 2006 Stimmen laut, dass Jack Bicknell seinen Posten aufgeben müsse. Und tatsächlich gab er im Vorbereitungscamp Anfang 2007 in Tampa bekannt, dass er sich vom Profifootball zurückziehen werde. Vom Timing her war das clever von ihm, denn so blieb der Liga nichts anderes übrig, als ein Mitglied des bestehenden Stabs zum Cheftrainer zu bestimmen. Da auch Sam Rutigliano sich verabschiedet hatte, blieb als logische Wahl nur Vince Martino. Jack Bicknell hatte die Beförderung von Vince sogar zu einer Bedingung dafür gemacht, dass er sich zurückzog, und auch wenn die Liga von Vince nicht überzeugt war, weil er nicht als High-Profile-Coach galt, wurde er zum neuen Chef der Sea Devils ernannt.

Für mich ergab sich dadurch die Option, als Nachfolger von Vince zum Offensive Coordinator aufzurücken. Ich hatte mit ihm schon darüber gesprochen, weil ich großes Interesse hatte, den Posten zu übernehmen. Er fragte mich, wer denn dann meine Special Teams und Runningbacks coachen könnte, und da schlug ich ihm meinen Kumpel Shuan Fatah vor, der das bei Berlin Thunder super gemacht hatte und aktuell im Game Development arbeitete. „Shuan könnte mich nahtlos ersetzen", sagte ich. Martino war glücklich und marschierte mit dieser Idee zum neuen NFLE-Commissioner.

Der damalige Commissioner war einer dieser typischen „Ugly Americans", der nicht damit klarkam, dass im amerikanischen Nationalheiligtum NFL irgendjemand anders als Amerikaner etwas zu sagen haben könnte. Zwei Deutsche in verantwortungsvollen Positionen, einer von ihnen sogar schwarz, wo es bis dahin noch nie einen Nicht-Amerikaner als Coordinator gegeben hatte, das war zu viel für ihn. Zwar winkte er Martinos Ansinnen zähneknirschend durch, doch offiziell durfte ich mich nicht Offensive Coordinator nennen. Die Stelle blieb vakant, ich bekam weder den Titel noch die entsprechende Gehaltserhöhung. Aber ich machte die Arbeit, Shuan übernahm meinen Posten, und es war eine sehr fruchtbare Zusammenarbeit. Wir sezierten stundenlang die Defensive der Gegner und brachten neue Kreativität in unser Offensivsystem. Zum Glück war Vince Martino auf unserer Seite und ließ uns komplett gewähren. Das fand ich Weltklasse, denn er vertraute mir zu 100 Prozent und machte genau die Calls, die ich vorbereitet hatte. Für mich fühlte es sich so an, als würde ich eine Art Praktikum als Hauptübungsleiter absolvieren. Ich leitete Meetings, arbeitete die Spielzüge aus und konnte ausprobieren, ob ich für den Posten des Cheftrainers geeignet war, ohne dass nach außen sichtbar wurde, welche Verantwortung ich intern trug.

Der Streit mit unserem Commissioner spitzte sich zu, es gab ein Meeting mit allen nicht-amerikanischen Coaches, weil wir uns gegenüber den US-Trainern benachteiligt sahen. Aber das half auch nichts. Er stellte mit seinem Kumpel Larry D. einen Mann als Chef für das Game Development ein, der ein totaler Blindgänger war. Larry D. ist einer dieser Typen, die in mir das Gefühl aufwallen lassen, sie permanent ohrfeigen zu wollen. Ich weiß nicht, ob ihr solche Menschen auch kennt, aber er war so einer. Ein furchtbarer Blender, der immer herumerzählte, welche Stars er ausgebildet hatte, aber in Wahrheit überhaupt nichts draufhatte, was mir alle, mit denen ich über ihn sprach, bestätigten.

Einmal hatte ich ihn zu einer Fortbildung für Hamburger Footballcoaches eingeladen, da sollte er 90 Minuten lang über sein Passverteidigungs-Training referieren, er hatte nach eigener Aussage ja schließlich Dion Sanders gecoacht und ihm höchstpersönlich alles beigebracht. Nach einer halben Stunde hatte er nichts als Anekdoten erzählt, einige Trainer wurden bereits unruhig. Nach 45 Minuten bat ich ihn, doch endlich mal zum Punkt zu kommen. Da stammelte er etwas von „Ich sage den Jungs immer, sie sollen tief bleiben“, die Trainer fingen an zu lachen, und Dixon kam dadurch noch mehr ins Stammeln. Nach dem Referat kam er zu mir und sagte: „Du wolltest mich mit Absicht vorführen und schlecht aussehen lassen.“ Da sagte ich nur: „Blamiert hast du dich ganz allein, weil du keine Ahnung hast.“

Abseits dieser Querelen lief es sportlich indes überragend für uns. Casey Bramlet war als Quarterback zurückgekehrt und machte einen hervorragenden Job. Er freute sich sehr darüber, dass ich neue Ideen in die Offensive einbrachte. Wir hatten ein sehr junges, hungriges Coaching-Team, vor allem aber hatten wir in der gesamten Organisation das, was man mit Statistiken nicht messen kann: Zusammenhalt. Wir hatten eine Menge Spaß im Training und waren eine Gruppe, in der jeder für jeden in die Bresche sprang.

In Woche neun empfingen wir die Frankfurt Galaxy zum Heimspiel in der AOL-Arena. Wir mussten das Spiel gewinnen, um uns für den World Bowl zu qualifizieren. Und tatsächlich schafften wir ein 36:31, was die mehr als 30.000 Zuschauer zum Durchdrehen brachte. Dieses Spiel war emotional der Höhepunkt meiner sechs Jahre NFL Europe, denn es fühlte sich in diesem Augenblick einfach nur großartig an, es den ganzen arroganten Arschgeigen dieser Welt gezeigt zu haben. Die Fans rissen mir im Stadion auf der Ehrenrunde sogar mein Coaching-Shirt vom Leib. Die Stimmung war unglaublich.

Shuan und ich begannen praktisch direkt nach der Partie bereits mit der Vorbereitung auf den World Bowl, der uns am 23. Juni erneut mit der Galaxy zusammenführen sollte, allerdings in deren Stadion. Am Abend vor der Partie hatten die Spieler eine Überraschung vorbereitet. Sie luden das gesamte Team – also Trainer, Geschäftsstelle und die Bosse – zu einer Comedy Saisonabschlussshow. Unser Linebacker Kenny Kern führte durch das Programm, und die Spieler hatten kleine Videos gedreht und Sketche vorbereitet, in denen sie uns und sich auf die Schippe nahmen. 45 Minuten dauerte das Ganze, es waren mehr als 100 Menschen in dem Raum, die durchgehend Tränen lachten. Nach diesem Abend war ich sicher, dass wir das Finale gar nicht verlieren konnten.

Und so kam es dann auch. Wir gewannen mit 37:28, weil wir die Defensive der Galaxy derart seziert hatten, dass wir uns mit einigen speziellen Spielzügen durchsetzen konnten. Es war das lauteste

Spiel, das ich in meiner gesamten Karriere erleben durfte. Das ganze Stadion war in die lila Vereinsfarben der Galaxy gehüllt, bis auf den Fanblock, in dem die blauen Fans der Sea Devils standen. Die Atmosphäre war absolut atemberaubend, und so wurde dieser Tag zu einem unvergesslichen Erlebnis.

Natürlich war der Triumph für mich eine riesige Genugtuung. Als erster Deutscher auf einer Coordinator-Position einen solchen Titel zu gewinnen, und noch dazu mit dem Team meiner Heimatstadt, bedeutete mir eine Menge. Der Abend nach dem Finalsieg war bezeichnend. Spieler und Trainer feierten alle gemeinsam in der Hotelbar, keiner setzte sich, wie normalerweise völlig üblich, ab, um in irgendeinem Club zu feiern. Und als wir nach der Rückreise mit der Bahn in Hamburg ankamen, wurden wir dort von Tausenden Fans empfangen.

Ich hatte nach der Rückkehr ein langes Gespräch mit unserer Geschäftsführerin Kathrin Platz und Headcoach Martino über meine Zukunft. Martino, der zum Trainer des Jahres gewählt worden war, sagte mir, ich solle noch ein Jahr den Job als Offensive Coordinator machen und könne danach dann in meiner Heimatstadt den Cheftrainerposten übernehmen. Ich war völlig perplex und sah natürlich überall rosa Wölkchen. Den Traum, Headcoach in der NFL zu werden, in meiner Geburtsstadt wahrmachen zu können, das war das Größte, was ich mir damals hätte vorstellen können!

Wie schnell Träume in Trümmer fallen können, musste ich jedoch bereits Anfang August erleben. Ich war im mexikanischen Cancun auf einem internationalen Talentcamp der NFL, als ich um 6 Uhr morgens eine Textnachricht erhielt. Inhalt: Die NFL schließt ihren Europaableger. Wie bitte? Ich hatte gerade am Heiligen Gral geschnuppert, und nun sollte ich plötzlich arbeitslos sein? Ich rief Anna an und sagte: „Keine Ahnung, was ich jetzt machen soll!“ Wie Frauen so sind, hatte sie ganz trocken die rationale Lösung parat. „Du löst erst einmal deine Wohnung auf, wir ziehen zusammen und sehen weiter.“

Nun gut, ich wusste, dass ich bis Jahresende bezahlt werden und eine Abfindung erhalten würde. Aber der Schock, nach einem

World-Bowl-Sieg einfach in die Arbeitslosigkeit gestoßen zu werden, war groß. Zumal ich das Gefühl hatte, selbst am meisten verloren zu haben, immerhin hatte man mir kurz zuvor die Perspektive eröffnet, in meiner Heimat Cheftrainer zu werden. Nun wusste ich, dass auf einen Schlag sechs komplette Trainerstäbe auf Jobsuche waren, und dass es in Europa keine Liga mehr gab, in der ich einen neuen Job hätte finden können. Die ganze harte Arbeit, die wir geleistet hatten, war mit einem Handstreich vom Tisch gewischt worden. Das war eine sehr beängstigende Erfahrung.

Zurück in Hamburg führte ich viele Gespräche. Es gab eine riesige Abschiedsparty mit den Fans, die mir besonders leidtaten, immerhin hatte man ihnen etwas genommen, was nicht ersetzt werden konnte. Spieler, Trainer, Angestellte, sie alle konnten eine neue Heimat finden, was den meisten ja auch gelang. Ein Fan kann sein Herz nicht einfach neu vergeben, und das tat mir sehr weh. Wir hatten alle gemeinsam etwas Großes aufgebaut und mussten nun verkraften, dass andere es einfach einrissen.

Besonders hart war, dass ich den Schritt der NFL überhaupt nicht nachvollziehen konnte – und es bis heute nicht kann. Gut, der Betrieb der NFLE kostete jedes NFL-Team eine Million Dollar. Aber dafür bekam die Liga die Möglichkeit, ihren Talenten und Ergänzungsspielern Wettkampfmöglichkeiten zu bieten, außerdem konnten Trainer und Schiedsrichter ausgebildet werden. Die NFLE hat eine Reihe an Topspielern hervorgebracht, allen voran Quarterback Kurt Warner, der 1998 für Amsterdam gespielt hatte und später mit den St. Louis Rams den Super Bowl gewann. Und wenn ich sehe, dass die Rufe nach einer Nachwuchsliga von Jahr für Jahr lauter werden, dann bin ich mir sicher, dass die NFL mit der Schließung der NFLE einen schweren strategischen Fehler begangen hat.

Um die Bindung zu den Fans in Übersee nicht zu verlieren, startete die NFL 2007 ihr Programm, Ligaspiele in Europa zu veranstalten. Mittlerweile sind das vier pro Saison, und ich glaube nicht, dass das Ganze viel weniger kostet als der Betrieb der NFLE. Aber letztlich mussten wir uns alle der Entscheidung beugen.

Für mich war die Erfahrung NFLE Gold wert. Die sechs Jahre haben mich auf meinem Weg enorm weitergebracht. Die Bezahlung war miserabel, aber das Geld war zweitrangig. Ich bin sehr viel gereist, habe viel gesehen und tolle Menschen kennengelernt. Und ich reifte als Trainer, hatte drei Jahre Grundausbildung in Frankfurt und 2007 in Hamburg dann eine Saison, in der ich beweisen konnte, was ich gelernt hatte. Es war eine sensationelle Zeit.

Nun jedoch stand ich im Spätsommer 2007 vor einer richtungweisenden Entscheidung. Sollte ich versuchen, meinen Weg im Profifootball weiterzugehen? Oder musste ich mich einem ganz neuen Berufsfeld zuwenden?

KAPITEL 5:

VON DER NFLE IN DIE NFL – EIN SCHRITT IN EINE NEUE WELT

Es war mein geschätzter Kollege Ted Daisher, der mir die Antwort auf meine Überlegungen lieferte, ob ich nach dem Aus der NFL Europe und meinem damit verbundenen Jobverlust in Hamburg dem professionellen Football den Rücken kehren sollte oder nicht. Ich kannte Ted aus dem Vorjahr, wo ich mit ihm im „Horror-Camp" bei den Oakland Raiders zusammengearbeitet hatte. Er hatte nach den schlimmen Erfahrungen das Team gewechselt und war nun bei den Cleveland Browns für die Special Teams zuständig.

Kurz nach dem Ende der Hamburg Sea Devils Anfang August 2007 rief also Ted bei mir an. „Ich brauche dich hier im Camp", sagte er, „und zwar nicht als Intern, sondern als meinen Assistenten." Er bot mir an, gegen freie Kost und Logis und für eine anständige Tagespauschale nach Cleveland zu kommen und das gesamte Camp der Browns zu begleiten. Ich wusste, wie Ted arbeitet und dass ich mit ihm gut zurechtkommen würde, und weil ich neugierig war und den Traum von der NFL noch nicht aufgeben wollte, sagte ich zu. So saß ich wenige Tage später also im Flugzeug nach Cleveland.

Schon sehr bald nach meiner Ankunft spürte ich, dass bei den Browns eine ganz andere Atmosphäre herrschte, als ich sie ein Jahr zuvor in Oakland erlebt hatte. Das lag hauptsächlich an zwei Faktoren. Zum einen hielt sich der damalige Owner Randy Lerner aus allen sportlichen Belangen heraus, was dazu führte, dass der Druck auf die Coaches deutlich geringer war. Zum anderen gab es mit Romeo Crennel einen sehr entspannten Headcoach. Crennel, der damals 60 Jahre alt war, ist ein kleiner, dicker Schwarzer, der ganz ruhig spricht und dabei meistens lächelt. Ich habe ihn vom ersten Augenblick an gemocht, wobei man nicht den Fehler machen und seine Entschlossenheit unterschätzen sollte. Er ist ein Trainer, der genau weiß, was er möchte und wie es erreicht werden soll. Aber er versucht, auf seinem Weg alle mitzunehmen und seine Leute so zu behandeln, wie er selbst behandelt werden möchte. Er hat keine Unterschiede zwischen Stars und Putzfrauen gemacht, er kannte den Namen von jedem einzelnen Mitarbeiter. Von ihm habe ich mir einiges abgeschaut. Aber dazu später noch mehr.

Da Ted Daisher mit Cory Undlin einen Assistenten hatte, durfte ich nicht offiziell Teil des Trainerteams sein. Aber weil Ted dem Headcoach meine Anwesenheit als extrem wichtig verkaufte, durfte ich bei allen Meetings dabei sein. Anfangs hörte ich nur zu, später wurde ich sogar nach meiner Meinung gefragt. Überhaupt war die Offenheit, die mir vonseiten der Trainerkollegen entgegenschlug, eine große Genugtuung für mich. Alle haben einander vertraut und gemeinsam dafür gearbeitet, das Team besser zu machen. Für mich war es ein Traum, dass man mir so viel Vertrauen entgegenbrachte. Ich stand immer unter Strom, hatte viel zu tun, fühlte mich dabei aber nie so unter Druck wie in Oakland.

Meine Aufgabe war nicht nur, Ted und Cory bei den Special Teams zu unterstützen. Ich durfte auch als Assistent von Wes Chandler arbeiten, der die Receiver coachte. Wes war in seiner aktiven Zeit selbst ein Superstar-Receiver für die New Orleans Saints, die San Diego Chargers und die San Francisco 49ers gewesen. Ich kannte ihn aus der NFL Europe, wo er sieben Jahre als Coach verbracht hatte und 1999 sogar Headcoach der Berlin Thunder gewesen war. Wes freute sich riesig, einen deutschen Assistenten zu haben. Er war ein richtig cooler Typ, der mir die Hälfte seiner Spieler überließ, damit ich individuell mit ihnen arbeiten konnte. Die Stars Joe Jurevicius und Braylon Edwards übernahm er selbst, aber ich war sehr glücklich, meine eigene kleine Gruppe coachen zu können.

Einer meiner Spieler war Josh Cribbs, der vor allem als Kick Returner eingesetzt werden sollte. Am College hatte Josh noch Quarterback gespielt, aber er war ein sehr talentierter Receiver und Kick Returner. Meine Aufgabe bestand darin, ihn auch zu einem

Punt Returner auszubilden. Der Unterschied zwischen den beiden ist immens, das hatte ich selbst als Aktiver erlebt. Beim Kick Off rotiert der Ball anders als beim Punt, sodass man die Flugkurve besser berechnen und den Ball einfacher fangen kann. Beim Punt ist die Rotation viel schwieriger einzuschätzen und die Flugkurve durch den Wind oft schwer berechenbar.

Um das zu trainieren, schoss ich Josh nach jedem Training mindestens 50 Bälle zu. Dazu benutzte ich, weil kein Punter der Welt 50 Schüsse in Serie abgeben kann, ohne ein lahmes Bein zu bekommen, die Jugs Machine, eine Ballmaschine, die die Rotation des Punts ziemlich perfekt nachahmen kann. Um Josh daran zu gewöhnen, die Ellbogen nah am Körper zu halten, um mit den Händen und Unterarmen eine möglichst große Fangfläche zu bilden, fixierten wir ihm die Arme am Oberkörper. Er musste lernen, sich auf seine Beinarbeit konzentrieren zu können, und das geht nur, wenn man sich auf seine Fangtechnik verlassen kann. Für ihn waren das sicherlich sehr anstrengende Wochen und es sah auch nicht immer hübsch aus, was er tat. Aber er fing die Bälle, und der Lohn war, dass er am Ende der Saison 2007 als bester Kick und Punt Returner der NFL am Pro Bowl teilnehmen durfte. Für Josh, der Anfang 2017 seinen Rücktritt erklärt hat, war das der Durchbruch in der NFL, und darüber habe ich mich riesig gefreut. Heute gilt er als einer der besten Returner der NFL-Geschichte.

Josh Cribbs war aber beileibe nicht der einzige Star im damaligen Team. Unser bester Runningback war Jamal Lewis, der 2000 mit den Baltimore Ravens den Super Bowl gewonnen hatte und 2003 das Kunststück fertigbrachte, in einer Saison 2066 Yards Raumgewinn zu erlaufen. Das ist der drittbeste Wert, der jemals in der NFL erzielt wurde. Jamal war ein Kraftpaket von 110 Kilogramm, die sich auf 1,80 Meter Körpergröße verteilten. Dabei wirkte er jedoch keinesfalls übermäßig beleibt, sondern war ein imposanter Sprinter mit Straightline-Speed, der wirklich kaum aufzuhalten war.

Neu im Team war in jener Saison Joe Thomas, der an dritter Stelle des NFL-Drafts von den Browns als First Pick verpflichtet worden war. Joe war als Offensive Tackle eine absolute Granate, er stand seit seinem Debüt für die Browns zehnmal in Folge im Pro Bowl. Als er damals am ersten Tag des Camps mit einem 15.000-Dollar-Pickup eines japanischen Herstellers vorfuhr, machten sich alle über ihn lustig, weil er den Draft nicht live verfolgt hatte, sondern lieber mit seinem Vater zum Angeln gefahren war. Aber Joe war eben ein ganz ruhiger Typ, der sich aus dem Rummel um die NFL nichts machte. Er brauchte keine großen Autos und keinen Starkult, sondern wollte einfach nur in Ruhe seine Leistung bringen. Aber schon damals war mir klar, dass er ein ganz besonderer Typ war.

Die krasseste Nummer aber war der Offensive Tackle Ryan Tucker. Ein unglaublicher Berg von einem Mann, zwei Meter groß und mindestens 150 Kilo schwer. Ryan sah aus wie ein Wrestler, er hatte lange Haare, die ihm beim Training immer wild am Kopf klebten. Dazu ein großflächiges Tattoo auf dem Arm, das einen Teufelskopf zeigte, aus dem Würmer hervorkriechen. Mir war er von Beginn an unheimlich, weil ich nicht einschätzen konnte, was mit ihm los war, aber ich fand ihn nicht unsympathisch.

Was das Sportliche angeht, war er eine Maschine, die im Training die Defensive-Line-Spieler regelmäßig zerstörte. Er erledigte seinen Job dabei mit einer derart stoischen Ruhe, dass man nicht anders konnte, als großen Respekt vor ihm zu empfinden. Ich habe ihn in der gesamten Zeit sehr selten sprechen hören. Aber zwei Worte sind mir im Gedächtnis geblieben. Wir hatten einen Rookie-Cornerback, der Eric Wright hieß und allen auf den Sack ging. Er war ständig laut und ein richtiges Großmaul, ein typischer Cornerback eben.

Im Training spielten wir Offense gegen Defense, ich stand mit meinen Receivern an der Seitenlinie. Quarterback war Brady Quinn, der vor der Saison 2007 von den Browns ebenfalls in der ersten Runde gedraftet worden war und aufgrund seiner College-Karriere bei Notre Dame zum Heilsbringer stilisiert worden war, der er dann allerdings nicht wurde. Quinn warf also eine Interception, die von Eric Wright abgefangen wurde. Daraufhin rannte Eric an der Seitenlinie runter und machte sich über die Offensive lustig.

Vier Spielzüge später das gleiche Spielchen: Interception von Wright, der wieder die Seitenlinie hinuntertanzte. Ich drehte mich zu meinen Receivern um und sagte: „Nicht schon wieder der Typ, der nervt!" Alle nickten. Doch einen Meter, bevor Wright an uns vorbeilaufen konnte, fuhr auf einmal eine Bahnschranke in Form von Ryan Tuckers Arm aus. Der Riese griff sich den feixenden Cornerback, riss ihn einarmig am Kragen vom Boden hoch und sagte die zwei Worte, die ich nie vergessen werde: „Stop it!" Dann schleuderte er seine Beute auf den Rasen zurück.

Einige Sekunden lang herrschte Grabesstille. Alle starrten auf Tucker, der völlig regungslos an der Seitenline stand, und auf den am Boden herumkullernden Wright. Dann rief Headcoach Crennel knapp: „Next play", und weiter ging es. Die Angelegenheit wurde nicht weiter thematisiert, das Trainerteam ging auch später nicht darauf ein. Aber Eric Wright, immerhin auch ein 90-Kilo-Brocken, machte danach nie wieder solche Scherze. Und ich war restlos überzeugt davon, dass mit Ryan Tucker nicht zu scherzen war.

Ein paar Tage später hatte ich dann mein persönliches Erlebnis mit ihm. Der Trainingskomplex, auf dem die Browns ihr Camp mitten in Cleveland abhielten, ist riesig. Wenn man vom Spielfeld in den Trainertrakt gelangen wollte, musste man durch endlose Korridore des Spielertrakts laufen. Eines Abends – die Spieler hatten nach dem Nachmittagstraining die Erlaubnis bekommen, ihre Freizeit selbst zu gestalten – bemerkte ich, dass ich meine Trainingsjacke auf dem Feld vergessen haben musste. Ich hätte mir vielleicht am nächsten Tag eine neue beim Zeugwart besorgen können, aber ich wollte nicht allzu sorglos mit meiner Ausrüstung umgehen, und außerdem wollte ich die Jacke, in der ich schon so viel gecoacht hatte, als Andenken mit nach Hamburg nehmen. Also lief ich zurück in Richtung Trainingsplatz, fand die Jacke und wollte zurückschlendern.

Es dämmerte bereits, sodass in den Gängen des verwaisten Spielertrakts schummrige Lichtverhältnisse herrschten. Ich hatte den Korridor gerade betreten, als am anderen Ende eine Gestalt auftauchte, die so breit und hoch war wie der Gang selber. Da die

Spieler ja eigentlich Ausgang hatten, war ich mir nicht sicher, wer das sein könnte, erkannte dann aber doch, dass es Ryan Tucker war, der mir da im Halbschatten entgegen kam. Ich wusste nicht, was ich tun sollte, und ich gebe zu, dass ich kurz darüber nachdachte, wieder zurück aufs Feld zu fliehen und abzuwarten. Aber dann entschied ich mich doch dazu, weiterzugehen. Als wir aneinander vorbeigingen, nickte ich ihm zu und sagte „Hey Tuck", und er nickte zurück und sagte „Hey Coach". Das war es. Ich habe mich trotzdem kurz darauf noch einmal umgeschaut, um zu sehen, ob er mich verfolgt. Aber er lief einfach weiter.

Eine andere Art des Zusammentreffens mit einem Spieler verlief dagegen nicht so glimpflich. Shaun Smith, ein Defensive End, war neu von den Cincinnati Bengals zu den Browns gewechselt. Er war ein Großmaul vor dem Herrn und dazu nicht wirklich intelligent. Vor den Bengals hatte er schon bei den Dallas Cowboys und den New Orleans Saints gespielt, aber nirgendwo richtig abgeliefert. Auch in seinem neuen Team war Smith ziemlich unbeliebt, weil er zu viel laberte und zu wenig Leistung brachte. Besonders mit unserem Star-Tight-End Kellen Winslow hatte er sich ständig in der Wolle. Kellen war auch ein ziemliches Großmaul, dabei aber kein Arschloch und vor allem einer, der auf dem Feld ablieferte.

Eines Tages saßen wir beim Mittagessen in der Kantine, und zwischen Kellen und Shaun ging es wieder einmal verbal zur Sache. Ich saß daneben und schüttelte nur den Kopf über das, was ich hören musste. Da wurde Shaun plötzlich auf mich aufmerksam. „Was lachst du eigentlich?", fragte er mich. „Du bist nicht einmal ein richtiger Coach, kommst aus Deutschland oder woher auch immer und hast keine Ahnung." Die anderen Spieler hörten auf zu essen, zogen die Augenbrauen hoch und waren gespannt, was nun kommen würde.

Da auch ich als ehemaliger Cornerback ein sehr ausgeprägtes Ego habe und wusste, dass ich, sollte ich hier den Schwanz einziehen, auf ewig den Respekt der Spieler verloren hätte, konnte ich das natürlich nicht auf mir sitzen lassen. Zum Glück hatte ich mich über Shaun und seine bisherige Karriere schlau gemacht. Also ging ich zu seinem Tisch. Er stand auf und fragte: „What you gonna do?“ Wir standen Nase an Nase, und ich sagte ruhig zu ihm: „Du hast in der NFL doch noch nie irgendwas abgeliefert. Werde du erst einmal Starter und liefere einmal in deinem beschissenen Leben ab, bevor du mir irgendetwas erzählst.“ Dann drehte ich mich um und ging zurück zu meinem Tisch. Shaun wollte ein paar Schritte hinter mir herlaufen, doch ich sagte nur: „What you gonna do?“ Er kochte vor Wut, und das wurde nicht besser, als Kellen nun anfing, ihn aufzuziehen: „Da hat es dir der kleine Coach ja richtig besorgt“, quietschte er vergnügt.

Diese kleine Anekdote wurde Shaun Smith in dieser Saison noch oft aufs Brot geschmiert. Für mich war es ein ganz wichtiger Move, der mein Standing im Team deutlich gestärkt hat. Headcoach Crennel bekam davon Wind und lobte mich dafür, dass ich das Problem auf diese Weise gelöst hatte. Cheftrainer mögen es nicht, wenn sie überall eingreifen müssen. Sie wollen, dass ihre Assistenten Dinge selbst klären, und das hatte ich getan. Für Shaun war das eine bittere Lektion, aber er hatte sich sein Standing im Team selbst zuzuschreiben.

Eine Woche später war ein riesiges Tohuwabohu im Trainingstrakt. Ich war durch Zufall dort vorbeigekommen und hörte, dass es im Locker Room laut war. Ein Spieler stand davor und sagte nur: „Alles in Ordnung, Coach.“ In Wahrheit hauten sich Kellen und Shaun richtig auf die Schnauze. Shaun brachte nie wieder einen dummen Spruch. Er war eingenordet worden und hatte verstanden, dass es besser war, sich unterzuordnen. In der Saison 2008 allerdings soll er Quarterback Brady Quinn ins Gesicht geschlagen haben. Dafür wurde er zunächst für ein Spiel gesperrt und nach der Saison entlassen.

Ich verbrachte letztlich das gesamte Camp in Cleveland und flog nach dem letzten Pre-Season-Game wieder nach Deutschland. Drei der vier Vorbereitungsspiele gewannen die Browns, bei der einzigen Niederlage gegen die Detroit Lions traf ich meinen alten NFLE-Kicker Adam Anderson wieder, der bei den Sea Devils Punter gewesen war. Und beim letzten Spiel im Soldier Field von

Chicago gegen die Bears hatte ich eine sehr lustige Begegnung. Bei den Bears spielte Muhsin Muhammad als Wide Receiver. Ich hatte ihn 2004 bei der Frankfurt Galaxy kennengelernt. Dort war er quasi als Praktikant für NFL Network unterwegs gewesen, weil er nach seiner Karriere gern für den ligaeigenen Sender als Announcer arbeiten wollte.

Wir hatten uns damals schon gut verstanden. Er war ein sehr lockerer Typ, der es genoss, in Deutschland inkognito in Discos und Bars gehen zu können. An einem Abend kam er mit einem dicken Bündel Euroscheine zu mir und fragte, ob das für einen schönen Partyabend reichen könne. Er hätte mit der Kohle wahrscheinlich das gesamte Frankfurter Rotlichtviertel zum Freibier einladen können, deshalb sagte ich, er solle es nicht übertreiben. Tatsächlich muss er eine ziemlich glorreiche Nacht erlebt haben, denn als ich im Soldier Field seinen Namen rief und er mich sah, kam er sofort auf mich zu und erzählte mir, wie geil doch damals der Abend in Frankfurt gewesen sei, zu dem er mich um Rat gebeten hatte. Und ich wunderte mich nur, dass sich ein solcher Star, den ich nur kurz kennengelernt hatte, an mich erinnerte.

Anfang September war ich wieder zu Hause und verfolgte von dort, wie die Browns eine sehr ordentliche Saison mit zehn Siegen und sechs Niederlagen spielten, die Play-offs aber trotzdem verpassten. Dennoch wurde der Vertrag von Headcoach Crennel verlängert, und er fragte bei mir an, ob ich auch 2008 wieder ins Camp kommen wollte. Und das wollte ich!

Um die Zeit bis August sinnvoll zu überbrücken, brauchte ich natürlich Beschäftigung. Deshalb war ich froh, dass mich Kent Anderson anrief, der Cheftrainer der Kiel Baltic Hurricanes. Für die coachte ich dann in der GFL die Special Teams und half zusätzlich auch noch André Schleemann bei der Defensive. Im August 2008 ging es zurück nach Cleveland, und das Camp sollte noch einmal ganz anders werden als das im Vorjahr. Was vor allem daran lag, dass ich als vollwertiges Mitglied des Coaching Staffs betrachtet wurde.

Ich fühlte mich sehr wohl, weil ich die Abläufe und die handelnden Personen kannte. Ted Daisher hatte mir feste Zuständigkeiten zugewiesen, er vertraute mir voll und ganz, ich durfte mir selbst die Trainingsinhalte zusammenstellen und auch Meetings leiten. Bei diesen Meetings sind die Türen immer offen. Einmal schaute Headcoach Crennel um die Ecke und war bass erstaunt, dass der Assistent aus Deutschland vorn stand und das Meeting leitete. Für mich war das wie ein Ritterschlag, und ich spürte in jenen Wochen, dass ich richtig angekommen war als Trainer in der NFL.

Dieses Gefühl verstärkte sich noch, als der Headcoach nach jenem angesprochenen Meeting darum bat, dass alle Special-Teams-Coaches noch etwas dableiben sollten. Ich fürchtete, dass ich etwas verbockt hatte und nun Ärger bekommen würde, weil ich anstelle von Cory Undlin das Meeting geleitet hatte. Doch es kam ganz anders. Cory sagte, dass ich von Special Teams viel mehr verstünde als er, und er deshalb dafür plädiere, dass ich offiziell zum Assistenten von Ted Daisher ernannt werden sollte. Eine Geste, die mich sehr beeindruckte.

Ich konnte mein Glück natürlich kaum fassen, und als Romeo Crennel mich fragte, was es bedürfe, damit ich für die Saison im Staff bleibe, sagte ich wahrheitsgemäß: „Alles, was ich brauche, ist etwas zu essen und ein Bett. Geld ist mir nicht wichtig. Wenn ich gebraucht werde, bin ich am Start.“ Crennel lachte und sagte, dass ich schon etwas verdienen würde, und er versprach, mit dem General Manager Phil Savage zu sprechen, ob man mich für die Saison in den Trainerstab aufnehmen könne.

Meine erste Tat nach diesem Meeting war ein Anruf bei Anna, in dem ich ihr eröffnete, dass man mir einen dauerhaften Job angeboten hatte und ich nun wohl erst im Februar nach Deutschland zurückkehren würde. Doch ich hatte leider die Rechnung ohne den Wirt gemacht, denn ich erfuhr vom Headcoach, dass man mein drei Monate gültiges US-Visum nicht würde verlängern können. Ich sollte die Angelegenheit nach Ende des Camps in Deutschland klären und dann schnellstmöglich zurückkehren. Doch dazu später mehr.

Der Erste, der mir im Camp 2008 über den Weg lief, war übrigens Shaun Smith, mit dem ich im Vorjahr so aneinandergeraten war. Er freute sich riesig und sagte: „Hey Coach, toll, dass du wieder da bist!" Ich fragte nur, ob er das ernst meine, und er sagte: „Klar, Mann! Das, was zwischen uns war, ist doch vergessen!" Und tatsächlich war er in diesem Camp wesentlich zahmer und verträglicher.

Sportlich lief ansonsten alles sehr ähnlich ab wie 2007, mit dem Unterschied, dass Ted Daishers Assistent Cory Unlin Defensive-Backs-Coach wurde, da Mel Tucker als Nachfolger des entlassenen Todd Grantham zum neuen Defensive Coordinator bestimmt worden war. Unlins Assistent war ein junger Coach in den Zwanzigern, dessen Name unerwähnt bleiben soll. Der hatte für Mel Tucker am College gespielt und deshalb den Job bekommen, war aber so unglaublich faul, dass ich es nicht fassen konnte. Mehrmals kam er zu spät zum Training oder zu Meetings und roch dabei auch noch nach Schnaps. Ich kann so etwas bis heute nicht verstehen, warum junge Menschen solche Chancen wegwerfen. Der verdiente sechsstellig, kapierte aber gar nicht, was er daraus hätte machen können. Sehr schade. Gemeinsam mit Umberto Leone, unserem italienischen Quality-Control-Coach, führte ich Gespräche mit dem Jungen, um ihm die Konsequenzen seines Handelns deutlich zu machen, aber er trat seine Chance mit Füßen.

Das Team war leider nur Durchschnitt, was an der Fehlbesetzung der Quarterback-Position lag, aber auch an einem großen Verletzungspech. Die vier Pre-Season-Games verloren wir allesamt. Beim zweiten Spiel bei den New York Giants gab es eine Szene, in der deren Brutalo-Runningback Brandon Jacobs (1,93 Meter groß und 120 Kilo schwer) unseren Safety Brodney Pool dermaßen aus dem Leben schoss, dass dieser mit einer schweren Gehirnerschütterung vom Feld musste. Ich stand an der Seitenlinie einmal kurz neben Jacobs und konnte nicht fassen, was für ein Schrank das war. Da wusste ich, dass die Giants ihren Namen völlig zu Recht tragen.

Vor dem dritten Spiel in Detroit ging ich mit einem Assistenzcoach ins MGM Casino. Glücksspiel ist so gar nicht meins, ich hatte nur 20 Dollar eingesteckt, die ich recht schnell zu 40 gemacht und dann ebenso schnell wieder komplett verloren hatte. Auf einmal hörte ich, wie jemand laut meinen Namen durch das Casino brüllte. Wer zum Teufel konnte mich hier in Detroit kennen? Es war Scott Genard, der bei den Hamburg Sea Devils gespielt hatte. Er war nicht mehr ganz nüchtern, um es höflich auszudrücken, und hatte in seinem Brausebrand wie ein Verrückter gezockt. „Was machst du in meiner Stadt?“, fragte er immer wieder, und wir unterhielten uns ein wenig über gemeinsame Zeiten.

Zu Beginn dieses Kapitels hatte ich euch ja bereits von den menschlichen Qualitäten Romeo Crennels vorgeschwärmt. Wie er tickte, verdeutlicht folgende Anekdote. Während des Camps erfuhr ich, dass einer meiner besten Freunde gestorben war. Mirko Lütkemeyer war als Nachtclubbesitzer und DJ in der Hamburger Szene sehr bekannt. Ich hatte mit ihm zusammen in der Jugend Fußball gespielt und ihn nie aus den Augen verloren. Schon vor meinem Abflug machte ihm seine Krebserkrankung sehr zu schaffen, aber dass er so schnell sterben würde, kam doch überraschend.

Jedenfalls sollte ich gemeinsam mit fünf anderen guten Freunden bei der Beerdigung Mirkos Sarg tragen. Nun stand ich vor dem Problem, dass ich sofort einen Rückflug nach Deutschland brauchte, vor allem aber die Erlaubnis benötigte, für einige Tage im Camp zu fehlen. Ich war im Zwiespalt, denn einerseits war klar, dass ich Mirko die letzte Ehre erweisen wollte, andererseits aber wollte ich mir auch keine Blöße geben, sondern im Camp beweisen, dass man auf mich zählen konnte.

Am Tag der schlimmen Nachricht war ich im Training völlig unkonzentriert, und das merkte mir Crennel wohl an. Nach der Einheit kam er zu mir und fragte, was denn los sei. Ich vertraute ihm die Geschichte an und erwähnte, dass ich nicht wisse, was ich tun solle. Er sagte nur: „Was gibt es da zu überlegen? Du fliegst sofort nach Hause und beerdigst deinen Kumpel!“ Ich sagte, dass ich noch nicht einmal wisse, wie ich mir das Ticket für einen so spontanen Hin- und Rückflug von den USA nach Deutschland leisten solle. „Dann sprich mit unserer Teammanagerin, die hat gute Kontakte zu den Airlines“, antwortete er.

Das wollte ich tun. Als ich etwas später zu der Dame kam, drückte sie mir ein Flugticket in die Hand. „Moment", sagte ich, „ich dachte, dass Sie zunächst nur einmal schauen, was es für Möglichkeiten gibt, denn ich weiß nicht, was ich mir leisten kann." Sie lächelte nur und sagte: „Headcoach Crennel hat die Flüge bezahlt." Ich konnte es kaum fassen und schaute auf den Preis, der mehr als 3000 Euro betrug. Ich also sofort zum Cheftrainer ins Büro, aber er wollte keinen Dank annehmen. „Ich verdiene Millionen, da tut mir so ein Ticket nicht weh. Und du fliegst jetzt sofort rüber", sagte er.

Ich flog am selben Abend, war am nächsten Tag bei der Beerdigung, flog abends wieder zurück und war pünktlich zum Training des Folgetags zurück im Camp. Zwar völlig erledigt, aber dankbar für so viel Menschlichkeit, die nicht selbstverständlich war. Crennel hätte genauso gut sagen können, dass Mirkos Tod Schicksal sei, ich aber im Camp gebraucht würde. Aber er ist einfach ein richtig toller Mensch, der nicht nur fachlich eine Granate ist, sondern es auch immer wieder geschafft hat, dass seine Spieler alles taten, um ihn nicht zu enttäuschen.

Das allerdings gelang ihnen in der Saison 2008 nicht. Mit vier Siegen und zwölf Niederlagen wurden die Play-offs mehr als deutlich verpasst. Leider bedeutete dieses sportlich miserable Abschneiden das Aus des Trainerstabs – und damit auch das Ende meiner Ambitionen, in Cleveland Fuß zu fassen. Ich hatte nämlich nach meiner Rückkehr aus dem Camp in Deutschland erfahren, dass die Bearbeitung meines Arbeitsvisums mindestens zwölf Wochen in Anspruch nehmen würde. Dann jedoch wäre die Saison schon fast zu Ende gewesen. Also war entschieden worden, dass ich mich in der Off-Season um die nötigen Dokumente kümmern und meinen Posten in Cleveland dann in der Saison 2009 antreten würde. Der Headcoach hatte bekräftigt, dass er mich auf jeden Fall für die Position des Assistenten für die Special Teams vorsehen würde. Doch nun war er entlassen, und für mich war der Traum damit zerplatzt.

Ich konnte es kaum glauben: Schon wieder war mir ein bereits versprochener Job ohne eigenes Verschulden durch die Lappen gegangen! Aber wie das so ist im Leben: Wenn eine Tür sich schließt, öffnet sich irgendwo eine neue, und das passierte diesmal in Form eines Anrufs von Marc-Angelo Soumah, einem französischen NFLE-Spieler, der mich als Headcoach zu Paris Flash locken sollte. Es sollte meine erste Station als verantwortlicher Übungsleiter werden, aber dazu lest ihr mehr im nächsten Kapitel, denn das Thema NFL war für mich noch nicht beendet. Im August 2009 rief mich nämlich wieder einmal Ted Daisher an, der ja auch als Special-Teams-Coach bei den Browns gefeuert worden war, aber in der gleichen Position eine neue Anstellung bei den Philadelphia Eagles gefunden hatte.

Ted hatte bereits mit Headcoach Andy Reid über die Personalie gesprochen, und der war einverstanden gewesen, dass ich das Camp mitmachen sollte. Für Ted war ich ein ganz wichtiger Verbindungsmann zu den Spielern, weil ich den Zugang zu ihnen hatte, den er aufgrund seines Armeehintergrundes und des entsprechend militärischen Auftretens längst verloren hatte. Also ging es für mich nach Philadelphia, wo ich sechs Wochen lang das Camp der Eagles miterleben konnte.

Ich hatte die gleichen Aufgaben wie die beiden Jahre zuvor in Cleveland, durfte als Assistent die Special Teams betreuen und zudem auch bei den Receivern aushelfen, wo unter anderem Danny Amendola im Kader dabei war, der in der Saison 2016 mit den New England Patriots den Super Bowl gewonnen hat. Für die Eagles bestritt er allerdings kein Spiel der regulären Saison, und weil er schon in der Vorbereitung spürte, dass es eine schwierige Spielzeit für ihn werden würde, fragte er mich, ob er mich nach Europa begleiten könne, falls er es in der NFL nicht schaffen würde. Zum Glück ist es für ihn ja anders gekommen.

Im Camp der Eagles waren zur Saison 2009 mit Greg Lloyd und Carnell Lake zwei ehemalige NFL-Superstars als Interns im Coaching Staff dabei. Die traf ich bei meiner Ankunft im Hotel, ohne zu wissen, warum sie da waren. Wir kamen ins Gespräch, stellten schnell fest, dass wir mit Coach Bob Valesente einen gemeinsamen Freund hatten, und verstanden uns von Anfang an großartig. Beide waren sehr lockere, nette Typen, die von unserem Sport eine

Menge verstanden und sehr gute Trainer waren. Greg war als Trainer genauso knallhart wie als Spieler, mit ihm habe ich einige lustige Dinge erlebt.

Zum Beispiel die Sache mit den morgendlichen Fahrten zum Training. Er hatte angeboten, mich aus dem Hotel mit zum Trainingsgelände zu nehmen, das etwas außerhalb lag. Ich war aber nicht sein einziger Gast. Mit im Auto saß auch Michael Vick. Der war im Jahr 2007 als Star-Quarterback der Atlanta Falcons wegen seiner Beteiligung an illegalen Hundekämpfen zu einer Gefängnisstrafe von 21 Monaten verurteilt worden. Kurz vor dem Ende seines Knastaufenthalts wurde er von den Falcons entlassen, und die Eagles hatten sich seine Dienste gesichert.

Vick war sehr demütig, immerhin hatte er eine Menge Geld und Reputation verloren. Da er kein Auto hatte, fragte er, ob Greg ihn mitnehmen könne. Und Greg sagte: „Klar, aber nur, wenn du hinten sitzt und die Schnauze hältst, wenn zwei Erwachsene sich unterhalten. Vorne sitzt Patrick!“ Vick willigte ein, und tatsächlich sprach er auf den Fahrten kein Wort. Er tat mir wirklich leid, denn das Medieninteresse an seiner Rückkehr war riesig, und eigentlich wollte er nur seine Ruhe. Er war ein Vollprofi, der auf dem Platz lieferte. So eine Rakete als Quarterback habe ich nicht noch einmal gesehen.

Sein laxer Umgang mit einem Star wie Michael Vick war aber längst nicht alles, was Greg Lloyd so sympathisch machte. Er ließ sich auch auf dem Trainingsplatz nichts bieten, obwohl er ja eigentlich nur ein Praktikant war. Mehrmals tauchte er während Trainingseinheiten bei mir auf und schaute mir bei meinen Übungen zu. Wenn ich ihn dann fragte, warum er Zeit dazu hätte, mir zuzuschauen, obwohl er doch eigentlich für die Linebacker zuständig war, sagte er nur: „Die spielen wieder Pussy-Football, dafür ist mir meine Zeit zu schade.“

In einem unserer Pre-Season-Games machte einer seiner Linebacker einen fatalen Fehler. Greg aber wartete gar nicht erst darauf, dass der Defensive Coordinator das falsche Verhalten ansprach, sondern griff sich den Jungen noch auf dem Feld und wusch ihm gehörig den Kopf. Nach der Partie wurde er von Headcoach Reid gefragt, was das sollte, und Greg antwortete: „Alle unsere Linebacker sind Pussys!“ Statt ihn zu tadeln, bedankte sich Reid für diese Meinung. Ich fand das etwas sonderbar, aber war nicht verwundert, denn Andy Reid war ein ganz anderer Typ Cheftrainer, als ihn Romeo Crennel verkörperte. Er war ein sehr ruhiger und sachlicher Mensch, der mit seinen fünf wichtigsten Assistenten eine Einheit bildete, in die man von außen nicht eindringen konnte. Bis zum letzten Tag vor meinem Abflug redete er kein einziges Wort mit mir. Aber dazu später mehr.

Das Team hatte eine Reihe an Superstars zu bieten. Neben Michael Vick spielte auf der Quarterback-Position noch Donovan McNabb, ein echter Veteran, der bereits seit 1999 bei den Eagles unter Vertrag stand. An ihm war wirklich ein Comedian verloren gegangen, denn er verstand es, mit seinen Sprüchen und seiner guten Laune das gesamte Camp zu unterhalten. Als Jungstars waren zwei sehr vielversprechende First-Round-Picks dabei: Runningback LeSean McCoy, der aktuell bei den Buffalo Bills spielt und mit einem riesigen Hummer in seinem ersten NFL-Camp vorfuhr, und Jeremy Maclin, der aktuell Receiver bei den Baltimore Ravens ist und sich mit mir ein kleines bisschen auf Deutsch unterhalten konnte, weil er die Sprache in der Highschool gelernt hatte.

Charakterlich fand ich unseren Cornerback Sheldon Brown überragend. Eine ganz andere Spezies von Profi war dagegen Ellis Hobbs, der als Star-Cornerback von den New England Patriots gekommen war, mit denen er 2005 den Super Bowl gewonnen hatte. Hobbs schaffte es zunächst nicht, sich als Starter zu etablieren, und sollte deshalb in den Special Teams spielen. Das gefiel ihm alles überhaupt nicht, entsprechend lustlos präsentierte er sich im Training. Ich hatte ihn in meiner Gruppe und kriegte diese Lustlosigkeit also hautnah mit, was mir gehörig auf den Sack ging.

Einmal reichte es mir und ich fragte ihn, welcher Pups ihm denn mal wieder querläge. Da sagte er: „Ich verdiene nur drei Millionen Dollar, Coach, dafür laufe ich doch nicht in den Special Teams das Feld rauf und runter!“ Ich musste meinen Ärger kräftig hinunterschlucken, denn für drei Millionen wäre ich splitternackt die Außenlinie rauf und runtergerannt. Ich sagte: „Wenn du so darüber denkst, dann geh bitte zum großen Mann mit dem Schnauzbart und sag es ihm!“ Der Mann mit dem Schnauzbart war der Headcoach, und Hobbs ging natürlich nicht zu ihm. Wir diskutierten diese Auseinandersetzung später im Trainerteam mit der Folge, dass Hobbs einen kräftigen Einlauf vom Headcoach bekam und anschließend sehr motiviert trainierte.

Im ersten Pre-Season-Game gegen die Patriots sah ich zum ersten Mal Sebastian Vollmer wieder, den wir mit unserem NFL-Europe-Programm einige Jahre zuvor erfolgreich an ein College vermittelt hatten. Es war das letzte Mal bis zum Super Bowl 2017, dass wir uns trafen. Außerdem hatte ich in der Partie die Gelegenheit, zum ersten Mal Tom Brady live zu sehen, den Star-Quarterback der Patriots. Und ich war tief beeindruckt davon, wie groß er ist. Wenn man die Werte der Spieler in Statistiken liest, denkt man manchmal, dass sie nicht allzu beeindruckend sind. Aber wenn man sie dann vor sich sieht, weiß man, dass man Statistiken nicht zu viel Bedeutung beimessen darf.

Das zweite Vorbereitungsmatch sollte bei den Indianapolis Colts stattfinden. Auf dem Hinflug meldete sich der Pilot mit der Nachricht, dass es ungewiss sei, ob wir landen könnten, da es eine Tornadowarnung für Indianapolis gegeben habe. Wir schafften es dann zwar, mussten jedoch sofort nach der Landung mit Bussen ins Hotel gebracht werden. Dort wurden wir um 21 Uhr aus unseren Zimmern gerufen, um uns im Erdgeschoss vor dem Wirbelsturm in Sicherheit zu bringen. Tatsächlich gab es draußen ein heftiges Unwetter, aber der Tornado streifte die Stadt nur, sodass es glimpflicher ausging als befürchtet. Dennoch ein ziemlich bedrückendes Erlebnis.

Der Wirbelsturm, der im dritten Pre-Season-Game losschlagen sollte, war zwar von einer ganz anderen Sorte, aber nicht minder beeindruckend. Unser Cornerback Asante Samuel war ein dürres Hemd von 178 Zentimetern Größe und angeblich 84 Kilo Gewicht, aber er war nicht nur ein richtig guter Cornerback, sondern auch ein Kraftpaket. Und das stellte er im Match gegen die Jacksonville Jaguars eindrucksvoll unter Beweis, als er bei einem Hit Jaguars-Tight-End Marcedes Lewis (1,98 Meter,123 Kilogramm) die Lichter dermaßen ausknipste, dass der mit Riechsalz zurück ins Leben geholt und mit einer Trage vom Feld gebracht werden musste. „Don't jugde a book by its cover!"

Im letzten Testspiel vor Saisonstart sollten wir bei den New York Jets antreten. Von New York aus ging mein Rückflug nach Deutschland. Am Spieltag hat man immer einen bestimmten Zeitrahmen, in dem man essen geht. Ich war ziemlich spät dran, das Buffet war genauso leer wie die Kantine, also setzte ich mich an einen freien Achtertisch und begann zu essen, als Headcoach Andy Reid in den Raum schlenderte. Er nahm sich seine Speisen, kam an meinen Tisch, fragte, ob noch frei sei, und setzte sich dann direkt neben mich.

Ich war doch etwas verstört, schließlich hatte der Mann zuvor noch kein Wort mit mir gewechselt, deshalb wusste ich nicht, was er wollte. Um keine peinliche Stille entstehen zu lassen, bedankte ich mich für die Chance, die ich bekommen hatte. Andy Reid hörte zu, und dann fing er an zu reden. Sagte, dass er gern deutsche Spieler im Team hätte, weil er deren Mentalität sehr schätze, und lobte mich in höchsten Tönen für meine Disziplin und Arbeitseinstellung. „Ich habe dich das gesamte Camp über beobachtet, um herauszufinden, ob du irgendwelche Fehler machst. Aber das war alles höchst professionell und diszipliniert. Und wer es schafft, vier Jahre hintereinander ein Camp an der Seite von Ted Daisher durchzuziehen, der hat sowieso höchsten Respekt verdient."

Insgeheim hatte ich natürlich gehofft, dass er mir einen Job für die Saison anbieten würde, aber das wäre dann doch zu viel des Guten gewesen. Von Ted Daisher erfuhr ich später, dass Reid in höchsten Tönen von meiner Arbeit geschwärmt hatte, natürlich milderte das den Schmerz.

Am nächsten Tag flog ich mit der Erkenntnis zurück nach Deutschland, noch einmal eine ganze Menge gelernt zu haben. Vor allem konnte ich bei den Eagles mein Wissen über die Offensive vergrößern. Von Offensive Coordinator Marty Mornhinweg hatte ich mir ganz viel abgeschaut, zum Beispiel, wie man am besten in der Red Zone (20 Yards vor der Endzone) spielt. Die sechs Wochen bei den Eagles hatten mich noch einmal richtig voran gebracht.

Überhaupt muss ich sagen, dass ich in den fünf Jahren, die ich in verschiedenen NFL-Camps verbrachte, enorm viel Glück mit den Kollegen hatte. Ich lernte tolle Menschen kennen und durfte von großartigen Coaches lernen. Und auch von denen, die mir deutlich machten, wie man als Trainer nicht handeln sollte, habe ich mir wichtige Dinge abgeschaut. Allerdings war ich Ende 2009, nachdem ich in vier Jahren keinen festen Job in der NFL ergattern konnte, ein wenig müde und stellte mir die Frage, wie die Zukunft aussehen sollte. Das ständige Pendeln zwischen Europa und den USA mit der Ungewissheit, nie mit einem richtigen Einkommen rechnen zu können, hatte mich doch etwas zermürbt, und ich begann, mir Gedanken zu machen.

Acht Jahre war ich mittlerweile im professionellen Football als Trainer tätig. Da war es wahrscheinlich normal, dass die Zeit gekommen war, in der man sich die Frage nach den Prioritäten stellt. Und für mich, das spürte ich in der Phase meines Lebens, war die Gründung einer Familie wichtiger.

Von meinem Gehalt in Philadelphia hatte ich einen fetten Verlobungsring gekauft, weil ich vorhatte, Anna einen Heiratsantrag zu machen. Das tat ich dann auch an einem schönen Spätsommerabend in Hamburg, auf der Südseite der Elbe mit Blick über den Hafen. Und damit war klar, dass ich sesshafter werden wollte. Es würde sich in Europa schon irgendetwas ergeben, davon war ich überzeugt. Und so kam es.

KAPITEL 6:

VOM ASSISTANT COACH ZUM CHEFTRAINER – FRANKREICHS NATIONALTEAM UND DIE GFL

Wer durch die Mühle des Trainergeschäfts geht und sich manchmal nur an den Kopf fassen kann bei einigen Aktionen, die der Headcoach bringt, der wünscht sich natürlich, einmal selbst als Hauptübungsleiter die Gesamtverantwortung zu haben. Für mich war die Zeit unter Vince Martino bei den Hamburg Sea Devils die Phase gewesen, in der ich gespürt hatte, dass ich es mir zutrauen konnte, das große Ganze zu leiten. Vince hatte mich damals als Offensive Coordinator fast gleichberechtigt arbeiten lassen und mir das Gefühl gegeben, mit Verantwortung in der Form umgehen zu können, die ein Headcoach meines Erachtens braucht.

Als mich also im Spätherbst 2008 mein ehemaliger Galaxy-Receiver Marc-Angelo Soumah kontaktierte, war die Zeit reif für mich, den Schritt zu machen, den er mir anbot. Ich sollte bei seinem Heimatverein Flash de La Courneuve, in Europa besser bekannt als Paris Flash, neuer Chefcoach werden. Präsident Julien Luneau und Geschäftsführer Bruno Lacam-Caron kamen extra nach Hamburg, um mich zu überzeugen.

Paris Flash kannte ich, seit ich 1998 als aktiver Spieler bei den Blue Devils gegen sie den Euro Bowl gewann. In Frankreich war der Verein das Bayern München des Footballs. Ein Klub mit einem Selbstverständnis, das Beste zu sein, was rumlief im Vereinsfootball. Was allerdings seit längerer Zeit nicht mehr der Realität entsprach. Der Plan der Franzosen war, in die europäische Spitze zurückzukehren, und ich sollte diesen Weg als Headcoach ebnen. Ich hatte mich mit Anna beraten und war trotz der Rückschläge in der NFL nicht bereit, die Trainerkarriere an den Nagel zu hängen.

Wir hatten beide Lust, ein Jahr im Ausland zu verbringen und die Erfahrungen mitzunehmen, und so dachte ich mir nur: „Wer nicht wagt, der nicht gewinnt." Und nahm das Angebot an.

Vor Weihnachten 2008 reiste ich allein nach Paris, um mir die Gegebenheiten vor Ort anzuschauen. Beim ersten Teammeeting merkte ich schnell, dass mich etwas ganz anderes erwarten würde als in der deutschen Liga. In deutschen Teams gibt es eine Handvoll schwarze Jungs unter vielen Weißen, bei La Courneuve war es genau andersherum. Dazu muss man wissen, dass diese Vorstadt, die direkt nördlich von Paris im Départment Seine-St. Denis liegt, eines der krassesten Ghettos Europas ist. Wenn in Frankreich mal wieder Autos brennen, weil Menschen mit Migrationshintergrund gegen Maßnahmen von Polizei oder Regierung protestieren, dann brennen sie in La Courneuve als Erstes. Diese Stadt ist ein Querschnitt aus allen Kolonien, die Frankreich mal besaß, und genauso sah auch mein Team aus.

Als Anna und ich im Januar mit meinem alten Audi A6, der bis unters Dach vollgepackt war mit unserem Hab und Gut, nach Frankreich fuhren, war unser Ziel unsere neue Wohnung in Le Blanc-Mesnil. Das ist eine Vorstadt nordöstlich von Paris, etwas außerhalb von Courneuve und wesentlich friedlicher. Das Appartement war winzig, aber sehr modern und vor allem möbliert, sodass wir keinen großen Umzug veranlassen mussten, sondern wirklich mit einer Autoladung Klamotten auskommen konnten.

Das Gute war, dass die gelernte Physiotherapeutin Anna gleich einen Job bekam. Sie arbeitete in einem Physio-Zentrum, in dem neben den Spielern von Flash auch ein Pariser Handballklub betreut wurde. Und sie war als Team-Physio bei der Flash-Jugend eingesetzt. Auch wenn die Teamsprache Englisch war, wollten Anna und ich so schnell wie möglich die Landessprache lernen, um uns zu integrieren und um zu verstehen, worüber gesprochen wurde. Wir hatten beide leidlich Schulfranzösisch gelernt, bekamen aber von einem Vorstandsmitglied, dem beim Sprechen dauernd die Zahnprothese verrutschte, Sprachunterricht. Und von meinen Spielern lernte ich nebenbei noch feinstes Ghetto-Französisch. Weltklasse!

Trainiert wurde mitten in La Courneuve, einem Trainingszentrum, das in Deutschland seinesgleichen sucht. Büros, drei Felder (eins davon mittlerweile Kunstrasen) sowie ein richtiges Stadion, und auch alle Spieler wohnten dort. Für viele wäre das Ghetto ein echter Kulturschock gewesen, aber die meisten stammten aus der Stadt und waren nichts anderes gewohnt. Entsprechend harte Jungs hatte ich am Start, die allerdings bessere Umgangsformen hatten als die meisten deutschen oder amerikanischen Spieler. Vor dem Training wurde jedes Mitglied des Trainerstabs von jedem Spieler mit Handschlag begrüßt, nach dem Training wurde sich per Handschlag bedankt. Anna wurde immer mit „Madame le Coach" angeredet, was mich sehr beeindruckte.

Da der Verein finanziell nicht gerade den größten Haufen machen konnte, hatte ich nur zwei Importspieler verpflichten dürfen. Ich entschied mich für Quarterback Jeff Welsh und John McKeon für die Offensive Line. Als ich dann noch einen starken Mann für die Defensive holen wollte, stellte man mich vor die Wahl, entweder einen Spieler oder einen Coach zu verpflichten, beides war nicht möglich. Und so beschloss ich, das Geld für Yogi Jones auszugeben, den ich aus gemeinsamen Galaxy- und Sea-Devils-Zeiten kannte, und der mein Defensive Coordinator werden sollte. Zum Glück sagte er zu und war auch damit zufrieden, ohne Imports auskommen zu müssen.

Bei Jeff und John war ich mir sicher, dass sie beide mit der Situation in Courneuve umgehen konnten. Sie waren sehr erfahrene Spieler, die sich nicht davon schocken ließen, in einem Ghetto zu leben und zu trainieren. Jeff hatte zwei Jahre gar nicht gespielt, war am Tag vor meinem Anruf gerade in seinem Job gefeuert worden und sagte deshalb sofort zu, weil er Lust hatte, in Europa zu leben. Und John betreibt heute noch einen Blog (americanfootballinternational.com), in dem er sich um europäischen Football kümmert. Die beiden brachten also viel Identifikation und Pioniergeist mit, und das war sehr wichtig für das Team.

Ich kannte außer Marc Soumah und den anderen Ex-NFL-Profis keinen meiner neuen Spieler, konnte aber sehr bald feststellen, dass ich da einige Perlen im Team hatte. Franzosen sind generell eindrucksvolle Athleten, die sehr viel Geschwindigkeit mitbringen, aber es fehlt ihnen an Fleisch, weil die ganz großen und schweren Jungs dort alle zum Rugby gehen. Mit Patrice Kancel und Laurent Marceline hatte ich zwei richtig gute schwarze Runningbacks und auch noch den kleinen weißen Antoine, der zwar aussah wie eine Karre Mist und von mir nur „Petit Monsieur" genannt wurde, aber auch äußerst talentiert war. Dazu kamen mit Soumah als Receiver sowie Foad Ajdir und Samyr Hamoudi als Passverteidiger weitere Klassespieler, mit denen ich ein sehr gutes Team aufbauen konnte.

Für mich war in den ersten Wochen natürlich alles neu: Umgebung, Kultur, Sprache, der Posten als Headcoach. Das waren jedoch Kleinigkeiten im Vergleich zu dem größten Problem, das die Franzosen haben: ihre Disziplinlosigkeit und der Hang zum Drama. So waren die ersten Einheiten einfach nur bizarr. Um 19.30 Uhr hatte ich das erste Training angesetzt, aber um die Uhrzeit waren wir als Trainerteam fast allein auf dem Platz. Meinten die das jetzt ernst? In der Kabine, die in ihrer Lautstärke und dem Geruch einem Zoo glich, saßen vielleicht 15 Spieler und quatschten locker. Erst um 20 Uhr waren sie dann endlich alle so weit. Als Deutscher platzte mir natürlich die Hutschnur

Yogi und ich beschlossen anschließend, dass wir künftig um 19.30 Uhr pünktlich beginnen würden, wer dann nicht da wäre, den würden wir aus dem Kader für das nächste Spiel streichen. Großes Geheule bei meinen Jungs. Ein Linebacker, der Starter in der französischen Nationalmannschaft war, kam zu mir und beklagte sich, aber ich kanzelte ihn ab und sagte auf dem nächsten Teammeting: „Ihr werdet niemals ein deutsches Team schlagen, wenn ihr nicht bereit seid, so zu arbeiten, wie es dafür notwendig ist." Der Linebacker packte daraufhin seine Sachen und verschwand. Aber ich musste hart bleiben und meine Linie durchziehen, sonst hätte ich schon sehr früh den Respekt der Spieler verloren.

Ich will nicht verschweigen, dass es Phasen gab, in denen ich kurz davor war, die ganze Sache hinzuwerfen und nach Deutschland zurückzukehren. Ich hatte ein sehr gutes Trainerteam, aber an einem Tag flippte einer meiner Assistenten aus und machte die gesamte Defense zur Sau. Daraufhin stellte ich ihn zur Rede, da das Yogis Job war und nicht seiner. Und weil er uneinsichtig war, schickte ich ihn vor versammelter Mannschaft vom Feld. Das gefiel ihm gar nicht, und er ging sofort zum Präsidenten, der am Ende der Einheit schon auf mich wartete. „Wir müssen über deinen Assistenten reden. Den kannst du nicht rausschmeißen", sagte er.

Bitte was? Ich bin der festen Überzeugung, dass meine Karriere als Headcoach nicht ansatzweise so erfolgreich geworden wäre, wenn ich in diesem Moment nachgegeben hätte. Da Nachgeben nicht in meinem Naturell liegt, setzte ich dem Präsidenten die Pistole auf die Brust: „Wenn er sich nicht beim Team entschuldigt und wir alles so machen, wie ich es möchte, dann fahre ich jetzt nach Hause, packe meine Sachen und reise noch heute Nacht zurück nach Deutschland. Du hast zehn Sekunden Zeit für die Entscheidung." Also bat der Assistent vor versammelter Mannschaft um Verzeihung, und ich hatte den Machtkampf gewonnen und damit deutlich gemacht, dass ich nicht nachgeben würde.

Unser erstes Ligaspiel bestritten wir bei den Cougars Saint-Ouen-l'Aumone aus einem Vorort von Paris, etwa eine halbe Stunde Fahrt von Courneuve entfernt. Der Bus sollte um 10 Uhr abfahren, aber zu dem Zeitpunkt war nur das halbe Team vor Ort. Ich sagte zum Busfahrer: „Wir fahren jetzt ab." Er: „Aber das halbe Team fehlt." Ich: „I don't give a fuck, wir fahren." Unterwegs bekam ich einen Anruf. „Coach, wir stehen hier am Treffpunkt, aber hier ist kein Bus. Wo seid ihr?" Ich: „Wir sind unterwegs, Abfahrt war um 10 Uhr. Ihr setzt euch jetzt in eure Autos und kommt nach."

Das taten sie dann auch, aber ich nahm nur die Jungs in die Startaufstellung, die pünktlich bei der Abfahrt des Busses gewesen waren – und wir gewannen das Spiel. Danach war Revolte-Stimmung, ich merkte, dass einige Jungs richtig genervt von mir waren. Zum Glück hatte ich mit Jeff Welsh einen überragenden Verbindungsmann in der Kabine. Er war ein Vollprofi, hat seine

Leistung gebracht und sich so den Respekt aller Teamkollegen erarbeitet. Er war voll auf meiner Seite, gemeinsam schafften wir es, dass sich nach den ersten, schwierigen Wochen langsam die Erkenntnis durchsetzte, dass der deutsche Headcoach wohl doch nicht so falsch lag mit seiner Linie. Die Pünktlichkeit beim Training wurde besser, irgendwann waren um 19.30 Uhr schon 30 Spieler da.

Den Durchbruch jedoch brachte der Europapokal. Die Gruppen wurden damals nicht ausgelost, sondern in Absprache zwischen den Teams zusammengesetzt. Ich hatte unserem Geschäftsführer vor dem Meeting mit den anderen Vereinsvertretern gesagt, er solle zwei Dinge vermeiden: lange Auswärtsreisen und ein Gruppenspiel gegen die Berlin Adler, die als Titelverteidiger eine echte Macht waren. Um zu verstehen, was für ein Chaos bisweilen in unserem Club herrschte, reicht es zu wissen, in welcher Form der liebe Bruno diese Bitte umsetzte. Er kam also mit der Nachricht zurück, dass wir auswärts in Moskau spielen würden und zum Heimspiel die Adler empfangen mussten. Ich konnte es kaum fassen. Aber nun war es so, und wir mussten diese Herausforderung annehmen.

Nach Moskau ging es im März, dort lag Schnee, es war arschkalt, unser Hotel war völlig überteuert und trotzdem eine schlimme Bruchbude. Am Abend vor dem Spiel gab es zum Essen eine Suppe. Die Spieler dachten, das sei nur eine Vorspeise, und weil sie keine Lust auf das trübe Gebräu hatten, ließen sie sie stehen, um auf das Hauptgericht zu warten. Nach langer Wartezeit wurde uns allerdings klar, dass es keine Hauptspeise geben würde, weil die Suppe diesen Zweck hatte erfüllen sollen. Völlig ausgehungert machten sich also 60 Footballer auf den Weg durch Moskau, um einen McDonald's ausfindig zu machen. Dass wir an dem Abend niemanden verloren haben, war ein Wunder.

Trotz der Widrigkeiten gewannen wir das Spiel, das auf einem Kunstrasenplatz mitten in einem dieser Beton-Wohnviertel ausgetragen wurde, mit 28:13. Zur Belohnung lud der Präsident der Gastgeber das ganze Team in seinen Nachtclub ein. Anna und ich fuhren auch kurz mit, aber als man mich nötigte, russischen Wodka zu trinken, fuhren wir schnell mit dem Taxi zurück ins Hotel.

Die Spieler aber wollten unbedingt noch feiern, und ich erlaubte es ihnen. Sie müssen die Nacht ihres Lebens gehabt haben, wenn man ihre Facebook-Fotos richtig deutet, die sturzbetrunkene Franzosen mit Fellmützen auf dem Kopf in der Moskauer Metro zeigen. Doch am nächsten Tag waren alle pünktlich beim Bus und so kamen wir gesund und vollzählig zurück nach Frankreich. Diese Reise war wichtig für den Teamgeist und zeigte mir, dass wir auf dem richtigen Weg waren.

Dann kam die Partie gegen die Berlin Adler. Auf den Plakaten, mit denen in La Courneuve für das Spiel geworben wurde, stand statt „Adler“ „Alder“. Als ich unseren Präsidenten fragte, warum man nicht den deutschen Coach um Rat gefragt hatte, bevor man ein solch peinliches Plakat in Druck gab, zuckte er nur mit den Schultern. So war es halt bei Flash, und irgendwie hatte ich mich an diese Nachlässigkeiten ja auch schon gewöhnt.

Wir waren für das Spiel gegen den Titelverteidiger extra in das größere Stadion in La Courneuve umgezogen. Die Adler waren damals eines der heißesten Teams in Europa, und schon beim Warm-up merkte ich, dass meine Jungs die Hosen gestrichen voll hatten. Zum Aufwärmen läuft man normalerweise noch ein paar Spielzüge durch, um auf Betriebstemperatur zu kommen. Meine Spieler allerdings schauten die ganze Zeit zu, was die Adler so machten, und konnten sich überhaupt nicht auf das konzentrieren, was ich ansagte. Bei einem Laufspielzug über rechts rannten sie sich gegenseitig über den Haufen. Es war Slapstick pur, und ich wusste, dass ich reagieren musste.

Also tat ich das, was in Oakland im Camp Art Shell auch getan hatte. Ich beorderte das Team komplett vom Feld. Alle starrten mich ungläubig an, aber ich rief nur „Get off the fucking field“, und so saßen die Spieler wenig später stumm in der Kabine und konnten sich nicht erklären, was ich vorhatte.

Yogi Jones und ich hatten besprochen, dass wir das Team irgendwie wecken mussten. Also sagte ich: „Jungs, jeder im Stadion sieht, dass ihr die Hosen gestrichen voll habt. Ich kenne Shuan Fatah, den Cheftrainer der Berliner, sehr gut. Ich gehe jetzt zu ihm und sage das Spiel ab. Dann verlieren wir nur 0:20, denn ich habe keine Lust, dass wir uns hier abschlachten lassen.“ Keine Reaktion.

Yogi, der tatsächlich ein so ruhiger Charakter ist wie der gleichnamige Bär aus dem Comic, schnappte sich einen Stuhl und feuerte ihn durch die Kabine. Doch auch das weckte die Jungs nicht auf. Da wusste ich, dass ich ganz tief in die Trickkiste der Motivationen greifen musste. Ich ließ die Jungs also noch enger zusammenrücken und sagte: „Ich bin ja selbst Deutscher, und ich erzähle euch jetzt mal, wie die Deutschen über euch Franzosen denken. Die reden jetzt gerade darüber, dass ihr euch damals im Zweiten Weltkrieg auch nicht gewehrt habt, als die deutschen Panzerketten über die Straßen von Paris rasselten. Und dann lachen sie und sagen, dass sie mit euren Frauen, die hier oben im Stadion sitzen, dasselbe tun werden wie damals die deutschen Soldaten mit den französischen Mademoiselles.“

Grabesstille. Schockstarre. Ein Spieler, der kein Englisch verstand, fragte seinen Nebenmann: „Quesqu' il a dit?“ Was hat er gesagt?“ Der Nebenmann übersetzte es. Da zog der Spieler plötzlich aus seiner Sporttasche eine Machete und rief einige Worte in einem mir unverständlichen Akzent. Daraufhin kreischte das gesamte Team los, alle rannten wie angefixt aus der Kabine, bereit, es mit den bösen deutschen Besatzern aufzunehmen. Yogi Jones schüttelte nur mit dem Kopf und sagte: „Wenn das mal gut geht...“

Aber es ging gut. Wir schlugen die Berliner tatsächlich mit 31:24, und im Stadion herrschte eine Atmosphäre, als hätten wir schon den Euro Bowl gewonnen. Wenn ich mir dieses Spiel heute auf Video anschaue, kann ich immer noch kaum glauben, was für ein Wahnsinn damals herrschte. Auf der Tribüne weinten Menschen! Nach diesem Spiel hatten alle verstanden, dass wir Großes erreichen konnten, wenn sich alle an meine Marschroute halten würden. Von da an hatten wir eine unglaubliche Trainingsbeteiligung, und die Spieler hatten die Werte, auf die es mir ankam, verinnerlicht: Disziplin, Pünktlichkeit, Verlässlichkeit. Und keiner wollte sich auch nur die kleinste Blöße geben. Ich hatte einen Center, Sébastien „Babas“ Meynard, der sah aus wie ein Sack Muscheln, aber er hatte das Herz eines Löwen. Er hat in jedem Spiel unheimlich einstecken müssen, doch immer, wenn er sich mit schmerzverzerrtem Gesicht auswechseln lassen wollte, habe ich an der Seitenlinie deutlich gemacht, dass ich keinen Ersatz hatte, und dann sagte er nur: „Kein Problem, Coach", und spielte unter Schmerzen weiter.

In der Liga waren wir nun nicht mehr zu stoppen. Wir haben die Gegner zerrissen, wie es wohl niemals mehr einem Team in der französischen Liga gelingen wird. Ein Spiel gewannen wir 82:0 und hatten die größte Mühe damit, das Ergebnis unter 100 zu halten, um den Gegner nicht zu arg zu demütigen. Am Ende der Saison wurden wir mit nur einer Niederlage Meister, und verloren das Spiel beim Tabellenzweiten Amiens nur deshalb, weil unser Quarterback Jeff Welsh verletzt ausfiel und sein französischer Back-up im Skiurlaub war, sodass wir ohne Quarterback antreten mussten.

Dass 2009 das beste Jahr in der Geschichte von Paris Flash war, lag aber auch an unserer Leistung im Europapokal. Nachdem wir völlig überraschend die Adler ausgeschaltet hatten, mussten wir im Viertelfinale bei den Vienna Vikings in Wien antreten. Ich hatte angemahnt, dass wir nach Österreich fliegen müssten, doch weil die Reise nach Moskau einen sechsstelligen Betrag verschlungen hatte, war kein Geld mehr da. Also fuhren wir mit dem Bus. 20 Stunden waren wir unterwegs, die Jungs waren bei der Ankunft völlig fertig. Dennoch gewannen wir mit 14:3, und weil Österreich damals sehr starke Teams hatte, waren wir mit diesem Sieg endgültig zurück auf der Europakarte des Footballs. Der Erfolg gegen Berlin, zu Hause und in einem Gruppenspiel, hätte eine Eintagsfliege sein können. Aber auswärts im Viertelfinale ein Topteam zu schlagen, das war die Bestätigung.

Das Halbfinale gegen die Graz Giants durften wir zu Hause austragen, und obwohl die Österreicher ihrem Vereinsnamen mit den körperlichen Ausmaßen ihrer Offensive- und Defensive Line alle Ehre machten, konnten wir sie mit 35:33 niederringen und standen damit zum dritten Mal nach 1998 und 2006 im Endspiel. Zwischen diesem Finale, das am 11. Juli in Innsbruck ausgetragen werden sollte, und dem Endspiel um die französische Meisterschaft, das wir gegen die Black Panthers Tonon gewannen, lagen drei Wochen. Einige meiner Spieler verabschiedeten sich in den Urlaub, andere mussten verstärkt in ihren Hauptberufen arbeiten, sodass wir ziemlich aus dem Rhythmus gerieten. Erst eine Woche vor dem Euro-Bowl-Finale hatten wir wieder das gesamte Team im Training zusammen.

Diese Dinge sind es, die das Coaching im Amateurbereich so schwierig machen, weil es einfach zu viele Unwägbarkeiten gibt, die man nicht beeinflussen kann. Das ging so weiter, als ich erneut darauf drängte, dass wir mit dem Flugzeug anreisen müssten, um eine professionelle Vorbereitung garantieren zu können. Immerhin spielten wir in Innsbruck gegen die dort heimischen Swarco Raiders, die das Top-Franchise in Europa waren, gesponsert vom Swarowski-Imperium. Die Antwort war jedoch die gleiche wie zuvor beim Wien-Trip: Pardon, kein Geld. Wir mussten wieder den Bus nehmen.

Das Spiel war auf einen Sonnabend angesetzt. Am Donnerstagabend trainierten wir noch in La Courneuve, um 22 Uhr sollten uns zwei Nightliner-Busse abholen, in denen die Spieler wenigstens hätten schlafen können. Doch zur verabredeten Zeit war kein Bus da, und als dann um 2 Uhr endlich welche auftauchten, waren es ganz normale Reisebusse, in die sich nun alle reinzwängen mussten.

An Schlaf war kaum zu denken in dieser Nacht, und weil einer der Busse auch noch eine Panne hatte, waren wir erst am späten Freitagabend in Innsbruck. Dort war es schwülheiß, und einige meiner Jungs klagten über Kreislaufprobleme. Das geplante Meeting und die Trainingseinheit im Stadion konnten wir getrost vergessen. Für mich war es deshalb nicht überraschend, dass mein Team am nächsten Tag die erste Halbzeit völlig verschlief. 6:20 lagen wir zurück, und auch wenn wir uns zum Ende auf 19:30 herangearbeitet hatten, verloren wir die Partie letztlich völlig verdient. Das war bitter, denn das Double wäre möglich gewesen. Aber wir mussten es akzeptieren und damit leben, dass wir einfach nicht professionell genug gewesen waren.

Weil es trotzdem die beste Saison der Clubgeschichte gewesen war, wollte der Verein meinen Vertrag gern um zwei Jahre verlängern. Ich hatte mich auch in den Club verliebt und habe bis heute eine sehr innige Beziehung zu ihm. Aber Anna und ich hatten entschieden, dass wir in Deutschland sesshaft werden und die Familienplanung vorantreiben wollten. Und weil die Verantwortlichen von Flash mir leider trotz mehrfacher Nachfrage auch kein Angebot machen konnten, verabschiedete ich mich nach dem Euro-Bowl-Finale vom Team. Das war sehr emotional, es flossen Tränen. Erst viel später habe ich erfahren, dass mir einige Spieler meine Entscheidung übel genommen haben, weil der Verein ihnen erzählte, dass ich trotz eines Dreijahresvertrags einfach so die Flucht ergriffen hätte. Das konnte ich allerdings schnell richtig stellen.

Nach der Rückkehr aus Paris flog ich nach Philadelphia in mein letztes NFL-Camp, von dem ich euch ja im vorangegangenen Kapitel bereits erzählt hatte. Als sich auch dort die Hoffnung zerschlug, einen Job zu ergattern, musste ich mich nach einer Alternative umschauen – und fand diese bei den Kiel Baltic Hurricanes in der German Football League (GFL). Die Kieler hatten 2008 und 2009 mit Headcaoch Kent Anderson im German Bowl gestanden und zweimal verloren, sie waren ein überaltertes Team, das zwar viel Erfahrung hatte, aber eine Blutauffrischung benötigte. Ein Geldgeber hatte sich zurückgezogen, ein neuer war gekommen, Anderson wurde entlassen und Geschäftsführer Gunnar Peter rief mich an und fragte, ob ich mir zutrauen würde, Headcoach zu werden.

Eine Mannschaft in der GFL neu aufzubauen, empfand ich als reizvolle Aufgabe, und so unterschrieb ich in Kiel einen Dreijahresvertrag mit der Vorgabe, die Mannschaft innerhalb von drei Jahren wieder in den German Bowl zu führen. Anna und ich zogen nach Kiel, und ich begann, mein Team aufzustellen. Als Quarterback konnte ich Jeff Welsh überzeugen, mich zu begleiten. Auch Yogi Jones wollte ich als Defensive Coordinator aus Paris mitbringen, doch er hatte ein Angebot vom Collegeteam der Bethune-Cookman Wildcats erhalten, das er nicht ausschlagen konnte. Deshalb tat ich etwas Verrücktes. Ich rief meinen Mentor Bob Valesente an. Eigentlich eher in der Hoffnung, er könnte mir einen geeigneten Kandidaten nennen. Doch als ich ihn fragte, ob er sich selbst vorstellen könnte, den Posten zu übernehmen, sagte er zu meiner großen Überraschung, dass er kommen würde, wenn er seine Frau mitbringen dürfe.

Für mich war das eine richtig große Sache und für den Verein ein absoluter Glücksgriff. Einen Mann mit einer solchen NFL-Erfahrung und einem tadellosen Ruf nach Deutschland in die GFL zu holen, das war mehr als ein Sechser im Lotto. Mir war es unangenehm, dass ein Mann mit seiner Kompetenz bei mir als Assistent arbeiten sollte, normalerweise hätte es andersherum sein müssen. Aber Coach Val war zufrieden und hatte Freude daran, mir auf meinem Weg, auch in Deutschland als Headcoach anerkannt zu werden, zu assistieren.

Zusammen stellten wir ein richtig gutes Team zusammen. Die Vorgabe war, alte Zöpfe abzuschneiden, auch wenn das nicht allen gefiel. Und das taten wir. Mit Aaron Boadu, Tim „Eggi“ Edgemann und Frantzy Dorlean hatten wir eine echte Mauer in der Defensive, dazu kamen Imports wie Rich Gardner und Lenny Green, die als Passverteidiger alles abräumten. Unsere Defensive war absolut überragend. Coach Val setzte genau das um, was ich mir gewünscht hatte: Eine Defensive, die brutal und mies an der Grenze des regeltechnisch Erlaubten agiert.

Nachdem das erste Match gegen die Marburg Mercenaries verloren ging, wurde – typisch deutsch – alles infrage gestellt. Die Kritiker standen sofort parat und unkten, das System, das die beiden NFL-Coaches implementieren wollten, sei zu kompliziert. In dieser Phase spürte ich deutlich die Unterschiede zwischen Frankreich und Deutschland. Hier ist alles strukturierter, besser organisiert, dafür wird aber auch alles hinterfragt und bisweilen kleinkariert kaputtgeredet. In Frankreich wird emotionaler und mit mehr Improvisation gearbeitet. Dadurch dass das Spiel in Deutschland physischer ist, weil es mehr schwere Jungs gibt, ist die Liga ausgeglichener und auch auf einem höheren Level, obwohl die Topteams aus Frankreich auch in der GFL mithalten könnten.

In jener Phase, als die Kritik anschwoll, war ich froh, Coach Val an meiner Seite zu haben. Er sagte mir: „Patrick, der Weg, den du gehst, ist genau richtig. Lass dich nicht beirren und mach so weiter, damit wirst du Erfolg haben.“ Der Rest ist Geschichte. Wir verloren in der Saison kein einziges Spiel mehr und erreichten den German Bowl gegen unseren Erzrivalen Berlin Adler mit meinem Kumpel Shuan Fatah als Cheftrainer. Schon in der regulären Saison hatten wir uns zwei erbitterte Schlachten geliefert, schon vor dem Anpfiff war es jeweils zu Schlägereien unter den Spielern gekommen. Beide Partien hatten wir für uns entscheiden können.

Ein Team dreimal in einer Saison zu besiegen, ist ein echtes Kunststück. Aber wir waren heiß darauf, es aufzuführen. Das Finale fand am 9. Oktober 2010 in der Frankfurter Commerzbank-Arena statt, und schon beim Einlaufen wusste ich, dass wir das Spiel gewinnen würden. Jeder Berliner, der das liest, wird mich der Lüge bezichtigen, aber ich spürte, dass die Adler wussten, dass sie gegen meine Jungs keinen Stich machen würden. Wir waren einfach zu heiß darauf, dieses Finale zu gewinnen, und so kam es dann auch: Mit 17:10 holten wir den Titel – den bislang einzigen deutschen Meistertitel, den Kiel gewinnen konnte!

Shuan ging nach dem verlorenen Finale übrigens nach Innsbruck zu den Swarco Raiders, wo er bis heute tätig ist. Ich hatte die Anfrage aus Innsbruck auch vorliegen, sagte aber aus familiären Gründen ab, weil ich nach nur einem Jahr in Kiel nicht schon wieder ins Ausland gehen wollte. Dass Shuan den Job bekommen hat, freut mich besonders. Damit hat es nicht nur den Richtigen getroffen, die Raiders bekamen auch den bestmöglichen Coach, den sie hätten kriegen können.

Abends im Hotel ließ ich mir die vergangenen Jahre noch einmal durch den Kopf gehen. Mit dem Gewinn des World Bowls mit den Sea Devils, der französischen Meisterschaft mit Paris Flash und nun der deutschen Meisterschaft mit Kiel hatte ich drei Titel innerhalb von vier Jahren geholt. Die gesamte Saison hatte ich Tag und Nacht geschuftet, um allen in Deutschland zu beweisen, dass meine Erfolge keine Zufälle waren. Deshalb bedeutete mir dieser Sieg in Frankfurt enorm viel.

Das Problem an der Sache war, dass die Messlatte nun natürlich sehr hoch lag. Unser Dreijahresplan hatte vorgesehen, am Ende der drei Jahre des Umbruchs wieder im German Bowl zu stehen. Nun hatten wir schon in der ersten gemeinsamen Saison den Titel gewonnen, und das machte 2011 zu einem sehr anstrengenden Jahr.

Erschwerend kam hinzu, dass Coach Val, den ich ebenso wie den überragenden Quarterback Jeff Welsh für ein weiteres Jahr hatte verpflichten können, relativ früh in der Saison ausfiel. Wir saßen eines Abends mit unseren Frauen bei einem Chinesen in Kiel zum Essen, als er zusammensackte. Ich raste mit 120 Sachen über rote Ampeln, um ihn in die Notaufnahme zu bringen. Im Krankenhaus wurde ein leichter Schlaganfall diagnostiziert. Zwar war Bob relativ schnell wieder auf den Beinen, aber angesichts seines fortgeschrittenen Alters – er war damals schon 70 – und nach eindringlichen Gesprächen mit seinen Kindern entschied er, nach Amerika zurückzukehren. Das bedeutete, dass ich mich zusätzlich zu meinen Aufgaben als Headcoach und Offensive Coordinator auch noch um die Defensive kümmern musste. Um das zu bewältigen, arbeitete ich quasi 24 Stunden am Tag. Das war pervers und absurd, aber nicht anders zu machen.

Dazu kam, dass ich in der Sommerpause Anna heiratete und eine Woche nach Griechenland in die Flitterwochen reiste. Es war also ein ziemlich vollgepacktes Jahr, an dessen Ende wir leider auch entsprechenden Tribut zollen mussten. Wir hatten als Meister auf den Europapokal verzichtet, um nicht zu hohe Belastungen zu haben, und es tatsächlich erneut in den German Bowl geschafft. Gegner in Magdeburg waren am 8. Oktober die Schwäbisch Hall Unicorns. Ich hatte Coach Val überzeugen können, für das Finale zurückzukommen und mir mit der Defensive zu helfen, aber dennoch waren wir überfordert und verloren das Spiel zu Recht mit 44:48. Das war hartes Brot, aber ich musste eingestehen, dass ich mich ein wenig übernommen hatte und deshalb nicht gut genug sein konnte, um den Weg bis zum Ende zu gehen.

Nachdem die Wunden geleckt waren, schworen wir uns alle, 2012 noch einmal mit frischem Mut und neuer Kraft anzugreifen. Dass Coach Val nicht wieder für uns arbeiten würde, stand frühzeitig fest, und so konnte ich mich rechtzeitig nach Ersatz umschauen, den ich in Joe Roman fand. Dem Mann, der mir im Meisterjahr 2010 als Headcoach der Marburg Mercenaries die einzige Niederlage beigebracht hatte. Joe war ein Defensivspezialist, der über sein Abwehrkonzept schon Bücher und DVDs veröffentlicht hatte. Um jedoch keinen allzu großen Umbruch einleiten zu müssen, hatte ich ihn gebeten, sich das Defensivsystem von Coach Val anzueignen. Und tatsächlich war er dazu bereit, was ich ihm nicht hoch genug anrechnen konnte. Dass ein solcher Fachmann wie er in fortgeschrittenem Alter ein komplett neues System lernt, ist nicht alltäglich.

Aber es half uns ungemein, um erfolgreich Football spielen zu können. Jeff Welsh war weiterhin unser Quarterback. Mit Trevar Deed hatten wir einen Runningback dazugeholt, der eine richtige Rakete war. Mit beiden konnten wir ein fast schon unheimliches Offensivfeuerwerk abbrennen. Meister Schwäbisch Hall war in der schwächeren Südliga mit 46,7 Punkten im Schnitt zwar noch etwas besser, aber mit unseren 44,2 Punkten konnten wir mehr als zufrieden sein. Dazu waren wir die zweitbeste Scoring-Defense, waren im Laufspiel offensiv ebenso die Nummer eins wie in der Laufspielverteidigung und der Passeffizienz. Mit 7850 Offensiv-Yards stellten wir einen Fabelwert auf und standen folgerichtig am 13. Oktober 2012 im Berliner Jahn-Sportpark zum fünften Mal in Folge im German Bowl.

Gegner waren wie im Vorjahr die Schwäbisch Hall Unicorns, und natürlich waren wir alle heiß auf die Revanche. Im dritten Quarter führten wir bereits mit 45:30 und sahen wie der sichere Sieger aus, doch dann musste ich mal wieder auf die harte Tour dazulernen. Nämlich, dass es Dinge gibt, die du als Coach einfach nicht beeinflussen kannst, egal ob du Profi oder Amateur bist.

Bei einem Tackle fiel unser Star-Runningback Trevar Deed so unglücklich, dass er sich vor unserer Bank den Arm brach. Sein deutscher Ersatzmann Julian Ampaw war gerade eingewechselt worden, da vergaß er, seinen Linebacker zu blocken. Der brach durch und pflügte unseren Quarterback um. Jeff Welsh wurde dabei so unglücklich getroffen, dass er sich zwei Rippen brach. Und zu allem Überfluss warfen die Schiedsrichter unseren Topcenter Oliver Beeck wegen einer angeblichen Tätlichkeit vom Platz. Ohne die zentrale Achse ging gar nichts mehr, und so verloren wir durch ein Fieldgoal in letzter Sekunde mit 53:56.

Solche Erlebnisse prägen. Mir wurde an jenem Abend erneut bewusst, dass man gegen Verletzungen nicht ancoachen kann. Hätten wir dieses Spiel gewinnen müssen? Natürlich. Aber es ist das Wesen des Footballs, das solche Dinge passieren. Wenn ich mir jedoch das große Ganze ansah, war mir klar, dass wir eine tolle Entwicklung genommen hatten, und ich hatte Lust, noch einmal anzugreifen. Deshalb verlängerte ich meinen Vertrag.

Leider passierte dann das, was den Amateursport so unberechenbar macht. Uns brachen wichtige Geldgeber weg, in Kiel musste ab sofort gespart werden. Ich sollte mit einem verschlankten Kader und ohne teure Imports wieder den Schritt in den German Bowl schaffen. Jeff Welsh und Trevar Deed wurden von den Dresden Monarchs abgeworben. Die wiedererstarkten Hamburg Blue Devils holten ein paar deutsche Spieler von uns. Aber mit der Hilfe von Yogi Jones, der mir aus seinem Collegeteam einen neuen Quarterback vermittelte, konnte ich ein neues Team bauen.

Matt Johnson war ein ganz anderer Spielertyp als Jeff. Nicht so präzise im Passspiel, dafür athletisch eine Vollrakete. Ich wusste, dass meine Offensive Line nicht die Beste war, deshalb brauchte ich einen Quarterback, der selber den Ball laufen konnte, und so einer war Matt. Er hat uns einige Spiele dank seiner schnellen Beine gewonnen. Aber natürlich kam es, wie es kommen musste: Bei einem Lauf wurde er, weil unsere Jungs ihn nicht schützen konnten, brutal getackelt und zog sich dabei eine Knieverletzung zu.

Dennoch erreichten wir die Play-offs, gewannen im Viertelfinale 47:9 gegen Marburg und durften uns im Halbfinale mit dem neuen deutschen Topteam messen, den Braunschweig Lions, die mit dem Modeunternehmen New Yorker einen richtig potenten Hauptsponsor gefunden hatten. Ich wusste, dass wir im Mann-gegen-Mann-Vergleich keine Chance haben würden, deshalb mussten wir ein Spielsystem ausklügeln, mit dem wir die Lions überraschen konnten. Auch wenn das letztlich nicht ganz gelang und wir 29:34 unterlagen, konnten wir angesichts der Vorzeichen, unter denen die Saison stattfand, zufrieden sein mit dem Erreichten.

Nach dem verlorenen Halbfinale ging in Kiel die große Diskussion über die Neuausrichtung los. Schon vor der Saison 2014 hatte ich erwogen, mich zurückzuziehen, mich dann aber dafür entschieden, es noch einmal zu versuchen, auch wenn Anna und ich nach Hamburg zurückgezogen waren, um dort dauerhaft heimisch zu werden. Ich forderte, dass der Verein mehr investieren müsse, wenn man wieder vom German Bowl träumen wollte. „Wenn ihr mit Erdnüssen bezahlt, bekommt ihr Affen", sagte ich, denn da es in der GFL keine Gehaltsobergrenze gibt, ist klar, dass die Teams gewinnen, die das meiste Geld zahlen.

Matt Johnson wollte sein Glück noch einmal in der Canadian Football League (CFL) versuchen, und so musste ein neuer Quarterback her. Nick Lamaison hieß der Mann, und er machte seine Sache gut, brach sich nur leider im vierten Saisonspiel den Daumen der Wurfhand. Als Ersatz versuchte sich mein Receiver Julian Dohrendorf, verletzte sich allerdings auch, sodass wir arge Probleme bekamen. Gegen die Braunschweig Lions hatten wir keine Chance mehr, die waren zu Europas Allstar-Team geworden und zeigten uns deutlich die Grenzen auf. Als Nordvierter retteten wir uns mit sieben Siegen und fünf Niederlagen gerade noch in die Play-offs, mussten dann aber gegen den Südmeister Schwäbisch Hall Unicorns antreten und wurden dort mit 24:50 abgeschossen.

Nach der Partie sagte ich zu meinem Kumpel Andreas Nommensen, gleichzeitig mein Offensive-Line-Coach: „Das war mein letztes Spiel als Headcoach in Kiel. Ich bin durch." Und so fühlte ich mich auch. Fünf Jahre in der GFL hatten ihre Spuren hinterlassen, und es war überhaupt schon erstaunlich und für den Amateurfootball nicht alltäglich, so viele Jahre bei einem Club als Headcoach engagiert zu sein. Seit ich 2002 bei der Frankfurt Galaxy eingestiegen war, war ich nun schon dauerhaft on the run und spürte, dass es Zeit war, mal durchzuatmen. Obwohl ich in Kiel unbefristet angestellt war, fanden wir ein Agreement und trennten uns im Guten voneinander. Für mich war das eine Befreiung, weil ich auch merkte, wie erfolgsverwöhnt ich war. Die letzte Saison mit den Hurricanes war meine schlechteste, dennoch hatten wir noch immer eine positive Bilanz mit sieben Siegen und sechs Niederlagen. Es war einfach an der Zeit, die nächsten Ziele im Leben neu zu justieren.

Da mir jedoch klar war, dass der Football nicht aus meinem Leben verschwinden sollte, freute ich mich sehr, als Ende 2014 ein Anruf von Marc Soumah kam. Der war mittlerweile Präsident des französischen Verbandes, und als er gehört hatte, dass ich in Kiel ausgestiegen war, hatte er sofort an unsere gemeinsame Zeit bei Paris Flash gedacht. „Ich will, dass du unser Nationaltrainer wirst, denn keiner hat die Franzosen so im Griff wie du“, sagte er. Das tat mir natürlich gut, denn tatsächlich hatte ich in Frankreich durch das erfolgreiche Jahr in der Liga ein hervorragendes Standing.

Der Unterschied zwischen dem Amt des Headcoaches in einem Amateurverein und einem Amateurverband ist der, dass man in einem gut geführten Verband, wie es der französische ist, professioneller arbeiten kann als in einem Verein. Natürlich ist auch die zeitliche Belastung wesentlich geringer, aber was mich vor allem reizte, war der Fakt, mit den besten 60 Athleten des Landes arbeiten zu dürfen, die allesamt große Lust und Motivation hatten, für ihre Nation antreten zu können. Da sagt keiner das Training ab, weil seine Oma Geburtstag hat, abends ist für Flutlicht gesorgt, wenn man trainieren will, es gibt genügend Bälle – solche Dinge. Das ist in manchen Vereinen längst nicht immer so geregelt. In Frankreich gibt es einen Teammanager, der sich in Vollzeit um die Organisation und Koordination kümmert. Wenn irgendetwas fehlt oder hakt, erledigt er das und nicht der Headcoach. So macht das Arbeiten Spaß.

Aus diesen Gründen sagte ich Soumah zu und begann, mir ein Trainerteam zusammenzustellen. Ich rief Coach Val an, der aufgrund der zeitlichen Begrenzung der Aufgabe sofort zusagte. Für die Offensive Line konnte ich meinen Kumpel Andreas Nommensen gewinnen, außerdem holte ich meinen Flash-Runningback Laurent Marceline in den Stab. Im Januar 2015 hatten wir dann in Amiens unser erstes Camp.

In der Außendarstellung war die französische Nationalmannschaft als sehr talentiert und athletisch stark, aber lustlos und undiszipliniert aufgefallen. Und ich fand auch schnell heraus, woran das lag. Im ersten Teammeeting hatte ich sofort klargemacht, was ich sehen wollte. Eine garstige Defensive am Rande der Legalität und eine Offensive, deren Offensive-Linemen Motorenöl zum Frühstück tranken. Nach dem Meeting kam Olivier Bordin, ein Koloss aus der Offensive Line, den alle nur „Big O" nannten, zu mir und sagte: „Coach, wundere dich nicht, wenn es etwas dauert, bis das Team deine Vorgaben umsetzt. Dein Vorgänger hat nämlich immer gesagt, Emotionen hätten im Football nichts verloren."

Das konnte ich kaum glauben, immerhin bin ich vom genauen Gegenteil überzeugt. Ohne Emotionen geht nichts! Aber nun hatte ich eine Erklärung dafür, dass die Franzosen oft so lustlos wirkten. Diese Emotionslosigkeit wollte ich ihnen nun unbedingt austreiben. Als erste Maßnahme ordnete ich an, dass sie ihre Nationalhymne mit Inbrunst mitsingen sollten. Ich fand, dass der martialische Text der „Marseillaise" die perfekte Football-Hymne war. Manche kannten den Text gar nicht und begriffen erst, was ich meinte, als ich ihn auf Englisch vorlas. Danach sangen sie alle aus Leibeskräften.

Im Juli 2015 stand für Frankreich das Highlight des Jahres an, die Teilnahme an der WM in den USA. Diese sollte ursprünglich mit zwölf Teams in Schweden stattfinden, musste dann aber aus organisatorischen Gründen nach Canton (Ohio), Standort der Hall of Fame, verlegt werden, was diverse Teilnehmer aus finanziellen Gründen zum Rückzug veranlasste. Darunter auch Deutschland und Österreich, die bei der EM 2014 vor Frankreich gelandet waren. So durften die Franzosen als EM-Dritter als einziges europäisches

Team antreten. Die weiteren Teilnehmer waren Gastgeber USA, Mexiko, Japan, Australien, Südkorea und Brasilien.

Zur Vorbereitung auf das Turnier hatten wir nach dem Camp im Januar noch ein Trainingslager im April, zudem war ich mehrmals nach Frankreich gereist, um dort Ligaspiele zu sehen. Außerdem hatten meine Assistenten kräftig gescoutet, sodass wir guter Dinge waren, als wir nach Ohio reisten, auch wenn wir zusammen kein einziges Testspiel absolvieren konnten. Unser erster gemeinsamer Wettkampf war also das erste WM-Spiel gegen Brasilien.

Wir hatten eine starke Mannschaft, die in Wide Receiver Anthony Dablé, der damals noch für die Braunschweig Lions spielte und aktuell im Kader der Atlanta Falcons steht, ihren Superstar hatte. Als Quarterbacks hatte ich meinen Starter Paul Durand und einen US-Amerikaner namens Perez Mattison, der eine Französin geheiratet und deshalb einen französischen Pass bekommen hatte. Die Partie gegen Brasilien fand bei strömendem Regen statt. Ich hatte meinen Jungs vorher gesagt, dass es wichtig sein würde, in den Special Teams besser zu sein als die anderen, da wir physisch allen außer den Asiaten unterlegen sein würden. Und dann war das erste Play gleich ein Kick-off-Return-Touchdown über 102 Yards von Anthony Dablé!

Das freute mich doppelt. Zum einen für das Team, das sofort sah, wie wichtig die Special-Teams-Ansage war. Zum anderen für Anthony, der sich bei der WM vor den Augen vieler NFL-Scouts beweisen wollte. Da kam so eine spektakuläre Aktion zum Start eines Spiels natürlich gerade recht. Wir besiegten die Brasilianer 31:6 und hatten damit unseren Platz im Viertelfinale sicher. Dort spielten wir drei Tage später gegen Australien. Bei denen war John Leijten, den ich sowohl aus der NFLE als auch als Cheftrainer der Dresden Monarchs aus der GFL kannte, Headcoach, und natürlich wollte ich dieses Prestigeduell unbedingt gewinnen. Wir zerstörten die Australier mit 53:3. Jetzt wusste jeder, dass mit den Franzosen zu rechnen war!

Um den Einzug ins Finale mussten wir dann allerdings mit den USA kämpfen, und das war erwartungsgemäß eine deutlich zu

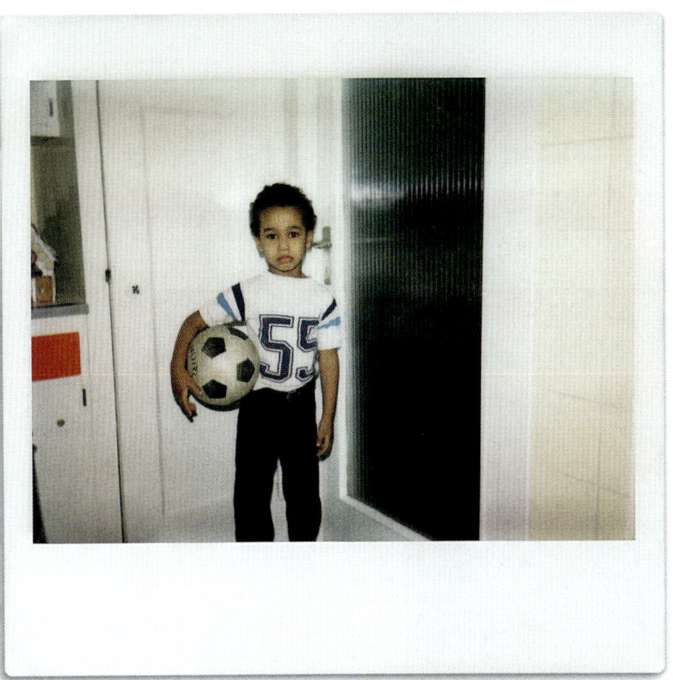

1979 mit meinem ersten richtigen Fußball.

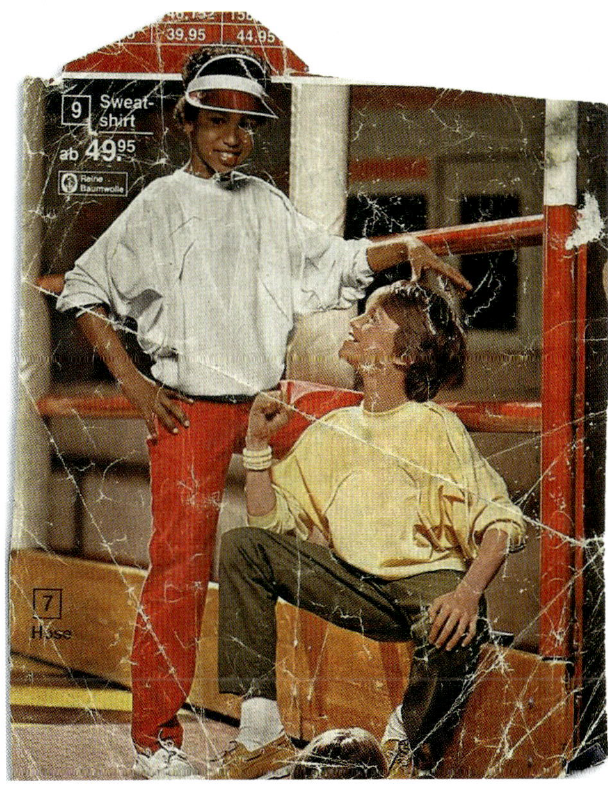

Als Model im Otto-Versand-Katalog 1984.

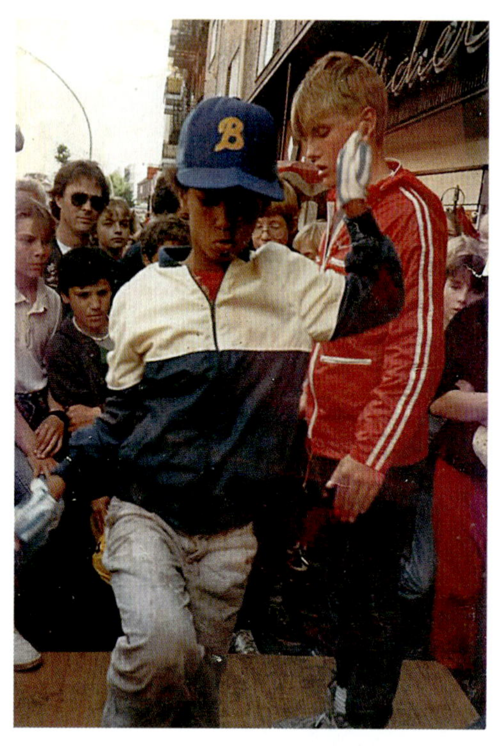

Breakdance-Meisterschaften in der Osterstraße vor Spielzeug Zars, Hamburg 1985.

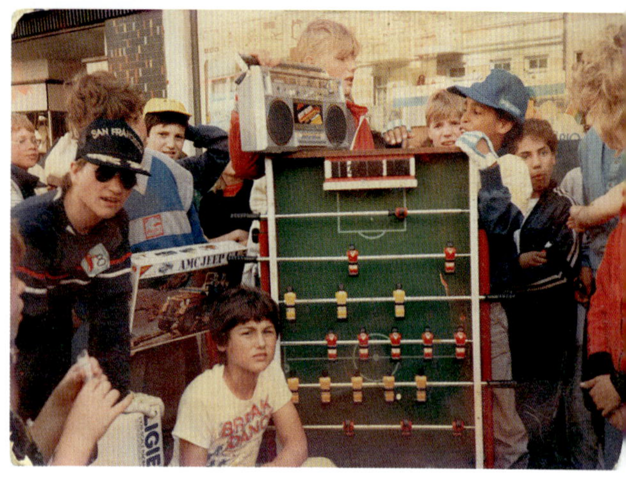

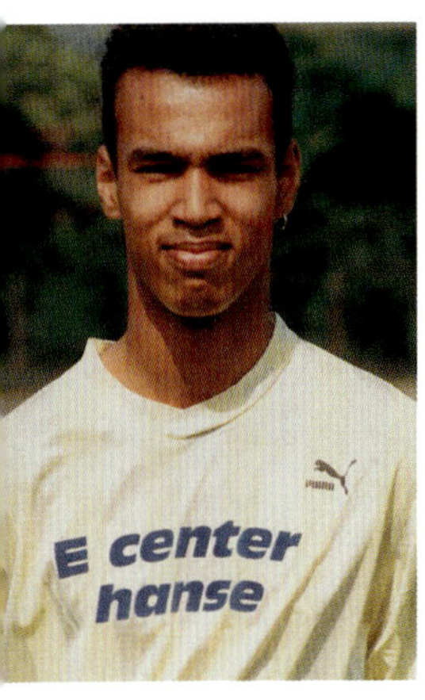

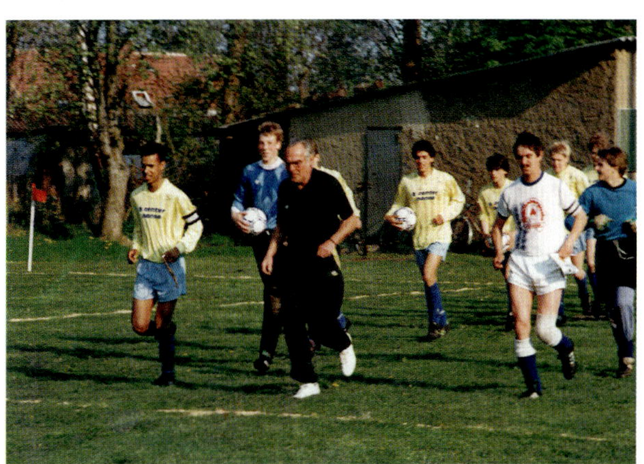

1991 als Spielführer der A-Jugend von Eisenbahn Altona.

German-Bowl-Sieg mit den Hamburg Blue Devils, Hamburg 1996

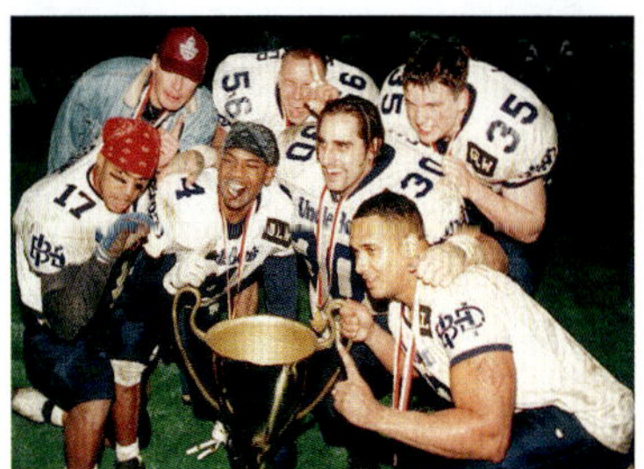

Teamübergreifendes Wide-Receiver-Training – der junge Mann in der roten Hose ist der heutige NFL-Profi Kasim Edebali, Outside Linebacker bei den Denver Broncos, Hamburg 2005.

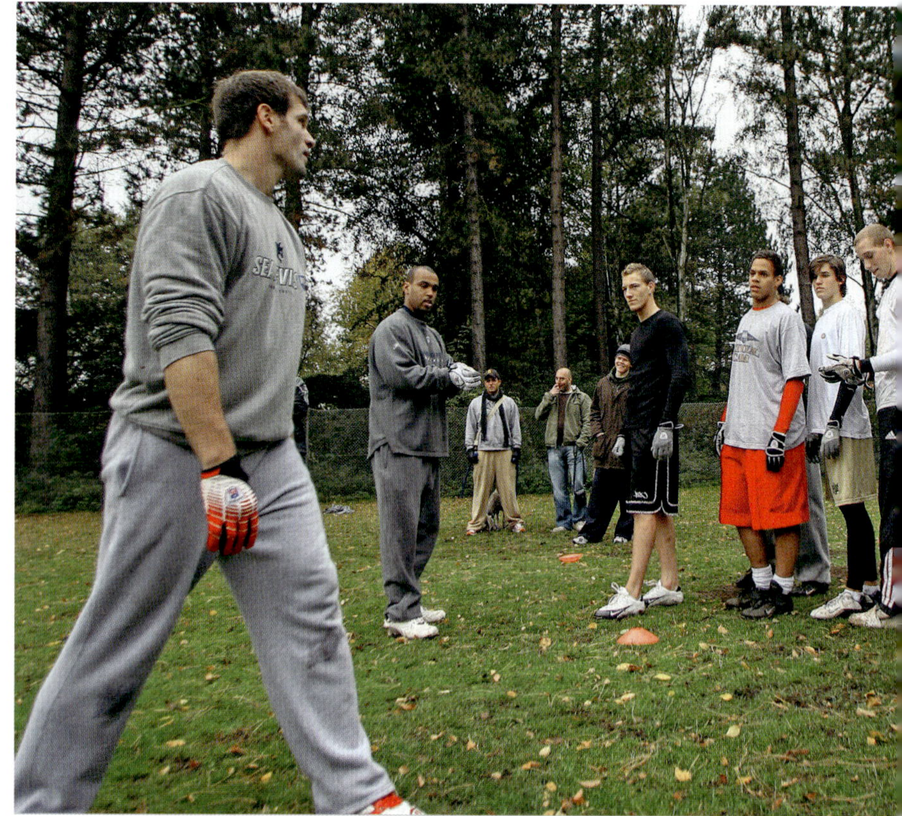

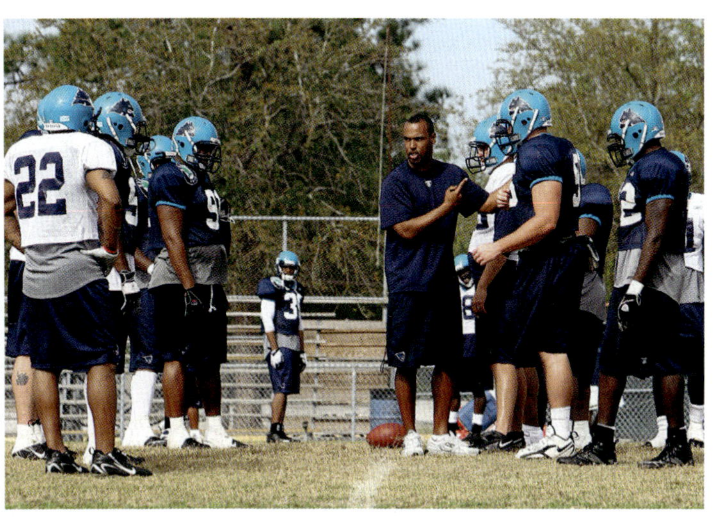

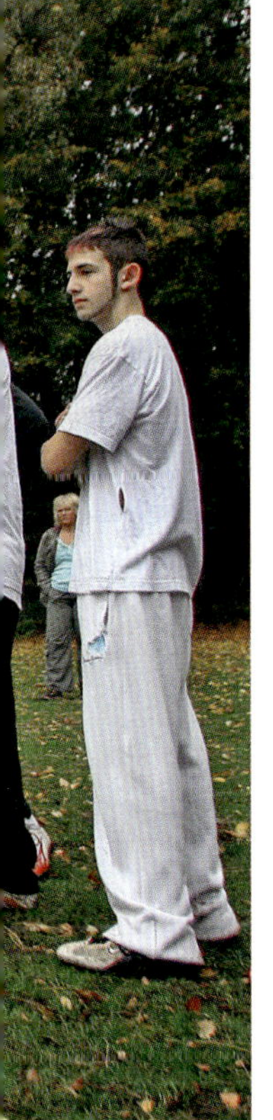

Detailfreak und Perfektionist im Vorbereitungscamp, Tampa 2006.

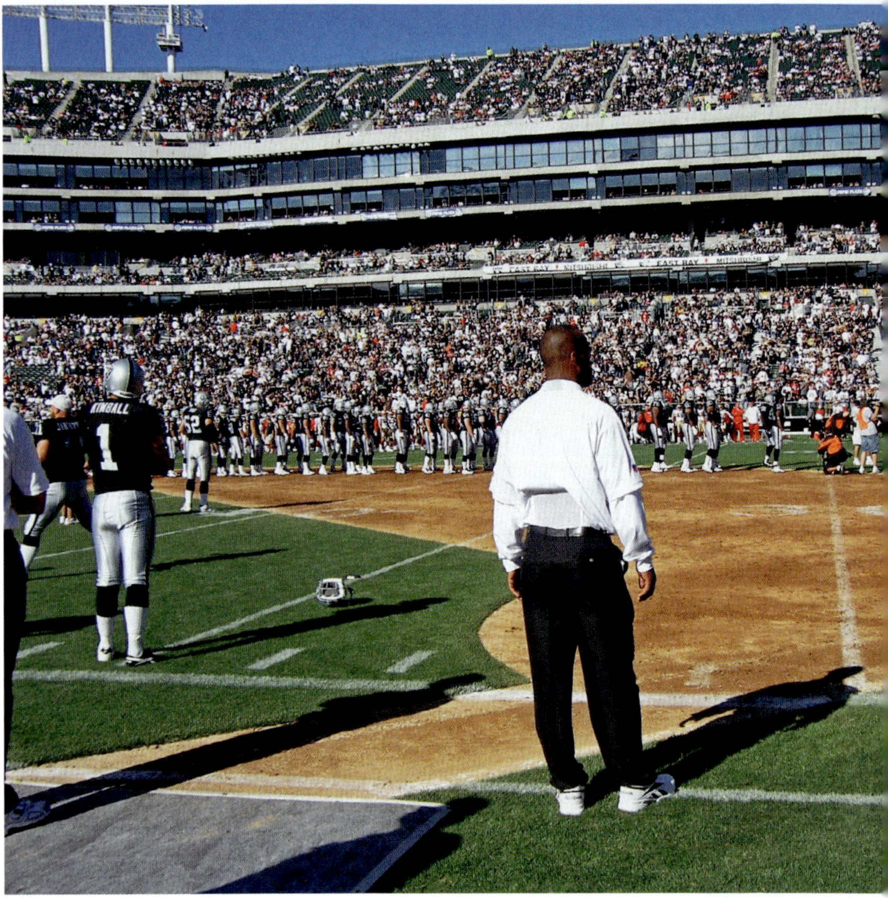

Bei einem Oakland-Raiders-Heimspiel als Coach Special Teams Assistant, Oakland 2006.

Mit Quarterback Casey Bramlet bespreche ich als Offensive Coordinator einen Spielzug.

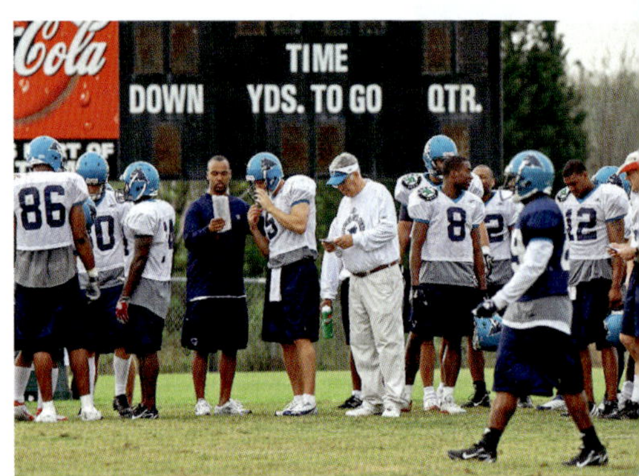

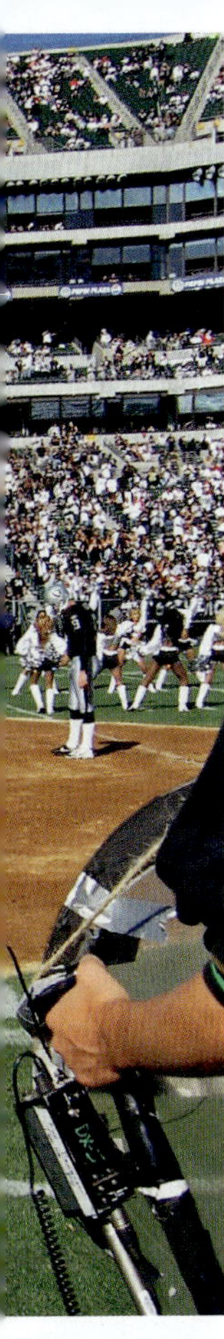

Head Coach Vince Martino macht mich zum ersten und einzigen deutschen Offensive Coordinator in der NFL-Historie, Hamburg 2007.

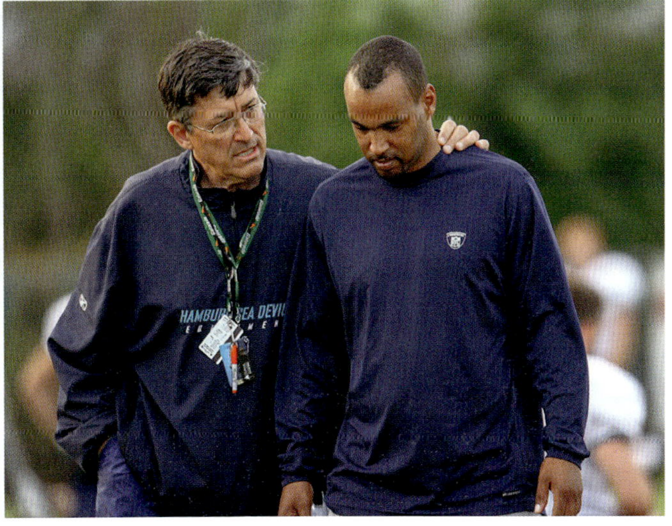

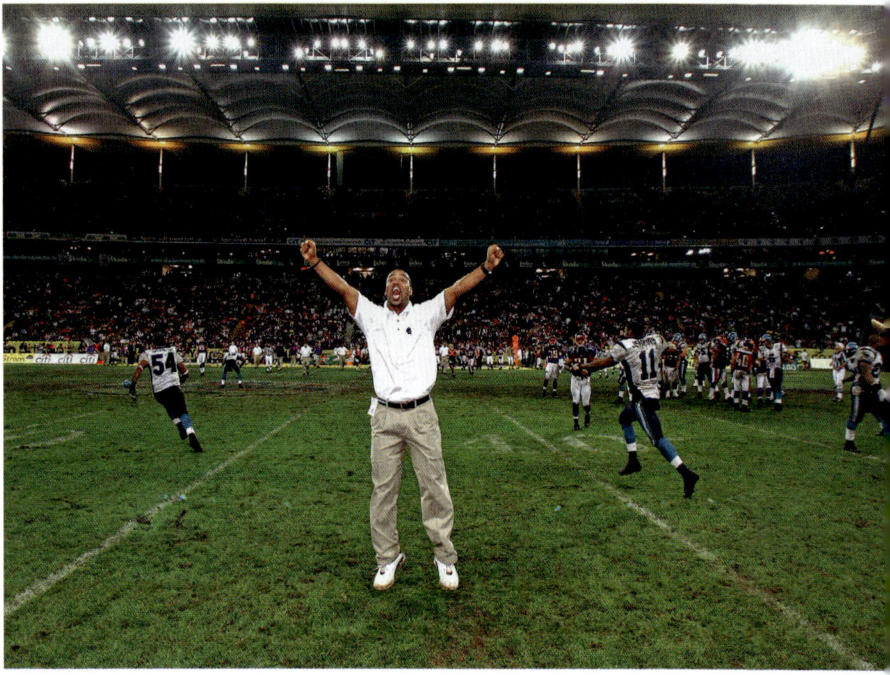

Vertrauen zahlt sich aus: World-Bowl-Sieg als Offensive Coordinator – bis dato Highlight meiner Karriere, Frankfurt am Main 2007.

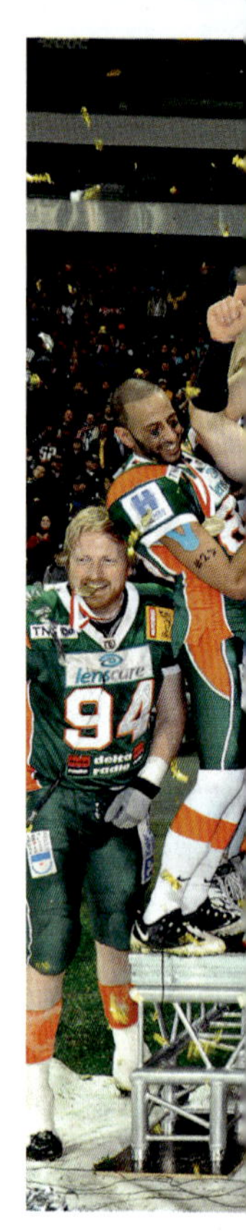

Die Baltic Hurricanes mit mir als Headcoach: Ganz Kiel feiert den Titel, Kiel 2010.

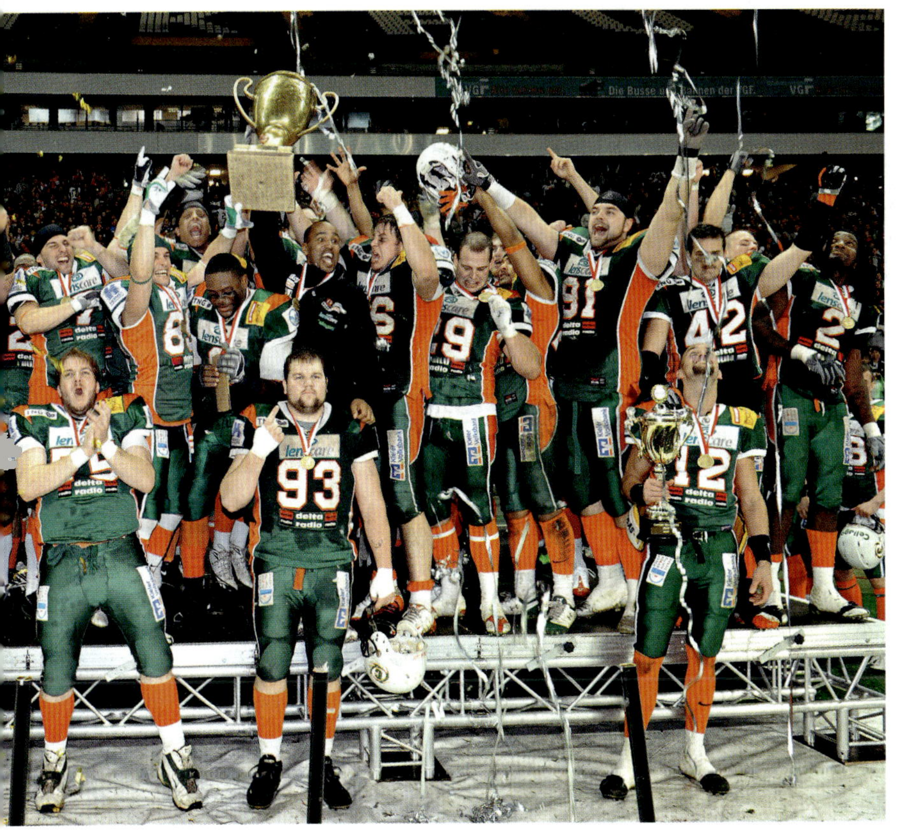

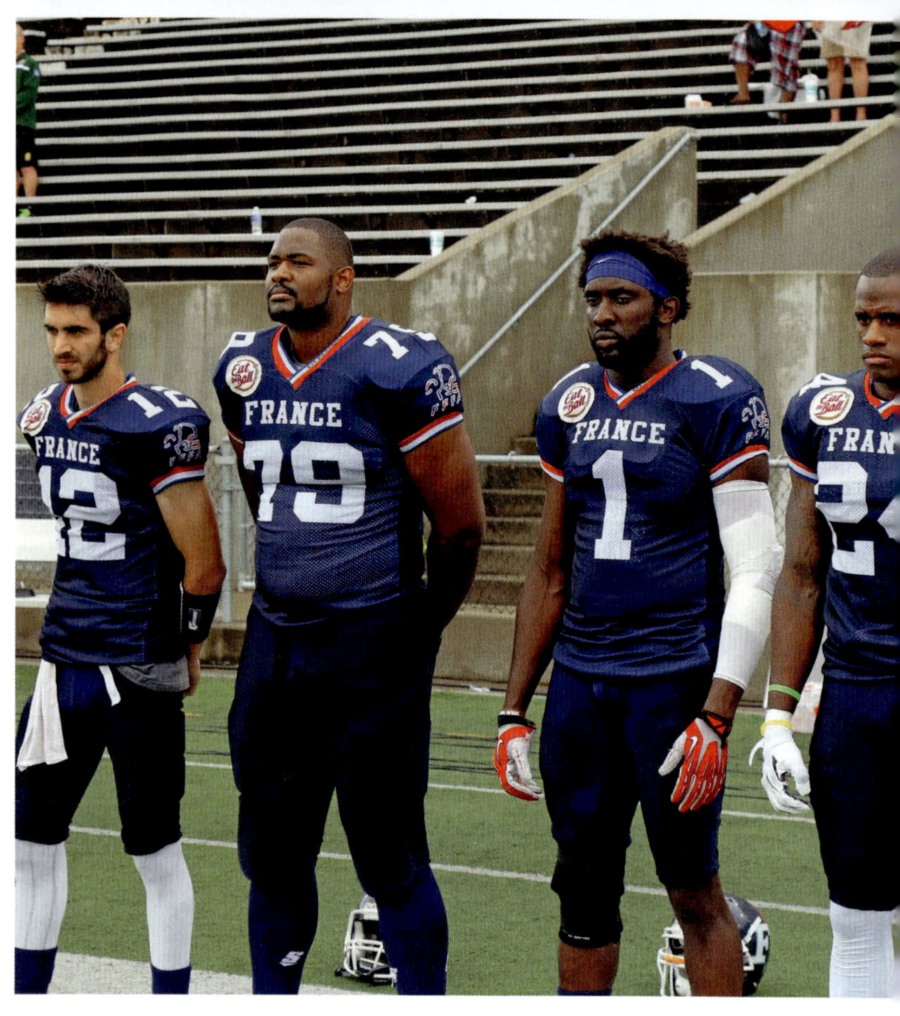
FRANCE
12
FRANCE
79
FRANCE
1

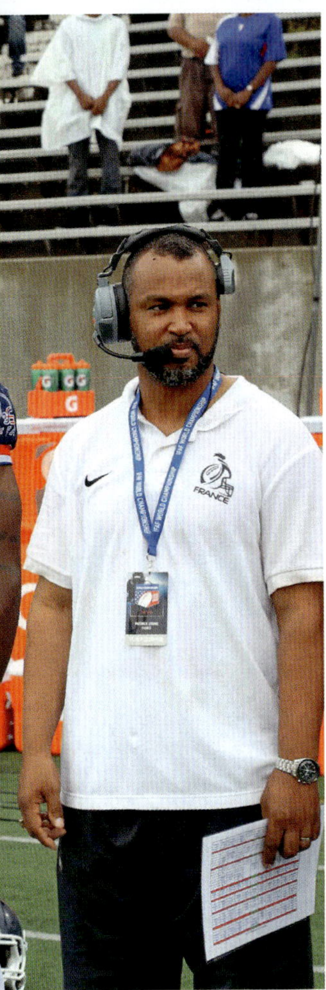

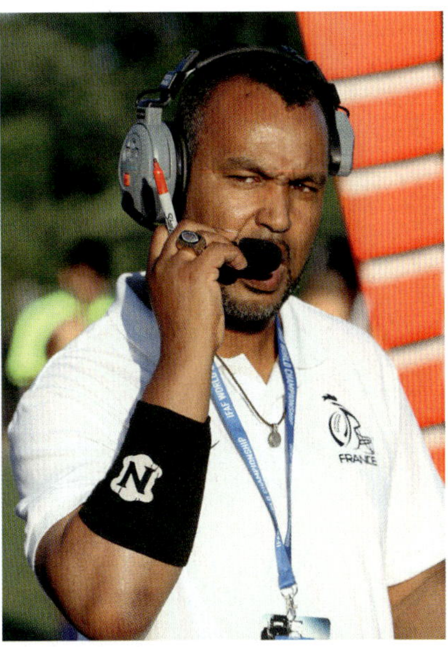

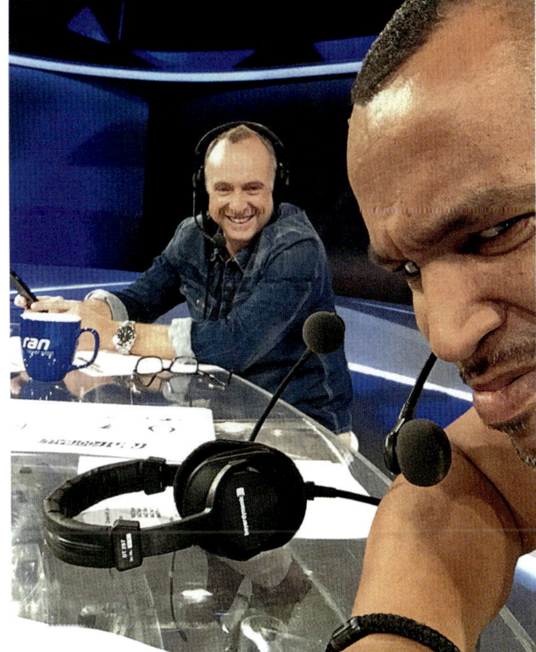

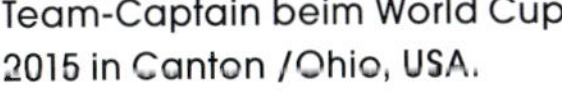

Team-Captain beim World Cup 2015 in Canton /Ohio, USA.

Mit Frank Buschmann kurz vor der Sendung, 2015.

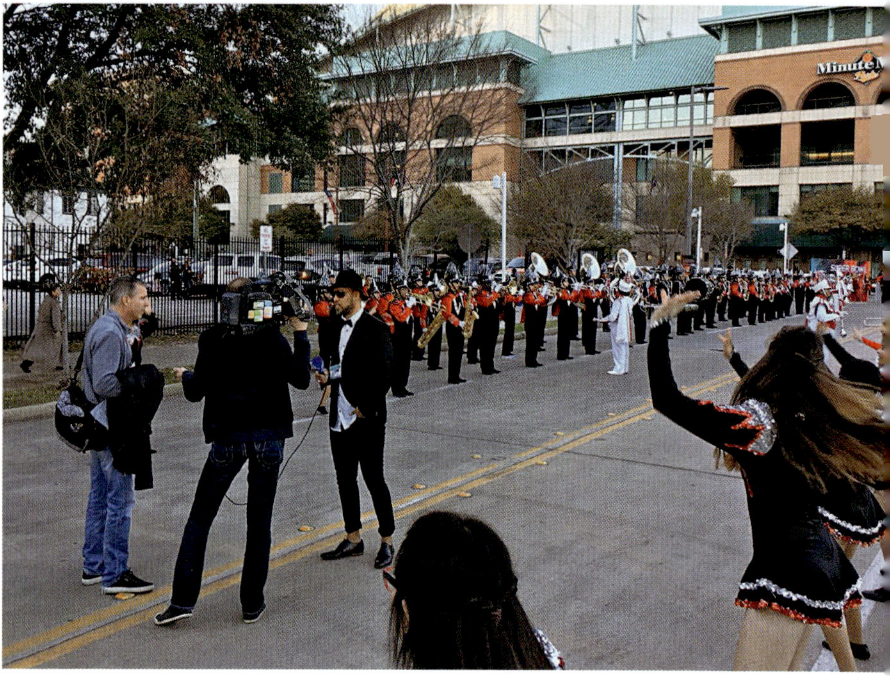

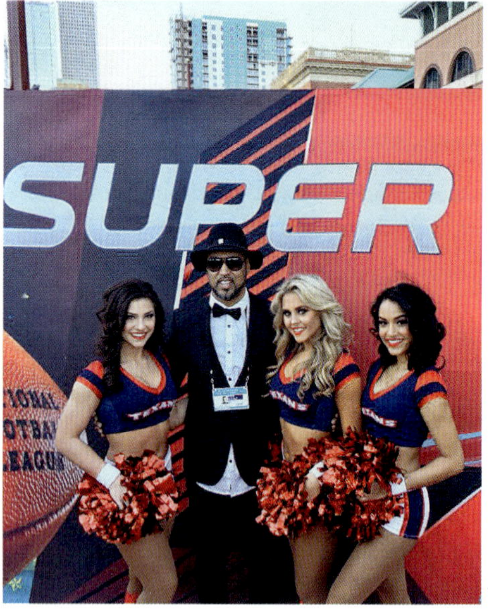

Anmoderation des SB 51 Media Day im für RAN vor dem Houston Baseball Stadion, Januar 2017.

Mit den Texans Cheerleadern.

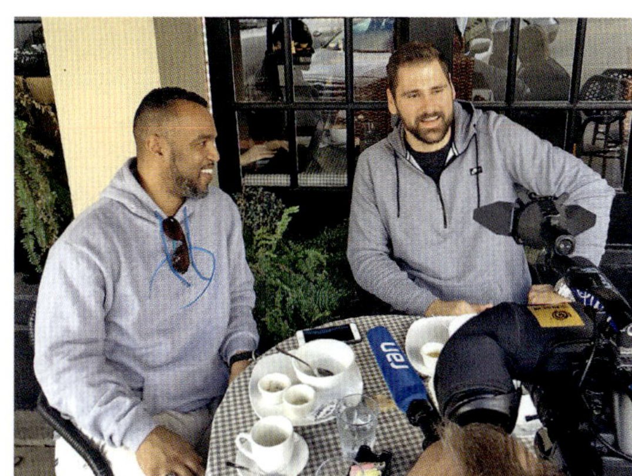

One-on-One-Interview mit dem deutschen SB-Champion Sebastian Vollmer, ehemals New England Patriots …

… und mit Sebastian Vollmer und Markus Kuhn, ehemals New York Giants, Houston 2017.

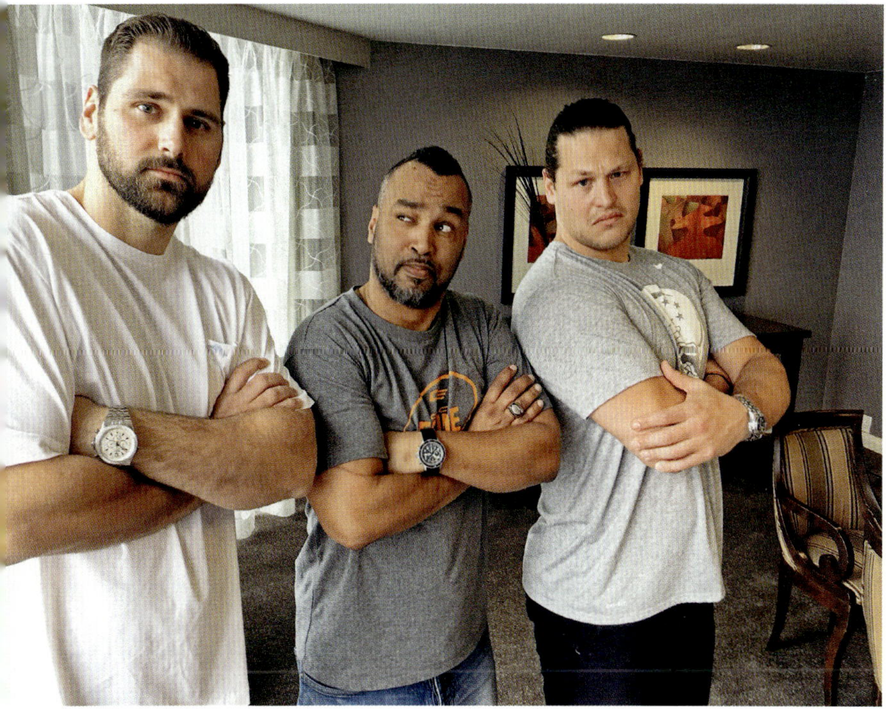

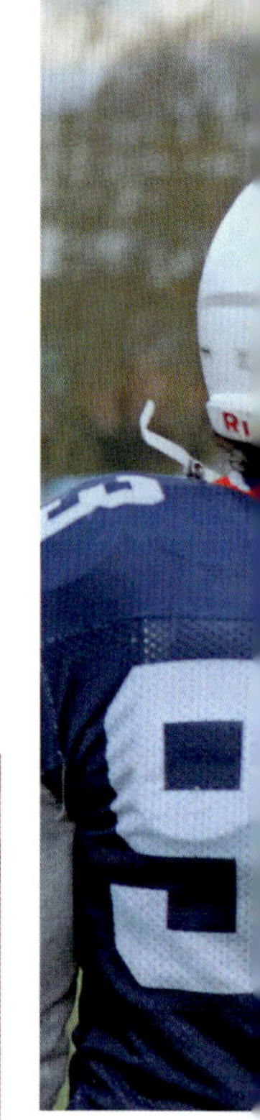

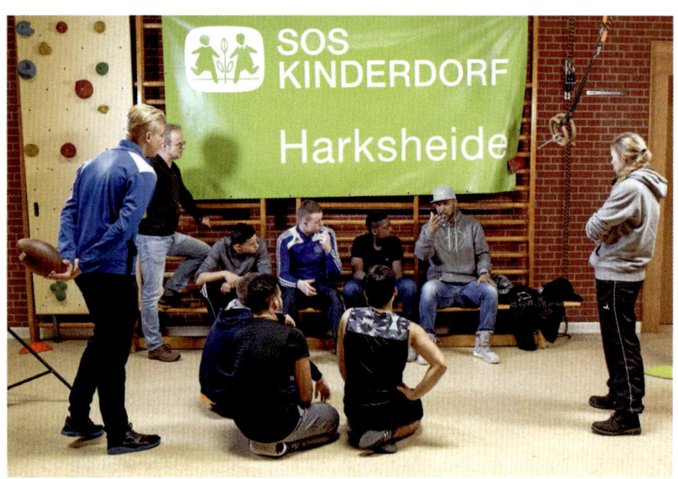

Botschaftsarbeit beim SOS Kinderdorf in Harksheide bei Hamburg, 2017.

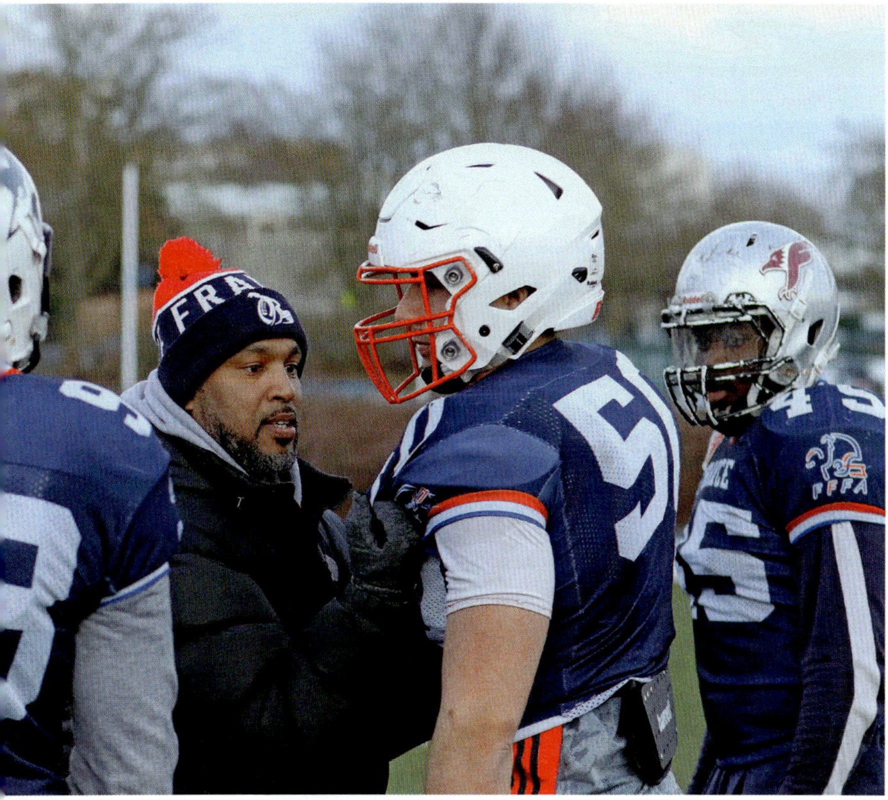

Bei der Demonstration von Handtechniken.

Im Trainingscamp mit Team France, 2017

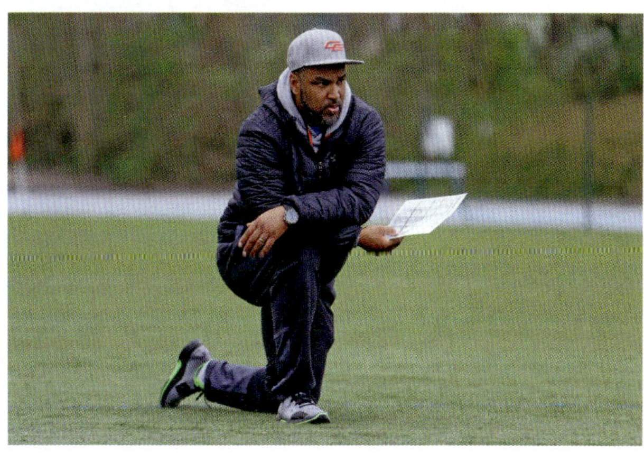

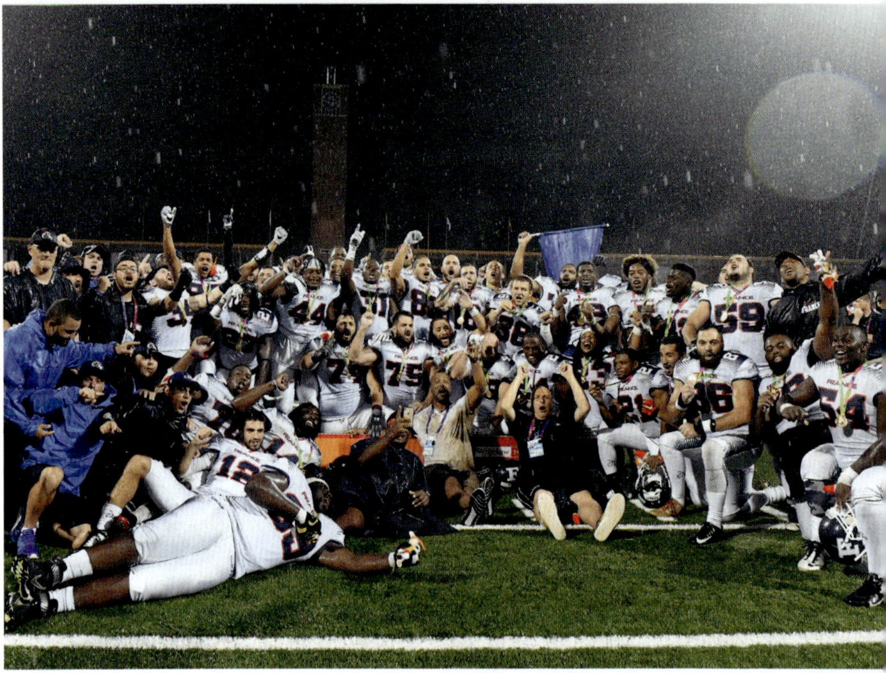

Sieg über Deutschland bei den World Games – Goldmedaille! Breslau, Juli 2017.

Oben ©Julien Crosnier
unten ©Michael Freitag

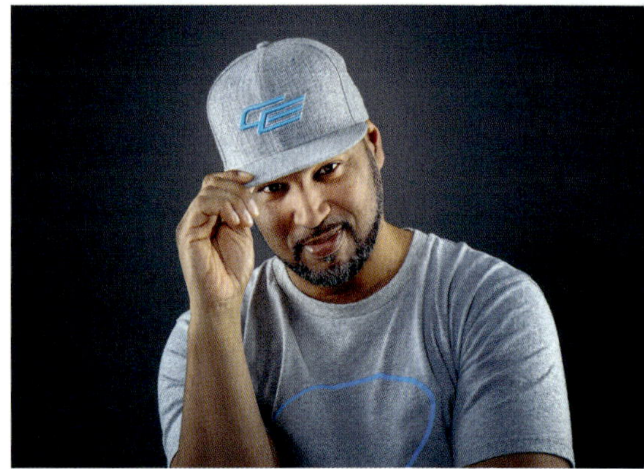

hohe Hürde. Die Amerikaner hatten die Heim-WM ernst genommen und ein Allstar-Team aus Collegeabsolventen aufgestellt, das eine enorme Qualität hatte. Allerdings muss man sagen, dass sie mehrfach die ethischen Grenzen des Footballs überschritten. Nicht nur, dass sie unseren Quarterback Paul Durand dermaßen aus dem Leben schossen, dass für ihn das Turnier mit einer Schulterverletzung beendet war. Nein, sie zerlegten uns komplett. Obwohl es zur Halbzeit schon 0:54 stand, brachten sie nicht, wie es üblich ist, ihre Back-up-Spieler aufs Feld, sondern zogen weiter voll durch, um uns zu demütigen.

Grund dafür war, dass wir ihnen Aufmerksamkeit gestohlen hatten. Coach Val zog als Mitglied des Trainerstabs die Journalisten in seinen Bann, weil die ihn aus der NFL kannten und sehr interessiert daran waren, warum er nun in Europa als Assistenzcoach arbeitete. Außerdem hatten wir durch unser Auftreten Sympathien gewonnen. Und das wurmte die Amis. Am Ende verloren wir das Spiel mit 0:82 und zudem vier Spieler durch Verletzungen. Dennoch gingen wir erhobenen Hauptes vom Platz und ließen uns unseren Ärger nicht anmerken.

Die Chance, als erstes europäisches Team eine WM-Medaille zu gewinnen, hatten wir im Spiel um Platz drei gegen Mexiko. Die Mexikaner waren die einzige Mannschaft, die körperlich mit den Amerikanern mithalten konnte. In ihrem Land wird auf hohem Niveau College-Football gespielt, dazu haben sie einige wirklich einschüchternde Athleten in ihren Reihen. Anfang 2015 hatte ich ein Angebot ausgeschlagen, an der berühmten Privatuniversität Monterrey Tech Chefcoach zu werden, deshalb hatte ich mich mit dem mexikanischen Football befasst und wusste, was auf uns zukommen würde.

Nach der 0:82-Pleite gegen die USA, die im Vorrundenspiel gegen Mexiko nur 30:6 gewinnen konnten, rechneten alle damit, dass wir eine weitere Abreibung bekommen würden. Vor dem Spiel kam ein Offizieller zu mir und fragte: „Sind Sie der Headcoach von Frankreich?" Ich bejahte, und er sagte: „Ich wollte Ihnen nur sagen, dass meine Frau und ich Ihnen viel Glück wünschen. Wir haben das Spiel gegen die USA gesehen und fanden es großartig, wie Ihr Team sich verhalten hat. Dass alle Spieler die Hymne so inbrünstig mitsingen, und dass sie trotz des hohen Rückstandes nie aufgegeben haben! Davon sollten sich die USA etwas abschauen. Die haben sich geringschätzig verhalten und Sie lächerlich machen wollen."

Das gab ich meinen Spielern in der Kabine weiter – eine schöne Zusatzmotivation! Letztlich waren wir gegen die Mexikaner nicht so chancenlos, wie die meisten geglaubt hatten. Zwar verloren wir 7:20, aber als das Spiel vorbei war, konnten sich die Sieger kaum freuen, weil sie wussten, dass sie mit einem blauen Auge davongekommen waren. Ich wage sogar zu behaupten, dass wir sie geschlagen hätten, wenn unser Stamm-Quarterback nicht ausgefallen wäre. Und mit Rang vier hatten wir eine sehr bedeutsame Message an die Footballwelt verschickt. Frankreich hatte sich auf der Weltkarte unseres Sports verewigt.

Für mich ist das Engagement in Frankreich eine Herzensangelegenheit geworden. Ich genieße es, weiterhin als Headcoach im Football tätig sein zu können, ohne jedoch in einem Ligabetrieb zerrieben zu werden. 2016 hatten wir kein Turnier und absolvierten neben drei Lehrgängen ein Testspiel in Italien, das wir gewinnen konnten. Es war eine typische Franzosen-Reise, wie ich sie aus Pariser Zeiten kannte. Von dem Roadtrip gibt es eine ausführliche Videodokumentation, die ihr auf meinem Youtube-Kanal anschauen könnt. Ich konnte das vergangene Jahr nutzen, um junge Spieler an das Team heranzuführen, die in diesem Jahr bei den World Games, den Weltspielen der nicht-olympischen Sportarten, in Polen aufliefen - und prompt gewannen! 2018 wollen wir dann auch bei der EM beweisen, dass wir zu den besten Teams Europas gehören.

Immer wieder werde ich gefragt, ob ich nicht noch Ambitionen habe, wieder für einen Verein als Headcoach zu arbeiten. Man soll niemals nie sagen, und vielleicht kommt eine Gelegenheit, bei der ich sage: Hier passt alles zusammen. Aber momentan, das sage ich ganz ehrlich, habe ich keinen Drang, wieder in den Ligabetrieb einzusteigen. Ich habe meine Prioritäten in Richtung Familie verschoben, dazu kommt mein Engagement als TV-Experte. Ich bin froh, dass ich den Job in Frankreich habe, um in Kontakt zu bleiben. Aber als ich 2016 als Sportlicher Leiter bei den Hamburg Huskies aushalf, spürte ich, wie schnell man wieder vom Alltag eingesogen wird. Und dafür möchte und kann ich nicht mehr einen Großteil meiner Zeit aufwenden.

Lieber möchte ich daran mitarbeiten, das große Bild des Footballs weiter zu malen und unseren Sport nach vorne zu bringen, indem ich seine Faszination begreifbar mache. Eine Faszination, die nirgends so deutlich spürbar ist wie in der NFL. Deshalb möchte ich euch nach der Halbzeit einladen, noch mehr zu erfahren über die beste Liga der Welt.

HALF TIME:

DAS PLAYBOOK

In den allermeisten Unternehmen gibt es Betriebsgeheimnisse, die gehütet werden, als wären sie die Blaue Mauritius. Coca-Cola würde beispielsweise niemals verraten, was genau sie in ihr Zuckergebräu reinfeuern. Das Betriebsgeheimnis eines jeden Footballteams ist das Playbook, das man auch als Teambibel bezeichnen darf. Jede Mannschaft, vom kleinsten Amateurklub bis zum Super-Bowl-Champion, hat ein Playbook. Grob vereinfacht kann man sagen, dass das Playbook wie eine Gebrauchsanweisung für die jeweilige Positionsgruppe zu verstehen ist. Dort sind alle Spielzüge in ihren Varianten erklärt. Aber natürlich variieren diese Bedienungsanleitungen in Form und vor allem Inhalt und Umfang. Ich möchte auf den folgenden Seiten versuchen, euch eine generelle Einführung in die Welt des Playbooks zu geben.

Jeder Headcoach hat seine eigene Philosophie, und diese ist in den Playbooks wiederzufinden. Die Grundzüge sind zwar überall ähnlich, dennoch richtet sich die Ausarbeitung nach dem Spielermaterial, das man als Trainer zur Verfügung hat. Deshalb muss man nicht jedes Jahr das Rad neu erfinden, wohl aber sein Playbook immer wieder an die neuen Gegebenheiten anpassen. Und eigentlich ist es falsch, von einem Playbook zu sprechen, denn letztlich existieren drei pro Team: eins für die Offense, eins für die Defense und eins für die Special Teams, die von den jeweiligen Koordinatoren erstellt werden. Das natürlich in Absprache mit dem Headcoach, der sich sein Personal auch danach aussucht, für welche Philosophie es steht. Und in der Regel hat jeder Headcoach ein Steckenpferd, um das er sich dann selbst kümmert. Ich zum Beispiel hatte nie einen Offensive Coordinator, sondern erledigte das selbst. Der Headcoach ist auch der Einzige im gesamten Team, der alle drei Playbooks erhält.

Grundsätzlich werden die Playbooks am ersten Tag des Vorbereitungscamps an alle Spieler ausgeteilt. Bis vor wenigen Jahren existierten die Teambibeln nur in gedruckter Form, heute werden sie auch elektronisch verbreitet. Allerdings ist dabei die Gefahr groß, dass sie – ob unabsichtlich oder mit Absicht – online weitergeleitet werden, deshalb bin ich mir sicher, dass die Hardcopy niemals aussterben wird. Der Inhalt eines jeden Playbooks wird wie ein Staatsgeheimnis behandelt. Die Spieler und Trainer unterschreiben Verschwiegenheitsklauseln. Wenn ein Quarterback, der aufgrund seiner hervorgehobenen Stellung Offensiv- und Defensivsysteme verstehen und beherrschen muss, das Team wechselt und plötzlich für einen Rivalen spielt, muss man als Headcoach seine Terminologie wechseln. Als mein langjähriger Quarterback Jeff Welsh von den Kiel Baltic Hurricanes zu den Dresden Monarchs ging, musste ich zwar nicht mein System ändern, wohl aber meine Terminologie, sonst hätte Jeff alles, was wir taten, leicht lesen können.

Es kann also passieren, dass innerhalb eines Teams das Playbook von Jahr zu Jahr völlig unterschiedlich aussieht. Vor allem dann, wenn ein neues Trainerteam kommt. In der NFL achten die Geschäftsführer meistens nicht auf Kontinuität im Spielsystem, sondern sie holen sich Coaches, die gewinnen. Für die Spieler bedeutet das oft viel Stress, denn es ist hart, von einer Saison auf die nächste ein völlig neues System zu verinnerlichen. Warum ist Tom Brady der wahrscheinlich beste Quarterback aller Zeiten? Weil er seit 17 Jahren für die New England Patriots spielt und dort das Glück hatte, immer im selben System agieren zu können. Das hat er mittlerweile so verinnerlicht, dass ihn nichts mehr überraschen kann.

Das ist allerdings eine absolute Ausnahme, denn Geduld ist in der NFL ein Fremdwort. Man erwartet, dass Coaches und Spieler sofort funktionieren. Drei Jahre Zeit, um eine Philosophie zu entwickeln, bekommt fast keiner. Ein positives Beispiel der jüngsten Vergangenheit sind die Cleveland Browns, die in der abgelaufenen Saison unter ihrem neuen Headcoach Hue Jackson eine 1:15-Bilanz zusammenspielten. Dennoch hielt der Besitzer des Teams an

Jackson fest, weil er daran glaubt, dass der Coach den richtigen Plan hat. Das ist super. Aber eben selten.

Bevor ich euch erkläre, wie so ein Playbook aufgebaut ist, lasst mich bitte noch ein paar Grundlagen erläutern. Jeder Spieler und Coach muss sein Playbook zu den Meetings mitbringen. Da aber wissenschaftlich nachgewiesen ist, dass Menschen nur zehn Prozent von dem, was sie gesagt bekommen, aufnehmen können, ist es wichtig, dass man den Inhalt des Playbooks immer wieder studiert und verinnerlicht. Als NFL-Profi muss man bis zu 10.000 verschiedene Spielzüge verinnerlichen! Natürlich gibt es Abstufungen. Einen Receiver interessiert das Laufspiel nur peripher, der Offensive-Lineman will über Passspiel nichts wissen.

Grundsätzlich aber ist es im Football wichtig, das große Ganze zu verstehen. Ich kann nicht erfolgreich sein, wenn ich nicht durchschaue, was auf der anderen Seite beim Gegner passiert. Deshalb muss der Quarterback beispielsweise auch Offensiv- und Defensivsysteme gleichermaßen aufsaugen. Jeder Headcoach ist abhängig von seinem Quarterback. Er ist sein verlängerter Arm auf dem Spielfeld. Deshalb verdienen die guten Quarterbacks in der NFL auch 20 Millionen Dollar aufwärts.

Quarterbacks müssen sehr intelligente Menschen sein, die unter Druck instinktiv das Richtige tun, erstklassige Athleten sind und charakterlich so gefestigt, ein Team führen zu können. Um die Intelligenz der Spieler zu testen und zu verstehen, wer auf welche Ansprache reagiert, durchlaufen alle Neulinge in der NFL den sogenannten Wonderlic-Test. Das ist immens wichtig, immerhin geben die Teams Millionen von Dollars aus, um die besten Jungs zu draften. Doch weil natürlich nicht alle so intelligent sind wie die Quarterbacks, ist es die Aufgabe der Positionstrainer, die gigantische Informationsflut des Playbooks häppchenweise an ihre Spieler zu verfüttern, damit die sich nicht daran verschlucken. Deshalb vergleiche ich Football so gern mit Schach. Genau wie Schach ist Football ein Spiel, das im Kopf entschieden wird.

Die Kunst des Footballcoachings ist es, die Grundspielzüge in so viele verschiedene Varianten zu verpacken, dass man den Gegner damit entscheidend verwirrt. Ein Beispiel: Es gibt im Laufspiel fünf Spielzüge, die jeder kennt. Man kann diese aber mit sieben verschiedenen Personalgruppen spielen und in fünf verschiedenen Formationen laufen. Das bedeutet, dass es 175 Varianten gibt, die alle unterschiedlich benannt und verinnerlicht werden müssen. Der Fachbegriff dazu heißt „Window Dressing“. Man schmückt sein Fenster immer wieder so um, dass es jeden Tag neu aussieht. Same shit, different toilet!

Dazu kommt, dass die Offensive Line sowohl beim Passspiel als auch beim Laufspiel wissen muss, wen sie gegen die verschiedenen Defensivformationen des Gegners blocken muss, um ihren Quarterback bestmöglich zu schützen. Insgesamt kommen da locker 2000 Varianten zusammen, auf die man sich vorbereiten muss. Und das geht allen Positionsgruppen so. Klingt kompliziert? Ist es auch, und zwar so sehr, dass es Regeln braucht, um Ordnung in das Chaos zu bringen.

Damit wären wir beim Aufbau des Playbooks angekommen. Das Wichtigste steht immer ganz vorn auf den ersten Seiten: Ziele und Erwartungen formulieren und die Wege aufzeigen, die zum Erreichen derselben führen. Mein „Lieblingsfreund“ Dwain Painter, mit dem ich von 2002 bis 2004 bei der Frankfurt Galaxy arbeitete, rief zum Beispiel immer die KASH-Philosophie aus. K stand für Knowledge, A für Attitude, S für Skill und H für Habit. „Kash bringt Cash“, pflegte Painter gern zu sagen, und am Augenrollen der Spieler konnte ich ablesen, dass die das genauso albern fanden wie ich. Aber jeder, der ein Playbook erstellt, formuliert seine eigenen Ziele und Regeln.

Als Nächstes folgen mehrere Seiten mit Tabellen, von denen haarklein abzulesen ist, welche Trainingsinhalte wann eingeführt und welche Spielzüge wann und in welcher Form besprochen werden. Wenn also ein Spieler krank oder verletzt ausfällt, kann er wenigstens an den Meetings teilnehmen und sich die Theorie anhand der Erklärungen im Playbook aneignen. Das ist wichtig, um nach der Genesung nicht allzu viel Nachholbedarf zu haben.

Nach der allgemeinen Einführung geht es dann an die Inhalte. Zunächst wird festgelegt, wie das Huddle funktioniert. Als

Huddle bezeichnet man die Versammlung der Spieler, in der der Quarterback – per Funk mit den Coaches verbunden – den nächsten Spielzug und den Snap Count ansagt. Der Snap Count ist das, was man als Startanleitung übersetzen kann. Ein typischer Snap Count ist zum Beispiel „Down, Set, Hut“. Im Playbook wird vorgegeben, welcher Spieler wo steht und wie der Quarterback ein Play ansagt, damit es auch alle verstehen.

Ein Beispiel: Peyton Manning, ehemaliger Superstar der Indianapolis Colts und Denver Broncos, ist mit seinem Codewort Omaha berühmt geworden. Unzählige Male wurde er gefragt, was das Wort zu bedeuten habe, und er hat immer geantwortet, dass er das nicht genau beschreiben könne, weil der Code so viele Bedeutungen hatte. Und das stimmte, denn tatsächlich steckte hinter Omaha immer eine andere Bedeutung, die die Mitspieler nur an den danach folgenden Ansagen entziffern konnten. Genau das ist die Kunst: Einen Code so einzusetzen, dass er den Gegner verwirrt, weil der glaubt zu wissen, was sich dahinter verbirgt, und dann doch völlig überrumpelt wird.

Ein guter Quarterback liest aus der Aufstellung der gegnerischen Defensive, was er tun wird, und muss dann in der Lage sein, mit seinen Ansagen das Team so zu steuern, dass der Spielzug erfolgreich sein kann. Die Königsdisziplin ist es, wenn der Quarterback ein Codewort (Audible) hat, mit dem er in Windeseile alle vorangegangenen Ansagen korrigieren und ein Notfall-Play durchziehen kann, weil er gemerkt hat, dass der Gegner den ursprünglichen Plan durchschaut hat.

Meist ist das eine Farbe und eine Nummer, manchmal aber auch nur ein Wort, das er dann ruft, und dann müssen alle wissen, was zu tun ist. Wer das beherrscht, der kann es im Football weit bringen. Und genau das muss in einem guten Playbook erklärt werden, damit es eine Grundlage gibt. Dazu gehört auch, dass man sich auf die Codewörter für dauerhaft genutzte Begriffe verständigt, wie zum Beispiel rechts und links. Gern werden dafür Vornamen verwendet, die dieselben Anfangsbuchstaben haben, beispielsweise Rita für rechts und Lisa für links. Man muss da als Coach die Spieler einbinden. Die sind im Erfinden von Spitznamen oder Codewörtern sehr kreativ, und wenn die Ideen von ihnen selbst kommen, dann können sie sich die Namen auch besser merken.

Wenn diese Grundlagen gelegt sind, geht es im Playbook ans Laufspiel. Auch das versuche ich an einem Beispiel zu erläutern. Beim Laufspiel über rechts werden den Offensive-Line-Spielern gerade Nummern zugeordnet, über links ungerade Nummern. An 2 wäre also der rechte Guard, an 4 der rechte Tackle, an 6 der rechte Tight End, 8 wäre ganz rechts außen. Das ist das Offensive Hole Numbering. Dazu werden die Lücken zwischen der eigenen Offensive Line mit Buchstaben bezeichnet, der Offensive Gap Identification. Das ist wichtig, damit die Spieler später zuordnen können, in welcher der Lücken Gegner standen und wo eine Lücke frei war.

Ich verrate euch jetzt ein Berufsgeheimnis. Manchmal, wenn ich bei „ran NFL" als Experte sitze, schnappe ich auf, welche Spielzüge der Quarterback ansagt, und kann anhand dessen voraussagen, was er spielen will. Wenn das dann tatsächlich gespielt wird, sind viele überrascht, dass ich das wusste. Hiermit erkläre ich offiziell: Ich bin kein Hellseher, sondern nur ein aufmerksamer Zuhörer.

Wenn die Positionen durchnummeriert sind, geht es an die Benennung der Personalgruppen. Als Headcoach habe ich denen auch Nummern gegeben, Dwain Painter beispielsweise, ihr wisst schon, hatte sich für Vogelnamen entschieden. Er hatte das sogenannte Vier-A-Konzept: Alignment (Aufstellung), Assignment (Aufgabe), Action (Aktion) und Adjustment (Justierung).

Beim Alignment ging es immer darum, wo man sich aufstellt. Dazu muss man zunächst klarmachen, wo die eigene starke Seite ist und wie sich dazu die Receiver positionieren. Außerdem: Wer bewegt sich vor dem Snap wohin (Motion), um die Defensive des Gegners zu verwirren und die eigene starke Seite zu verändern?

Beim Assignment muss man klären, wer welche Aufgaben im Pass- und Laufspiel hat. Wer blockt wen und wer läuft wohin? Dafür sind diverse Playcalls hinterlegt, die ein für den Laien undurchschaubares Geflecht an Zahlen und Buchstaben sein können. 30 Calls allein gibt es für die Offensive Line, damit sie innerhalb eines Laufblockspiels kommunizieren kann. Bei Painter gab es 18 Basic-Laufspielzüge, die gegen die unterschiedlichen Defensivsysteme der Gegner eingesetzt werden konnten. Die waren alle nach einem System aufgebaut, in dem für alle elf Spieler genau aufgelistet war, was sie zu tun hatten.

Ich habe meinen Spielern immer gesagt, dass sie sich zunächst auf das konzentrieren müssen, was sie selbst betrifft, bevor sie sich um das große Ganze kümmern. „Erst einmal durchs Mikroskop schauen, um die eigene kleine Welt zu verstehen, bevor irgendwann das Fernrohr und am Ende die 360-Grad-Panoramakamera zum Einsatz kommen“, ist mein Credo. Wenn das alle Spieler machen, fängt man an, die Grundlagen für Erfolg zu legen.

Was für das Laufspiel gilt, ist natürlich auch auf das Passspiel anzuwenden. Alle denken, dass das Passing Game mit dem Quarterback und den Receivern anfängt, aber das stimmt nicht. Zunächst geht es um die Pass Protection, denn wenn es der Offensive nicht gelingt, ihren Quarterback zu schützen, wird das Team keinen Erfolg haben. Für die Pass Protection gibt es massenhaft Anweisungen und Möglichkeiten. Bei Frankfurt Galaxy hatten wir zwölf verschiedene Pass-Protection-Systeme gegen 14 verschiedene Defensivvarianten. Das bedeutet, dass es 168 Variationen der Pass Protection gab, in denen genau festgelegt war, wer wen zu blocken hat. Natürlich ist es kaum möglich, die als Spieler alle drauf zu haben. Aber jeder muss das System verinnerlichen, um sich darauf einstellen zu können.

Nicht eingerechnet in die 168 Variationen ist der Fall, wenn die Defense des Gegners die Pass Protection mit einem „Blitz“ geknackt hat. Dann gibt es die sogenannten Hot Routes, kurze Passrouten, die der Receiver laufen muss, um dem Quarterback zu helfen. Auch die sind selbstverständlich im Playbook festgelegt.

Wenn die Pass Protection in Fleisch und Blut übergangen ist, geht es an die Passkombinationen. Um euch nicht zu sehr zu verwirren, versuche ich es so einfach wie möglich zu erklären. Man unterscheidet grundsätzlich Dreischritt- (Three Step), Fünfschritt (Five Step) und Siebenschritt- (Seven Step) Passspiel. Die Schrittzahl bezeichnet die Distanz, die der Quarterback rückwärtsgeht, bevor er den Ball wirft. Das Dreischrittsystem ist die einfachste Variante, die in sechs Basiskonzepte unterteilt werden kann, die man nutzt und kombiniert. Dabei ist das Timing zwischen Quarterback und Receiver enorm wichtig. Die gängigste Variante, von der wir bei „ran NFL" oft sprechen, ist der Slant. Dabei machen Quarterback und Receiver drei Schritte, ehe der Receiver hart nach innen zieht und sich dadurch anspielbar macht.

Das Fünfschritt-Passspiel ist kein Kurzpasssystem, sondern wird eingesetzt, um zehn Yards und mehr zu überbrücken. Hier bezieht sich die Schrittzahl nur auf den Quarterback, der fünf Schritte gerade rückwärts macht, um das ganze Feld im Blick zu haben. Da gibt es so viele Variationen, dass man sie kaum aufzählen kann. Rudimentäre Grundkonzepte haben wir vier, aber wer das bereits erwähnte „Window Dressing" beherrscht, kann daraus mehrere Tausend Varianten ableiten. Welche gespielt werden, muss im Playbook abgebildet sein.

Das Siebenschritt-Passspiel ist besser unter dem Begriff Play Action bekannt, was letztlich bedeutet, dass man einen Laufspielzug antäuscht und den Ball dann wirft. Der bekannteste Play-Action-Pass ist der Bootleg, bei dem der Quarterback ein Laufspiel zur Seite antäuscht, dann aber zur entgegengesetzten Seite rausrollt und den Pass wirft. Don Lawrence, der bei der Galaxy die Offensive Line gecoacht hat, hat immer gesagt: „Finde fünf gute Laufspielzüge, ein paar simple Passspiele und fünf angetäuschte Laufspielzüge, die zum Screen Game werden, dann bist du auf dem richtigen Weg." Dazu muss ich kurz noch den Begriff Screen erklären. Das ist ein Passspielzug, bei dem die Offensive Line in eine Richtung rausrollt, nachdem der Pass angetäuscht wurde, dann jedoch wird der Ball hinter der O-Line zum Runningback gespielt, der damit losläuft. Diesen Spielzug braucht man vor allem gegen eine aggressive Defensive, deren Passrusher offensiv verteidigen, um die Defensive des Gegners zu verlangsamen.

Wenn man all diese Grundlagen gelegt hat, kommen die Spezialspielzüge. Beispielsweise, wie man in der Red Zone, also im Bereich zwischen gegnerischer 20-Yard-Linie und der Endzone, angreift. Da man dort nur noch eine sehr kurze Distanz zu bespielen hat, verändern sich die Möglichkeiten, weil die Verteidigung ja auch nur einen begrenzten Raum verteidigen muss. Dafür gibt es rund zehn eigene Spielzüge, die noch einmal variieren, wenn es nur noch wenige Yards bis in die Endzone sind. Eine weitere Spezialdisziplin ist die Four-Minute-Offense, die man einsetzt, wenn man im vierten Quarter knapp führt und die Führung über die Zeit bringen will. Dann spielt man Laufspielzüge, die Zeit von der Uhr nehmen. Außerdem gibt es noch fünf Gadgets, das sind Trickspielzüge, die man manchmal wochenlang gar nicht benötigt, die aber wichtig werden können, wenn man ein Big Play braucht, um einem Spiel eine entscheidende Wendung zu geben. All diese Dinge müssen im Playbook geregelt sein.

Nun schulde ich euch aus dem Beispiel des Systems von Dwain Painter noch die anderen beiden A. Action und Adjustment haben nichts mit der Spielvorbereitung und dem Ansagen von Spielzügen zu tun. Action bezeichnet, wie und mit welcher Hand- und Fußtechnik die Assignments umgesetzt werden sollen. Adjustments beherrschen bedeutet, als Spieler in der Lage zu sein, auf unvorhergesehene Aktionen oder Aufstellungen der Defense angemessen zu reagieren, weil man das Gesamtkonzept des Spielzuges versteht. Bedeutet: Headcoaches und Koordinatoren implementieren Alignment und Assignment, die Assistenztrainer sind für Action und Adjustment zuständig.

Im Amateurfootball werden die letzten beiden A eigentlich viel zu selten angesprochen. Das meiste Coaching beschränkt sich auf Fragen wie: Wer steht wo und wen blockt er? Ich aber bin im Profibereich darauf gedrillt worden, meinen Spielern im Training vor einem Spielzug immer noch einmal die Alignments und Assignments mitzugeben (Stichwort: CYA), und nach dem Spielzug umgehend Korrektur bei ihrer Action und den Adjustments zu geben.

Am Umfang der Playbooks kann man viel über das Level der Teams ablesen. Im Amateurbereich sind sie manchmal nicht dicker als ein Schulheft, in der NFL haben sie die Stärke eines prall gefüllten Leitz-Ordners. Man muss aber als Verantwortlicher einschätzen können, was man seinen Spieler zumuten kann, ohne sie zu überfrachten. Da man für jeden Playcall zwischen den Downs nur 40 Sekunden Zeit hat oder sogar nur 25, wenn der Schiedsrichter den Ball ablegt, muss jede Ansage schnell und präzise kommen. Das wird im Training natürlich geübt. Ich habe es immer gehasst, wenn wir ein und denselben Spielzug zehnmal wiederholen mussten, denn das bedeutete, dass die Assistenten in den verschiedenen Positionsgruppen bei der Erklärung etwas falsch gemacht hatten. Wer die Theorie verstanden hat, kann sie schnell in die Praxis umsetzen. Und dafür, dass die Theorie sitzt, ist ein gutes Playbook notwendig.

Manchmal fragen Fans, warum Spielzüge immer wieder gelaufen werden, obwohl sie nicht funktionieren. Die Frage ist berechtigt, aber es gibt Situationen, in denen es notwendig ist, ein Play zu wiederholen, weil man dadurch ganz bestimmte Spielzüge aufbaut, die am Ende den Erfolg bringen. Achtet mal darauf, wenn ein Team mit einem Spielzug, der zunächst erfolglos ist, weiterarbeitet, ob am Ende nicht doch noch etwas Zählbares entsteht.

Nun habe ich hoffentlich nicht allzu viel Verwirrung gestiftet, sondern euch näherbringen können, wie viel graue Theorie hinter einem Footballmatch steckt. Ich weiß, dass die komplizierten taktischen Finessen viele Sportfans abschrecken, die sich vom Football abwenden und das Spiel langweilig finden. Mich jedoch hat genau das tief beeindruckt und gepackt, und wenn man einmal durchdrungen hat, was alles hinter diesem Konstrukt steckt, versteht man auch, warum dieses Spiel so viele Menschen fasziniert.

Ich weiß, eine entspannende Halbzeitlektüre war dieses Kapitel nicht. Aber ich hoffe trotzdem, dass ihr neue Kraft sammeln konntet, um nun im dritten Quarter noch viel mehr über die Faszination NFL zu erfahren. Eine Faszination, die einmal im Jahr im größten Einzelsportereignis der Welt gipfelt: dem Superbowl, zu dem ich euch nun mehr erzählen möchte.

THIRD QUARTER

KAPITEL 7:

SUPER BOWL – DAS GRÖSSTE EINZELSPORTEREIGNIS DER WELT

Es klingt komisch bei jemandem wie mir, der Football atmet – aber von der Existenz des größten Einzelsportereignisses der Welt, das sich Super Bowl nennt, habe ich tatsächlich erst erfahren, als ich selber Football zu spielen begann. Ihr dürft nicht vergessen: Es war Anfang der 90er-Jahre, es gab kein Internet. In den deutschen Zeitungen stand nichts über Football, und auch den Super Bowl selbst konnte man nicht im Fernsehen verfolgen. Deshalb war es für mich damals einfach kein Thema. Wir hatten zwar Verwandte auf einer US-Militärbasis irgendwo in Süddeutschland, aber das war es auch schon mit Verbindung zu den Vereinigten Staaten.

Mein erster bleibender Eindruck vom Super Bowl waren also die Niederlagen der Buffalo Bills, die von 1991 bis 1994 viermal in Serie das Finale verloren. Deren Tight-Ends-Coach war damals Don Lawrence, den ich später im Coaching Staff der Frankfurt Galaxy kennenlernen durfte. Mit vier Schlappen aus vier Finalteilnahmen halten die Bills die Super-Bowl-Negativmarke bis heute, gemeinsam mit den Minnesota Vikings. Damals malte ich mir aus, wie sehr so etwas schmerzen muss. Heute weiß ich, dass schon die Teilnahme am Super Bowl etwas so Großes ist, dass es viele Menschen gibt, die gern mit den Serienverlierern von damals tauschen würden.

Der erste Super Bowl, den ich live im Fernsehen sah, war die Partie zwischen den Pittsburgh Steelers und den Dallas Cowboys 1996, die die Cowboys in Tempe (Arizona) mit 27:17 gewannen. Dieses Spiel war so etwas wie die Initialzündung für meine Begeisterung. Zum wertvollsten Spieler, dem MVP, wurde Dallas-Cornerback Larry Brown gewählt; nicht zuletzt, weil er mit zwei

Interceptions gehörig zum Sieg beitrug. Die Cowboys hatten ein großartiges Team mit Troy Aikman als Quarterback, Emmit Smith als Runningback und Michael Irvin als Receiver, das mich stark an die Cowboys der abgelaufenen Saison mit Dak Prescott, Ezekiel Elliot und Dez Bryant erinnert.

Am meisten beeindruckt hat mich aber Greg Lloyd, der Linebacker der Steelers. Dallas hatte einen gigantischen Offensive Guard, Nate Newton, der mit den Cowboys dreimal NFL-Champion war und zu deren Allstar-Team gehört. Das war ein Monster. Aber dann stand da plötzlich dieser Greg Lloyd, Nr. 95 der Steelers und unter dem Spitznamen „Avoid the Lloyd" berüchtigt. Lloyd mag rund 65 Kilogramm leichter gewesen sein als Newton, doch er stellte sich ihm in den Weg. Und er stoppte nicht nur dieses Geschoss im Stand, nein: Newton zerschellte quasi an ihm! Ich dachte nur: Was für eine Maschine ist der Typ bitte?

Mein alter Wegbegleiter Bob Valesente, heute mein Defense-Coach in Frankreichs Nationalmannschaft, hatte Lloyd ein paar Jahre vor diesem Super Bowl trainiert. Er sagte nur: „Dieser Typ ist geistesgestört. Wenn er als junger Linebacker einen Fehler machte, feuerte er seinen Helm 20 Meter in die Luft, sodass er beim Aufprall zu Bruch ging. Aber er war ein begnadeter Athlet." Als ich Greg Lloyd 2009 im Internship bei den Philadelphia Eagles kennenlernte, erzählte er: „Ich war sicherlich speziell, aber Coach Val hat mich hinbekommen." Hut ab, Coach Val!

Von da an versuchte ich, jeden Super Bowl zu sehen, obwohl das angesichts der unchristlichen Kick-off-Zeit und der nicht immer garantierten Übertragung in Deutschland nicht ganz einfach war. Natürlich gibt es ein paar Spiele, die ich als Klassiker bezeichnen würde. Super Bowl XXXIV zum Beispiel, im Jahr 2000 in Atlanta, als die St. Louis Rams mit Quarterback Kurt Warner 23:16 gegen die Tennessee Titans siegten. Da gab es kurz vor Ende der Partie dieses Play, das in der NFL bis heute als „The Tackle" bekannt ist. Rams-Linebacker Mike Jones konnte Titans-Receiver Kevin Dyson einen Yard vor der Endzone tacklen und damit seinem Team den Titel sichern. Dyson versuchte unter verzweifelter Aufbietung all seiner Körperspannung noch, den Arm mit dem Ball in der Hand so weit wie möglich zu strecken, aber er schaffte es nicht zum Touchdown. Wer solche Szenen vergisst, der hat den Football nie geliebt.

Genauso ein Hammer war der 100-Yard-Interception-Return von Steelers-Linebacker James Harrison 2009 in Tampa (Florida) gegen die Arizona Cardinals, wieder mit Quarterback Kurt Warner. Bis heute ist das der längste Touchdown-Lauf in der Super-Bowl-Geschichte. Pittsburgh gewann 27:23 – und damit einen der sechs Titel, die das Team zum NFL-Rekordchampion gemacht haben.

Ebenso unvergessen ist das Finale 2015 in Glendale (Arizona). 28:24 führten die New England Patriots, als die Seattle Seahawks 20 Sekunden vor Schluss an der Ein-Yard-Linie standen. Doch anstatt sich für ein Laufspiel zu entscheiden, versuchte Seahawks-Quarterback Russell Wilson einen Pass, der von Patriots-Cornerback Malcolm Butler abgefangen wurde. Diese Interception wird heute als einer der größten Momente der NFL-Geschichte gefeiert, dennoch bleibt zu hinterfragen, warum Seattle diese riskante Variante wählte, anstatt seinen Top-Runningback Marshawn Lynch den Touchdown erlaufen zu lassen. Manchmal ist die naheliegende Variante doch die bessere. Malcolm Butler wurde übrigens mal von Coach Val bei einem der Senior Bowl Games gecoacht und von diesem diversen NFL Teams empfohlen ... leider, oder Gott sei Dank, hörten nur die Patriots auf Coach Val!

Wenn deutsche Footballfans den Super Bowl schauen, dann artet das ja oftmals in richtige USA-Partys aus, mit viel Popcorn und Hot Dogs, Pizza und Chips, Cola und Bier. Bei mir war das nicht anders. Ich war nie der Typ, der große Spiele allein in Ruhe schauen muss, um auch ja jeden Spielzug genau analysieren zu können. Mir machte es Spaß, in einer Runde mit ein paar Jungs zu schauen, die sich eigentlich in der Zusammensetzung nur trafen, um Football zu gucken. Einer meiner besten Kumpel, Andreas Nommensen, den alle Nommi nennen, war immer mit dabei. Er brachte mich vor 20 Jahren in diese Runde und ist heute mein Offensive-Line-Coach bei

Frankreichs Nationalteam. Nommi hat richtig Ahnung vom Sport und ist meiner Meinung nach der beste OL Coach in Europa!. Auch wenn er Fan der New York Jets ist...

Das passte allerdings immer super zu unserem Kumpel Kano. Der hat nie Football gespielt, ist aber großer Anhänger der Giants. Könnt ihr euch ja denken, dass sich Kano und Nommi nicht in allen Dingen einig sind. Long dagegen, der so heißt, weil er mehr als zwei Meter groß und 150 Kilogramm schwer ist, liebt die Dallas Cowboys über alles. Er hat sich sein Knie beim Football zerfetzt und musste deshalb aufhören. Aber Kano und er sind Hardcore-Gamepass-Gucker, die auch schon als Fans in die Staaten geflogen sind, um Spiele zu besuchen. Umso mehr fühle ich mich geehrt, dass sie jetzt, wenn ich als Experte kommentieren darf, sogar manche Spiele bei Ran schauen.

Falls ihr euch jetzt fragt, ob der Esume nicht doch auch ein Lieblingsteam hat, von dem ihr alle noch nichts wisst – die Antwort darauf lautet: nein. Ich stehe den Oakland Raiders nahe, weil ich dort meine erste Erfahrung in der NFL sammeln durfte. Aber ich war nie ein Die-Hard-Fan eines Klubs. Meine Leidenschaft gilt einzig gutem Sport, deshalb würde ich sagen, dass ich Fan der Liga bin. College-Football finde ich okay, aber es holt mich nicht so ab wie die NFL. Deshalb bin ich NFL-Fan und mische am liebsten selber mit.

Die erste Gelegenheit, das zu tun und einen Super Bowl live in den USA zu erleben, sollte sich 2003 ergeben. Das dachte ich zumindest. Ich war damals als Coach in der NFL Europe mit einem europäischen Jugendauswahlteam in San Diego, wo wir an der Global Junior Championship teilnahmen, einem Turnier für Auswahlteams aus der ganzen Welt. Während der gesamten „Hot Week", die auf das große Finale zwischen den Tampa Bay Buccaneers und den Oakland Raiders hinführen sollte, waren wir in der Stadt und konnten die verrückte Atmosphäre genießen.

Die ganze City war eine Partyzone, manche Straßen wurden extra dafür gesperrt. Ich weiß noch, dass ich mir einen furchtbar hässlichen Kangol-Hut als Souvenir kaufte. Leider hatten wir kaum Zeit für andere Dinge, weil uns das Turnier so auf Trab hielt. Umso mehr freute ich mich auf das Spiel. Das Problem war, dass niemand, der Tickets verteilte, uns auf der Liste hatte. Und das bedeutete, dass wir den 48:21-Sieg der Buccaneers in unserem Motel im Fernsehen schauen mussten – in Sichtweite des Qualcomm-Stadions. Was für eine Qual! Trotzdem war ich irgendwie stolz, dabei gewesen zu sein, weil es schon anders war, als viele Tausend Kilometer entfernt im kalten Deutschland zu sitzen.

Was es jedoch wirklich bedeutet, Teil dieses gigantischen Ereignisses zu sein, das durfte ich erst 2017 erfahren, wo ich tatsächlich zum ersten Mal in meinem Leben live bei einem Super Bowl im Stadion weilte. Vielleicht hätte ich über die NFL Europe oder andere Kontakte schon früher eine Eintrittskarte bekommen können, aber nur zu einem Preis, der es mir einfach nicht wert gewesen wäre. Deshalb gestattet mir bitte, dass ich meinen Erlebnissen in Houston einen angemessenen Raum in diesem Buch geben möchte.

Selbstverständlich war mein großer Traum, als ich bei Ran Football anfing, einmal live einen Super Bowl kommentieren zu dürfen. Aber weil diese Ehre zuvor stets Frank Buschmann und Jan Stecker zuteilgeworden war, hatte ich nicht damit gerechnet, so schnell zum Zuge zu kommen. Als man mir kurz vor Weihnachten 2016 eröffnete, dass ich in Houston Jans Platz einnehmen sollte, war das für mich ein Riesending. Natürlich fühlte ich mich extrem geehrt, hatte aber auch ein wenig Bedenken, wie Jan reagieren würde.

Umso größer fand ich seine Reaktion. Er, der den Footballübertragungen in Deutschland den Weg geebnet hat, nahm das absolut sportlich fair hin und gab mir nie das Gefühl, sich von mir ausgebootet zu fühlen. Das fand ich ein Hammer-Beispiel für Teamgeist und Professionalität, denn es war sicherlich nicht einfach für ihn.

Nachdem ich nominiert worden war, begann es in meinem Kopf zu arbeiten. Was muss ich tun, um mich perfekt vorzubereiten? Bin ich dieser Aufgabe gewachsen? Kann ich meine Emotionen kontrollieren und mich auf das konzentrieren, was mein Job ist, ohne auf der Welle der Begeisterung fortgetragen zu werden? Ich glaube, ich habe mich nicht einmal intensiver vorbereitet als auf jede andere Sendung auch. Der Unterschied war einfach, dass ich zwei Wochen statt einer Zeit hatte – und dass ich eine Woche vor dem Spiel live vor Ort war.

Die ganzen Vibes, wie es den Teams und den Spielern geht, wie sie sich geben und was sie sagen, das kriegt man in Deutschland eben nur stark gefiltert mit. In den USA läuft 24/7 NFL Network. Da sagen sie dir, welcher Spieler gerade einen Wanderhoden hat, am wenigsten pinkeln muss und welcher einen eingewachsenen Zehennagel hat. Selbst wenn man es wollte – man kommt nicht vorbei an diesem Ereignis. Und diese Atmosphäre zu erleben, war für mich eine der intensivsten Erfahrungen meines Lebens. Aber lasst mich von Beginn an erzählen.

Am 29. Januar flog ich über Frankfurt am Main nach Houston, das sieben Stunden Zeitunterschied zu Deutschland hat. Ich kann im Flieger nie schlafen und mag auch meist das Essen nicht. Als ich also in Texas angekommen war und in unser Hotel Crowne Plaza River Oaks eingecheckt hatte, das mit seinem braunen Teppich, dem ranzigen Geruch und den chronisch auf Kühlfachtemperatur eingestellten Klimaanlagen den Charme der 70er-Jahre versprühte, war ich ziemlich müde, aber auch verdammt hungrig.

Mit der Sat.1-Crew, die rund 15 Leute umfasste, gingen wir in ein Steakhouse, wo mir beim Blick in die Speisekarte das Essen aus dem Gesicht gefallen wäre, wenn ich mir das hätte leisten können. 52 Dollar für ein Steak! Fand ich dann doch eine Nummer zu happig, aber was blieb mir übrig. Müde und hungrig, das ist eine ganz ungesunde Kombination, um auf langwierige Restaurantsuche zu gehen. Also: Augen zu, was den Preis anging. Und dann: Augen auf, als der Fleischlappen auf dem Teller lag. Denn das war nichts anderes als das beste Steak meines Lebens. Das Ding war so gut zubereitet, dass mir kein einziger der 52 Dollar Bauchschmerzen machte. Im Gegenteil: Ich fühlte mich wie die Ratte im Film „Ratatouille“, wenn sie ein besonderes Stück Käse verspeist. Danach schlief ich wie ein Bär.

Das allerdings war auch dringend notwendig, denn schon am Montag nahm das Programm Fahrt auf. Am Abend sollte im Minute-Maid-Park, in dem Houstons Baseballteam Astros seine

MLB-Partien austrägt, die Opening Night stattfinden, auf der sich beide Teams den Medien und Fans präsentieren. In der Redaktionskonferenz wurde erklärt, dass wir uns irgendetwas einfallen lassen mussten, um aufzufallen, da es ansonsten in der Masse der Journalisten unmöglich sei, gute Interviewpartner zu bekommen.

Schlagartig wurde mir klar, warum also die mexikanischen Sender vollbusige Modelverschnitte als Reporterinnen am Start hatten. Und warum sich ein österreichisches Männerteam als Kaiserin Sissi und Kaiser Franz Joseph I. aufgebrezelt hatte. Der Vorschlag, als Konter Icke in ein Dirndl zu stecken, wurde von unserem Multimedia-Mastermind persönlich abgelehnt, und so musste der schwarze Bruder herhalten.

In einer Shopping Mall kaufte ich mir einen Cam-Newton-Hut, ein schwarzes Sakko und schwarze Boss-Sneaker, in die ich barfuß hineinschlüpfte. Mit diesem Styler-Outfit glaubten wir, uns von der Masse der US-Reporter abzuheben, die in ihren Khakihosen und New-Balance-Turnschuhen aussehen wie eine gelangweilte Touristengruppe in der Lüneburger Heide.

Dass der kleine Kniff aufgehen könnte, merkten wir, als wir gegen 17 Uhr die Straße in Richtung Stadion hinaufgingen. Zum Medientag dürfen nicht nur Pressevertreter kommen, sondern auch Fans, die allerdings nicht im Innenraum, sondern auf den Tribünen Platz nehmen müssen. Entsprechend viel war los auf der Straße, auf der sich kurz vor dem Stadionzugang eine Marching Band in zwei Gruppen aufgestellt hatte und so ein Spalier für die Besucher bildete. Es traute sich allerdings niemand, dort hindurchzugehen, alle drückten sich hinter den Musikanten entlang. Alle – außer ein paar verrückte Deutsche.

Mit einem Kamerateam stellte ich mich also mitten auf die Straße, und wir drehten einen Aufsager für unsere Internetberichterstattung. Immer mehr Menschen blieben stehen und fragten sich, wer der schwarze Typ mit dem Hut sei. Ich wurde sogar mehrfach gebeten, für Selfies zur Verfügung zu stehen. Das Erregen von Aufmerksamkeit in Form von Auf-dicke-Hose-Machen schien also durchaus zu funktionieren.

Derart angestachelt enterten wir also den Ort des Geschehens. Ihr müsst euch einen solchen Medienabend wie folgt vorstellen: Auf dem Infield des Baseballstadions war eine riesige Bühne aufgebaut. Auf der werden nacheinander die beiden Teams vorgestellt. Die Headcoaches und Quarterbacks haben für ihre Interview-Audienzen eigene Podien, auf denen sie stehen, dazu gibt es acht weitere Schlüsselspieler, die von kleineren Podesten herab mit den Medien sprechen. Der Rest der Spieler rennt im Innenraum herum und steht den mindestens 500 Reportern aus aller Welt zur Verfügung. Das Ganze dauert pro Team rund 45 Minuten, dazwischen gibt es eine Pause, und drum herum Livemusik, sodass das Event den gesamten Abend füllt.

Für mich war es das erste Mal, dass ich so eine Veranstaltung von der anderen Seite miterleben konnte. Ich fand es überragend, die verschiedenen Persönlichkeiten der Spieler wahrzunehmen. Auch dank meines Disco-Outfits bekamen wir tatsächlich tolle Interviewpartner. Danny Amendola zum Beispiel, der Patriots-Receiver, erkannte mich wieder. Ich hatte ihn in Philadelphia unter Receiver-Coach David Culley trainiert. Doch erst als ich ihn fragte, was er damals von dem Deutschen gelernt habe, flog meine Kostümierung auf und wir konnten kurz plaudern. Außerdem traf ich zwei mexikanische Spieler, die ich in NFLE-Tryout-Camps gecoacht hatte. Carlos Rosado und Marco Martos arbeiten mittlerweile als Experten für die mexikanischen Ableger von Fox Sports und ESPN, es war toll, die Jungs wiederzusehen.

Mein Eindruck war, dass die Spieler der Patriots mit dem Rummel besser umgingen. Die waren in den Interviews echt locker und sympathisch – bis auf ihr Wide Receiver Chris Hogan. Mit dem ein Interview zu führen, macht so viel Spaß wie ein Gang zum Zahnarzt. Das ist ein Roboter mit Football-Sprachchip, der eine Phrase an die andere reiht und in etwa so emotional rüberkommt wie früher Ernst Huberty beim Torjubel in der „Sportschau". Aber alles in allem waren die Patriots deutlich lockerer, während man den Falcons ihre Anspannung ganz klar anmerkte. Deren junger Cornerback Jalen Collins zum Beispiel machte auf mich den Eindruck, das Ganze etwas unheimlich zu finden. Was man einem 23-Jährigen aber auch nicht verdenken kann. In jedem Fall war mir an diesem Montagabend klar, dass es mit meinem Tipp auf Atlanta ein böses Ende nehmen könnte. Deshalb war ich während des Spiels auch selbst beim Stand von 28:3 noch sicher, dass für die Patriots etwas gehen würde.

Für uns ging am Dienstag auch etwas: Die getrennten Pressekonferenzen der Teams standen an. Vormittags luden die Falcons in einen Konferenzsaal in einer Shopping Mall, mittags standen die Patriots in einem Nebengebäude ihres Teamhotels zur Verfügung. Im Grunde war das dasselbe Spiel wie am Montag, bloß ohne Fans. Und ich war erstaunt über die Fragen der Reporter, die ich oftmals als ziemlich beknackt wahrgenommen habe. Die versuchten auf Teufel komm raus, den Stars irgendwelche brisanten Zitate zu politischen Themen wie der Wahl von Donald Trump zu entlocken. Über Sport redete kaum einer. Ich kann ja verstehen, dass Reporter Schlagzeilen brauchen. Aber wenn man spürt, dass die Spieler einzig an eine Sache denken und zu anderen Dingen schweigen wollen, sollte man es irgendwann auch gut sein lassen.

Ich versuchte die ganze Zeit, Patriots-Coach Bill Belichick eine Fachfrage zu stellen, wie er die Firepower der Falcons zu verteidigen gedenke, aber leider wurde ich nicht drangenommen. Ich hatte allerdings auch mein Disco-Outfit nicht mehr an, sondern trug eine Jeans mit Hoodie und Cap aus der Coach-Esume-Kollektion. Als dann Patriots-Quarterback Tom Brady auf dem Podium war, dachte ich mir: Jetzt musst du irgendetwas tun! „Die nächste Frage ist die letzte“, hörte ich den Moderator sagen. Also blieb nur die Blutgrätsche.

Ich stieg auf einen Stuhl, riss den Arm hoch und stellte meine Frage, als Brady noch die letzten Silben seiner vorangegangenen Antwort sprach. Er schaute mich an, und wenn Blickkontakt da ist, dann hat man gewonnen und die anderen sind leise. Ich konnte ihm dann eine sehr launige Antwort auf die Rolle des leider verletzten Sebastian Vollmer im Team entlocken – und freute mich darüber, auf einer offiziellen Pressekonferenz eine Frage an den Superstar gestellt zu haben.

Das schönste Erlebnis allerdings sollte noch folgen. Patriots-Receiver Julian Edelman erkannte mich als „den verrückten Typen mit dem Hut", dem er am Vortag beim Medienabend schon Fragen beantwortet hatte. Ich hatte ihn auf einen deutschen Tweet, der auf seinem Twitter-Account zu lesen gewesen war, angesprochen, und da erzählte er, dass er diesen selbst verfasst hatte. Seine Oma lebe noch in Deutschland, hatte er da erzählt. Klar, dass ich also die Frage nachschieben musste, ob seine kämpferische Spielweise seinen deutschen Wurzeln geschuldet sei, und es hatte sich ein sehr nettes, aufschlussreiches Gespräch ergeben. Am Dienstag erkannte er mich wieder, und wir plauderten über footballspezifische Dinge. So etwas macht einfach Spaß, ich konnte mich persönlich davon überzeugen, was für ein sympathischer Typ dieser Junge ist.

Am Nachmittag hatte die ran-Redaktion dann eine ganz besondere Idee. Ich bin ja ein großer Sneaker-Fan, schon fast ein Turnschuhsammler wie Jerome Boateng. In den Sendungen trage ich oft ausgefallene Modelle, und in einer Sendung hatte Buschi die Fans abstimmen lassen, ob ich zum nächsten Termin ausnahmsweise in Sandalen oder Cowboystiefeln kommen sollte. Die Wahl fiel auf die Stiefel, aber weil ich so etwas tatsächlich nicht besitze, lief ich in so halbgaren Latschen auf, über die sich alle – Buschi natürlich voran – lustig gemacht haben.

Nun waren wir aber in Texas, im Herzen des Cowboylandes, und so fand die Crew, dass es angebracht sei, mir mal ein richtiges Kuhjungen-Outfit zu verpassen. Wir also hin zu Texas National Outfitters, dem Paradies für Cowboys und solche, die es werden wollen. Dort wurde selbst gebrannter Whiskey ausgeschenkt, den man selbstverständlich nicht ablehnen durfte. Hinten im Laden gab es eine kleine Bühne, auf der die Angestellten live Bluesmusik spielten. Echt abgefahren, die Nummer!

Ich durfte die volle Montur anziehen: Einen echten Stetson-Hut, ein im Mexican-Style gefertigtes schwarzes Hemd mit roten Totenkopfapplikationen auf der Brust und im Nacken, dazu Bio-Schlangenlederstiefel von garantiert fröhlichen Klapperschlangen und einen Ledergürtel mit Protzschnalle. Als man uns die Preise für die guten Stücke sagte, ging mir allerdings regelrecht der Hut hoch. Allein die Gürtelschnalle sollte 750 Dollar kosten, die Stiefel schlappe 1000. Insgesamt hatte ich Klamotten im Gesamtwert von rund 3000 Dollar am Leib. Was soll ich also sagen: Cowboystiefel gehören auch weiterhin nicht zu meinem Schuhsortiment. Aber Hemd und Hut durfte ich behalten, und das sind doch durchaus amtliche Souvenirs einer Texas-Reise.

Genauso angenehm ging es am Mittwoch weiter. Ich traf mich zu einem Termin, auf den ich mich schon sehr gefreut hatte. Sebastian Vollmer sollte mir zum Interview zur Verfügung stehen. Coach Jeff Reinebold und ich hatten ihn als 18-Jährigen Anfang der 2000er-Jahre bei den Düsseldorf Panther entdeckt. Er war da schon ein Megatalent, glaubte aber selbst nicht, wie gut er wirklich war. Durch unsere Kontakte vermittelten wir ihn an die Universität Houston, und im Interview verriet er, dass er in der Nacht vor dem Abflug einen Nervenzusammenbruch hatte, weil er sich so davor fürchtete, was ihn erwarten würde.

Das Ende der Geschichte ist bekannt: 2009 drafteten ihn die Patriots in der zweiten Runde, und jetzt trägt er zwei Championship-Ringe am Finger. Nicht so schlecht, würde ich meinen.

Ich war 2009 als Mitglied des Coaching Staffs der Philadelphia Eagles bei seinem ersten NFL-Game dabei, seitdem hatten wir uns nicht mehr gesehen. Ich glaube, dass unser Gespräch auch deshalb so intensiv war, weil er ein besonderes Vertrauen zu mir hatte. Die Patriots sind sehr streng in Sachen Medien, wer etwas Falsches sagt, wird im Teammeeting vor versammelter Mannschaft an die Wand genagelt. Deshalb ist „Sea Bass“, wie ihn die Amis nennen, in Interviews meist auch sehr zurückhaltend. Aber wir hatten ein tolles Gespräch, und später zeigte uns Sebastian noch seine Gegend, in der er als Student abgehangen hatte. Das war ein fetter Vormittag.

Nachmittags stand die Pressekonferenz mit Lady Gaga auf dem Plan, die in der Halbzeitpause des Super Bowl als Showact auftreten sollte. Ich kann weder mit ihrer Musik viel anfangen noch mit ihrem Auftreten. Aber da ich nicht zum Urlaubmachen in Houston war und Bock hatte, neue Dinge zu erleben, ging ich hin. Auf dem Gelände des Convention Center war eine rund 600 Meter lange Erlebnismeile angelegt, die sich NFL Experience nannte. Dort konnten die Fans alles rund um den Football ausprobieren, Fanartikel kaufen und sich über das Finale informieren.

Ein Gelände so groß wie ein Fußballfeld war für Radioreporter abgesteckt. In den USA ist Radio viel populärer als hier, es gibt in jeder Stadt eigene Sportsender, die live berichten. Auf diesem Gelände also waren Hunderte von kleinen Boxen aufgebaut, aus denen die Reporter live sendeten. Ich schlenderte durch diesen Ameisenhaufen und wunderte mich, als plötzlich jemand meinen Namen rief. Es war Sean Jones, der als Defensive End 1996 mit den Green Bay Packers den Super Bowl gewonnen hatte.

Woher wir uns kennen? Sean hatte mir 2005 den Weg in die NFL geebnet. Er war im Personalbereich der Oakland Raiders beschäftigt und besuchte in dieser Funktion ein NFLE-Camp in Tampa. Dort beobachtete er eine Trainingseinheit, in der ich mit Runningbacks arbeitete. Ich dachte, er sei dort, um Spieler zu scouten. Aber nach der Einheit kam er zu mir und wollte wissen, wer ich bin und wie ich zu meinem Job gekommen sei. Er sagte: „Du musst in die NFL. Wir suchen schwarze Coaches mit so viel Leidenschaft, die die Jungs erreichen." Und so kam ich über ihn an mein erstes Internship in Oakland, denn als ich ihm nach meiner Rückkehr nach Deutschland eine Mail schrieb, buchte er mir sofort einen Flug und verhalf mir zum Einstieg in die große Footballwelt. Aber darüber habt ihr ja im zweiten Quarter dieses Buches schon viel erfahren.

Was ich eigentlich erzählen wollte: Sean arbeitet mittlerweile als Moderator für Sport Radio Houston, und so lud er mich spontan als Interviewgast in seine Livesendung. Wir sprachen vor allem darüber, warum es zum Aus der NFL Europe gekommen war und ob es nicht dringend notwendig wäre, diese wieder aufzubauen. Ich weiß zwar nicht, ob das irgendeinen seiner Hörer interessiert hat, aber wir hatten eine tolle Zeit, und ich konnte mein erstes Liveinterview im US-Radio geben.

Zu Lady Gaga kam ich dann viel zu spät, aber ich fand schon den Rest ihrer Pressekonferenz so prickelnd wie ein abgestandenes Glas Sekt. Immerhin konnte ich, als die Lady längst gegangen war, ein Foto auf der Bühne machen, das ich lange als Hintergrundbild auf meinem Mobiltelefon genutzt habe.

Donnerstag und Freitag waren etwas ruhiger, zumal ich die Zeit brauchte, um mich intensiv auf meine Expertenarbeit vorzubereiten. Am Donnerstag machte ich mit Sebastian Vollmer und Markus Kuhn, der uns in der Sendung als zweiter Experte zur Verfügung stehen sollte, einen Taktiktalk. Das sollte ein Testballon für die Homepage sein, um mal auszuprobieren, wie viel Fachchinesisch man dem deutschen Footballfan zumuten kann. Die Länge war auf zehn Minuten angelegt. Es wurden 18, und die kamen so gut an, dass wir das Experiment als gelungen verbuchen konnten.

Am Abend machte ich eine weitere neue Erfahrung. Auf Einladung von Buschi und dessen Lebensgefährtin Lisa war ich zum ersten Mal live bei einem Spiel der NBA. Houston Rockets gegen Atlanta Hawks! Voller Hoffnung, den deutschen Hawks-Star Dennis Schröder vor oder nach dem Spiel abgreifen und mal ein paar Worte von schwarzem Bruder zu schwarzem Bruder wechseln zu können, fuhr ich zum Spiel. Die erste Überraschung war, dass zum ersten Viertel vielleicht gerade einmal ein Drittel der Plätze belegt waren. Das fand ich komisch, aber man erklärte mir dann, dass es bei 82 regulären Saisonspielen doch eine Reihe an Stammkunden gibt, die sich nicht jedes Spiel ganz anschauen. Und tatsächlich: Im letzten Viertel war die Arena fast voll.

Und ich muss sagen, dass die Leute es genau richtig gemacht haben, denn die ersten drei Viertel waren langweilig. Erst zum Ende hin hinterließen die Spieler den Eindruck, dass sie wirklich Gas geben würden. Rockets-Star James Harden machte 41 Punkte, das war krass. Dennoch drehten die Hawks das Spiel und siegten. Dennis Schröder habe ich leider nicht treffen können. Als Basketballfan, der ich bin, muss ich sagen, dass ich das Gesamterlebnis bei den Hamburg Towers, meinem Lieblingsteam in Deutschland, nicht viel schlechter finde, weil dort das ganze Spiel über etwas passiert. Über die Qualität der NBA-Stars müssen wir natürlich nicht reden, aber Spaß kann man auch in der Zweiten Liga in Deutschland haben. Dennoch war es großartig, mal ein NBA-Spiel live zu erleben.

Am Freitag feierte ich meinen 43. Geburtstag, den ich zunächst mit Vorbereitungen auf das große Finale verbrachte. Am Nachmittag fuhr ich, um auch mal den Kopf frei von Football zu kriegen, in eine große Shopping Mall. Am Freitagabend vor dem Super Bowl ist traditionell der Teamabend der Sat.1-Crew, und das passte natürlich perfekt mit meinem Geburtstag zusammen. Wir waren beim Mexikaner essen, und ich bekam großartige Geschenke. Eine absurde Footballtorte zum Naschen, und dazu eine offizielle Super-Bowl-Jacke. Ich hatte das Teil schon am Montag in einem Shop hängen sehen und fand es so lange gut, bis ich den Preis sah – 299 Dollar! Sat.1-Sportchef Alexander Rösner war dabei, und er besorgte mir das Schmuckstück dann als Geschenk. Ein sehr feiner Zug.

An dem Abend lernte ich auch zum ersten Mal Andrea Kaiser kennen, die Allzweckwaffe für Sportinterviews bei Sat.1. Wer sie nicht persönlich kennt, unterschätzt sie leicht, von wegen hübsche Blondine und so. Aber spätestens, als sie sich nach dem Super Bowl im Innenraum des Stadions gegen die mexikanischen Kraftprotze behauptete und unglaubliche Interviewpartner vor die Kamera zerrte, war mein Respekt vor ihr so groß wie Tom Bradys Ego. Lustig war beim Teamabend noch, wie unsere beiden Blondinen – Andrea und Icke – am Ende so beschwipst waren, dass sie nur noch wie die Hühner gackerten. Lang wurde die Partynacht aber nicht, denn wir waren alle recht müde und wussten, was für ein Wochenende vor uns lag.

Der Sonnabend verflog zum Glück schnell. Wichtigster Termin war mein Friseurbesuch, denn ich wollte ja frisch gebohnert aussehen am Super-Bowl-Sonntag. Da mir Insiderwissen über die Haarschneiderinnung in Houston fehlte, hatte ich meinen Kumpel Quentin Griffin angeschrieben. Der Mann, den alle wegen seines ausgeglichenen Wesens und seines friedlichen Gesichts nur „Täubchen“ nennen, war 2007 bei den Hamburg Sea Devils mein

Runningback gewesen. Er war ein Star des College-Footballs, spielte für die Oklahoma University und war für die Heisman-Trophy, die seit 1935 dem besten College-Spieler des Jahres verliehen wird, nominiert.

Quentin lebt in Houston, und er war hoch erfreut, mich zum Barbier seines Vertrauens mitnehmen zu dürfen, der „Who's next?" heißt. Dort bekam ich einen astreinen Haar- und Bartschnitt verpasst. Es war ein Friseurladen, wie man ihn aus den Klischees kennt, die in US-Filmen transportiert werden. Die Angestellten unterhielten sich laut in derbstem Slang, Hip-Hop-Musik dröhnte durch den Laden, und die Crew konnte es kaum glauben, dass ein schwarzer Deutscher sich bei ihnen die Haare schneiden lassen wollte. Zum Dank für den Tipp brachte ich Quentin die Coach-Esume-Kollektion mit, und ich glaube, er hat sich ehrlich darüber gefreut.

Abends durften wir dann tatsächlich zum ersten Mal ins NRG Stadium zur Generalprobe. Da geht es darum, Licht und Ton zu checken und sich mit den Gegebenheiten vertraut zu machen, um am Spieltag nicht völlig unvorbereitet ins Verderben zu rennen, weil irgendetwas nicht vorbereitet ist.

Und dann war er endlich da, der Tag des großen Spiels. Ich war schon um vier Uhr morgens wach, konnte nicht mehr einschlafen und hatte das Gefühl: Yeah, I am game-ready! Bis acht Uhr schaute ich NFL Network und scannte meine Notizen, dann ging es zum Frühstück. Hunger hatte ich kaum, etwas Oatmeal mit frischen Früchten, das reichte. Zum letzten Mal drehte ich mein Facebook-Live-Tagebuch ab, dann ging es zurück aufs Zimmer: rasieren, duschen, Packliste checken.

Mit solchen Sachen bin ich penibel. Ich möchte ordentlich aussehen, wenn ich im Fernsehen zu sehen bin. Und ich lege mir immer mein Outfit zurecht, um auch ja nichts zu vergessen. Zum Stadion ging es um 13 Uhr, unser Sicherheitsdienst holte uns ab und fuhr uns die 15 Minuten zur Arena. Auf dem Weg hatte ich natürlich noch bequeme Sachen an, ein T-Shirt, Jeans und Sneakers. Die gute Abendgarderobe mit gebügeltem weißem Hemd, schwarzem Sakko und schwarzer Fliege zuckelte im Rollkoffer hinter mir her.

Als wir am Stadion ankamen, waren es noch vier Stunden bis zum Kick-off, und dennoch war schon die Hölle los. Die Fans strömten in Richtung Arena, die Stimmung war sehr gelöst und friedlich, wie man es vom Football gewohnt ist. Für uns ging es sofort in den großen Trailerpark, wo die Übertragungswagen der TV-Sender standen. Wir teilten uns einen Wagen mit den mexikanischen Kollegen von TV Azteca. Auf diesem beengten Platz sind Technik, Redaktion und Maske untergebracht, das heißt, dass wir dort für die Sendung geschminkt wurden und uns umziehen mussten. Und eine Stunde vor Beginn der Sendung, die um 22.55 Uhr deutscher Zeit auf Sat.1 startete, saßen wir in unserem kleinen Studio.

Die meisten von euch werden die Übertragung gesehen haben, dennoch möchte ich versuchen, euch die räumlichen Umstände begreifbar zu machen. Der Raum, in dem wir zwischen Mittel- und Oberrang genau mittig hinter der Endzone der Patriots saßen, war ungefähr zehn Quadratmeter groß. Außer Buschi, Markus Kuhn, Icke und meiner Wenigkeit, die im Bild zu sehen waren, mussten auch noch Teamchef Alexander Rösner, ein Aufnahmeleiter, zwei Kameraleute, ein Tonmeister und eine für die Maske zuständige Dame Platz finden. Dazu kamen das Pult, an dem wir saßen, und eine Menge Scheinwerfer. Ihr könnt euch also hoffentlich vorstellen, dass das Ganze recht eng war und es vor allem schnell unerträglich heiß wurde. Dennoch war es der perfekte Ort, um das Spiel zu überblicken und es analysieren zu können.

Komischerweise war ich weniger aufgeregt als vor „normalen“ Sendungen, die wir in Unterföhring produzieren. Ich glaube, das lag daran, dass es für mich in dieser kleinen, engen Box nicht so wirkte wie großes Fernsehen. Auch wenn ich wusste, dass fast zwei Millionen Menschen zuschauen würden, kam bei mir die Aufregung erst, als das Spiel losging, und dann auch nur, weil es eben der Super Bowl war.

Die 90 Minuten von Sendebeginn bis Kick-off vergingen rasend schnell. Ich hatte das Gegenteil befürchtet, aber wenn man gut vorbereitet ist, hat man eher das Gefühl, dass die Zeit viel zu kurz ist, um all das unterzubringen, was man gern mitteilen würde. Als die Teams das erste Mal in die Arena einliefen und die Menge laut wurde, hatte ich dann plötzlich doch dieses „Oh shit, das hier ist real“-Gefühl. Die ganze Tribüne vibrierte, und endlich verstand ich auch, warum Reporter, die ich sonst auch nur aus dem Fernsehen kannte, bei großen Spielen immer so laut ins Mikro schreien, während man vor dem Bildschirm denkt, dass er dafür doch das Mikro hat, um nicht schreien zu müssen. Aber wenn um dich herum die Hölle losbricht, hast du einfach das Gefühl, auch lauter werden zu müssen, damit man dich versteht.

Als die Nationalhymne gesungen wurde, ging es richtig los. Ich war etwas enttäuscht, dass das Stadiondach geschlossen war, denn ich hätte gern die Düsenjets gesehen, die über die Arena flogen. Gehört und gespürt habe ich sie aber ganz deutlich. Und ich muss gestehen: Ich bin kein Freund des übermäßigen Pathos, mir wird die gute alte Gänsehaut oftmals zu sehr überstrapaziert. Aber in dem Moment, als die Kampfflieger über Houston donnerten und die Hymne erklang, da bekam auch ich die kleinen Pocken auf der Haut.

Das Gute ist: Mit dem Kick-off interessiert mich nur noch, was auf dem Spielfeld passiert. Alles andere kann ich komplett ausblenden – die Zuschauer, das Wetter, die Halbzeitshow der irren Lady Gaga. Es geht nur noch um dieses Schachspiel da unten auf dem Rasen, das mich komplett fesselt. Manche haben mir wiederholt vorgeworfen, dass ich zu emotional mitgehe während der Spiele. Ein Experte, sagen die Kritiker, dürfe nicht emotional mitgerissen werden, sondern müsse sachlich bleiben. Mit Verlaub: Das ist die größte gequirlte Scheiße, die ich im Zusammenhang mit Sport je gehört habe. Ein Reporter muss versuchen, sachlich zu bleiben, auch wenn ich denke, dass es grundsätzlich nicht verwerflich ist, sich für das zu begeistern, was man erlebt. Aber ein Experte, der bei dem, was er in Gänze besser versteht als die meisten um ihn herum, nicht emotional ist, der kann seinen Job nicht gut machen.

Als Experte muss ich mich mit dem identifizieren, über das ich spreche. Und mit diesem Spiel, das sich zwischen den Falcons und den Patriots entwickelte, konnte ich das in jeder Sekunde. Taktisch und psychologisch war die Partie hoch interessant. Ich hatte geahnt, dass Atlanta im Score vorneweg hüpfen würde, aber dass es so deutlich werden würde, dass die Falcons mit 21:3 in die Halbzeit gehen würden, das hätte wohl niemand in der Form erwartet.

Vor der Partie hatte ich auf einen knappen Sieg der Falcons gesetzt, auch wenn mein Kopf eher zu den Patriots tendierte. Atlanta hatte 2016 die beste Offense, sie waren variabel wie kein anderes Team, deshalb war mir klar, dass sie offensiv würden mithalten können. Und in der Defensive hatten sie diese eine Zutat, die man in Statistiken nicht messen kann: Das Mojo, diesen Run, der sich entwickelt, wenn man auf die eigene Stärke vertraut. Auf ihrer Website schrieben sie immer von der „Brotherhood", und genau dieses Selbstbewusstsein sprach aus all ihren Aktionen in der ersten Halbzeit. Besonders gut sichtbar wurde das darin, wie sie Tom Brady stoppten. Eins-zu-Eins-Duelle mit dem besten Quarterback aller Zeiten trauen sich nicht so viele. Aber die Falcons haben es so gespielt. Und warum? Weil sie es konnten. Ich fand das sehr mutig und großartig anzuschauen.

Viele Fans in Deutschland haben in der Halbzeit die falsche Entscheidung getroffen und sind ins Bett gegangen, weil sie nicht mehr daran glaubten, dass sich das Spiel noch drehen würde. Die, die dranblieben, glaubten, dass ich nur Durchhalteparolen ausgeben würde, als ich sagte, dass die Partie noch lange nicht entschieden sei. Ich war aber wirklich fest davon überzeugt, denn auf der Seite der Patriots stand Tom Brady – der einzige Mensch, der aus so einer Situation noch den Ausweg finden kann. Naja, Aaron Rodgers vielleicht noch, aber der war ja mit Green Bay schon ausgeschieden.

Natürlich bin ich häufig gefragt worden, wie Atlanta dieses Spiel noch verlieren konnte. Ein ganz wichtiger Grund dafür war die lange Halbzeit. Normalerweise hast du im Football zwölf Minuten in der Kabine. Diese Zeit reicht in der Regel nur für einige kurze Ansagen, ein wenig Erfrischung, und dann musst du auch schon wieder raus. Beim Super Bowl ist die Halbzeit wegen der besonderen Show eine gute halbe Stunde lang. In so einer Zeitspanne kann es passieren, dass du als Spieler oder als gesamtes Team deine Spannung verlierst, weil der Adrenalinspiegel sinkt. Und genau das passierte den Falcons.

Da kommst du als Atlanta also in die Kabine. Du bist aufgeputscht, weil du den Gegner so unter Kontrolle hast. Und dann fängst du irgendwann an, daran zu denken, dass es nur noch 30 Minuten sind, bis du diesen Ring am Finger tragen darfst. Zufriedenheit schleicht sich ein, Zufriedenheit ist Stillstand, und Stillstand ist Rückschritt. Bei den Patriots war es genau umgekehrt. Die gingen als gebrochene Männer in die Kabine, aber nach 15 Minuten schaltest du in den Scheißegalmodus, weil du weißt, dass du nichts mehr zu verlieren hast. Der Coach kann die zusätzliche Zeit nutzen, um die Fehler zu analysieren und Lösungswege aufzuzeigen. Und diese Phase, davon bin ich überzeugt, hat die Patriots gerettet – und die Falcons den Titel gekostet.

Zusätzliches Gift war dann der nächste Touchdown nach Wiederbeginn. Mit der 28:3-Führung im Rücken war die Partie für die Falcons endgültig abgehakt. Obwohl ich glaube, dass sie auch verloren hätten, wenn die Patriots den ersten Touchdown der zweiten Halbzeit geschafft hätten. Dann nämlich wäre die Angst vorm Versagen bei den Falcons so groß geworden, dass sie verkrampft hätten. Das Resultat jedoch war das Gleiche: Ein totaler Spannungsverlust bei Atlanta, ein Alles-oder-Nichts-Denken bei New England.

Dennoch gab es einen Moment, in dem ich überzeugt war, dass die Falcons es trotzdem schaffen würden. Als Wide Receiver Julio Jones diesen unfassbaren Catch schaffte, bei dem er nicht nur einen fast schon abgefangenen Pass noch irgendwie aus der Luft pflückte, sondern auch beide Füße in einer selten erlebten Grazilität vor der Linie in Stellung brachte, da dachte ich: Jetzt müssen sie es packen. 28:20 stand es zu dem Zeitpunkt, rund vier Minuten vor Schluss. Und die Falcons waren in der Field-Goal-Range. Drei weitere Punkte hätten das Spiel zu einem Two-Score-Game gemacht, und das hätte selbst ein Tom Brady schwer drehen können.

Es folgte allerdings der Moment, der den zweiten Wendepunkt zugunsten der Patriots darstellte. Anstatt sich mit Kurzpass- oder Laufspiel die nötigen Yards zu sichern, um mit dem Field Goal abzuschließen, entschieden sich die Falcons dafür, auf die Genialität ihres Quarterbacks Matt Ryan zu setzen. Für diese Entscheidung hat ihr Offense Coordinator Kyle Shanahan, der in dieser Saison als Headcoach der San Francisco 49ers sein Glück versucht, nach dem Spiel sehr viel Kritik einstecken müssen. Und das zu Recht. Natürlich mag es Gründe für die Entscheidung gegeben haben, immerhin hatte Ryan in der ersten Halbzeit überragend gespielt und die Offense der Falcons ihre aggressive Qualität über die Saison hinweg bewiesen, und vielleicht wollte man auch den Gegner überraschen. Aber ein simples Laufspiel wäre die richtige Wahl gewesen, denn es ging letztlich darum, diesen verdammten Titel zu holen, und da fragt keiner mehr, ob es spektakulär zu Ende gebracht wurde oder mit einem schnöden Laufspiel.

Es kam, wie es kommen musste. Beim zweiten Versuch wurde Matt Ryan gesackt, dann handelten sich die Falcons wegen Haltens eine Zehn-Yard-Strafe ein – und standen plötzlich an der 45-Yard-Linie, außerhalb der Field-Goal-Range. Sie mussten also punten, Brady hatte den Ball, und mir war klar: Das war es, Atlanta ist mental gebrochen.

Auch wenn der Ausgleich mit dem unglaublichen Catch von Julian Edelman, der, von drei Gegnern attackiert, den Ball Zentimeter vor der Grasnarbe sicherte, und der Two-Point-Conversion mit dem Wurf von Brady auf Danny Amendola spektakulär war: Für mich war klar, dass der Sieger nur New England heißen konnte. Dass sie in der Verlängerung das Glück beim Münzwurf hatten und so das Angriffsrecht bekamen, mag Schicksal gewesen sein. Und die Diskussionen darüber, ob Patriots-Runningback James White mit dem Knie schon vor der Endzone am Boden war oder nicht, habe ich als müßig empfunden. New England hätte so oder so den ersten Touchdown geschafft, denn Atlantas Energie war völlig aufgebraucht.

Fast die gesamte zweite Halbzeit hatte ich im Stehen verbracht, weil mich das Geschehen derart fesselte. Als Experte schaut man so ein Spiel sicherlich etwas anders als viele andere Zuschauer. Wenn sich die Fans über ein gelungenes Play freuen, denke ich längst an die Konsequenzen davon. Das versetzt mich in die Lage, gewisse Spielsituationen vorauszuahnen. Manchmal geht das so weit, dass ich zu Buschi sage, was passieren wird, und wenn es dann Minuten später wirklich passiert, guckt er mich nur an und sagt: „Nicht dein Ernst!" Ich will aber mal ganz klar sagen: Das ist keine Magie, sondern einfach Erfahrung. Die Entstehung von Spielsituationen zu sehen und daraus deren Bedeutung für das Spiel abzuleiten, das ist mein Job. Dafür habe ich viele Jahre lang hart gearbeitet.

Als der Super Bowl vorbei war und Unmengen von Konfetti durch die Luft geschossen wurden, realisierte ich erst, was für ein besonderer Moment es war, dem ich beiwohnen durfte. Nie zuvor war ein Super Bowl in die Verlängerung gegangen, nie zuvor hatte ein Team einen solch hohen Rückstand noch aufholen können. Ein paar Sätze muss ich noch zu Tom Brady verlieren. Es gibt viele, die ihn nicht mögen, weil seine Geschichte zu kitschig ist, oder weil er Donald Trump unterstützt. Aber es kann keine Diskussionen mehr darüber geben, dass er der GOAT ist, der größte Spieler aller Zeiten, das Pendant zu Michael Jordan im Basketball oder zu Muhammad Ali im Boxen. Wer siebenmal im Endspiel steht und fünf Titel holt, gehört in diesen Kreis der Allergrößten. Brady lieferte in diesem Endspiel richtig ab, als er gefragt war. Er ist der Größte, und natürlich hatte er auch den MVP-Titel verdient. Auch wenn mir Grady Jarrett ein wenig leidtat, Atlantas Defensive Tackle, der das Spiel seines Lebens machte und Brady dreimal sackte. Aber wenn du bei den Verlierern bist, scheint die Sonne halt woanders.

Wir verließen das Stadion recht bald nach der Siegerehrung. Kurze Teambesprechung noch im Übertragungswagen, die Pressekonferenz schenkten wir uns. Stattdessen haben wir versucht, in der Stadt noch ein wenig Partystimmung mitzuerleben, doch geboten wurde uns das Bild des prüden Amerika. Um 23.40 Uhr enterten wir eine rappelvolle Sportsbar im Zentrum von Houston, doch die

Kellnerin sagte uns, dass die Küche schon kalt sei und wir noch maximal einen Drink bekommen könnten, weil um Mitternacht Schluss sei. Das muss man sich einmal vorstellen, am Abend nach dem größten Sportereignis der USA in der Stadt des Finales. Unser Glück in Form von Pizza und Bier fanden wir dann in einem Billardcafé. Aber lang wollte sowieso niemand bleiben, weil alle so fertig waren.

In der Nacht nach dem Super Bowl schlief ich zum ersten Mal wie ein Stein. Am Montagmorgen flogen bis auf Icke und ein Kamerateam, die noch zu einem Interview mit Dirk Nowitzki nach Dallas weiterdurften, alle zurück nach Deutschland. Ich hatte erst für Dienstag gebucht, sodass ich den letzten Tag nutzen konnte, um in einer Mall noch einmal Hardcore-Shopping zu betreiben. Wobei ich sagen muss, dass durch den Dollarkurs die Preise mittlerweile fast identisch mit denen in Deutschland sind. Immerhin gab es alle Super-Bowl-Devotionalien stark ermäßigt, 30 Prozent Rabatt für New England, sogar 50 für Atlanta. War aber in meiner Größe alles schon ausverkauft. Der Amerikaner an sich ist ja nicht der schmächtigste Mensch auf Erden.

Am Mittwoch, dem 8. Februar, war ich wieder in Hamburg, völlig zerlegt vom langen Flug und dem Jetlag. Aber vor allem glücklich und dankbar, das Erlebnis Super Bowl in dieser Form miterlebt zu haben. Und mit dem tiefen Verlangen danach, es noch viele Male mitmachen zu dürfen.

KAPITEL 8:

KÖRPERKULT IN DER NFL – UND DIE SCHATTENSEITE MIT SCHWEREN VERLETZUNGEN

Ich hatte das Unheil kommen sehen, aber ich hätte nie geglaubt, dass es mich treffen würde. Klar, dieser Runningback, der da auf mich zugestürmt kam, war ein krasser Athlet und hatte ordentlich Tempo drauf. Aber er war doch nur 1,90 Meter groß und 100 Kilo schwer, hatte also meine Maße. Wird schon werden, dachte ich also, als ich mich Estrus Crayton in den Weg stellte. Das Nächste, was ich tat, war, mir mit der Hand ins Genick zu fassen, um zu prüfen, ob dort noch alles gerade war. Crayton hatte mich volle Kapelle über den Haufen gerannt und dabei mit seinem Knie am Kinn getroffen, als ich auf den Rücken stürzte. Ich hatte ein brutales Piepen im Ohr, rappelte mich auf und merkte, dass ich meine Umgebung nur noch mit einem komischen Rotstich sah. Unser Strong Safety Gregor Petelin kam im Huddle zu mir und fragte, ob alles okay sei, und ich fragte zurück, ob meine Gesichtsmaske irgendwie schief sei, denn für mich sah es so aus, als würden alle Streben meines Gesichtsgitters bergab verlaufen. Danach riss meine Erinnerung ab. Erst im Bus, von Schüttelfrost und einer richtig miesen Übelkeit geplagt, kam ich wieder zu mir.

Diese Anekdote vom Auswärtsspiel mit den Blue Devils bei den Düsseldorf Panther im Jahr 1995 beschreibt die erste Gehirnerschütterung, die ich in meiner Karriere erlitt. Und sie bringt mich zu einem Thema, das im Football einen immer größeren Stellenwert erlangt: Verletzungen und der Umgang mit ihnen. Über nichts ist in der NFL in den vergangenen Jahren so intensiv diskutiert worden wie über die Langzeitfolgen, die der Raubbau am eigenen Körper bei vielen Profis hinterlässt. Und im Mittelpunkt dieser Diskussionen steht das Kürzel CTE.

Die Chronisch Traumatische Enzephalopathie, auch bekannt unter ihrem lateinischen Fachnamen Dementia Pugilistica, wird wissenschaftlich als neurale Dysfunktion beschrieben, die nach häufigen Schlägen oder Stößen auf den Kopf auftritt. Früher war sie vor allem bei Boxern bekannt. Doch nachdem sich die Fälle von ehemaligen und auch aktiven Spielern häuften, die über von Hirnverletzungen ausgelöste psychische Erkrankungen klagten, ist CTE auch in der NFL in aller Munde. Spätestens mit dem 2015 erschienenen Film „Erschütternde Wahrheit", in dem Will Smith einen Arzt spielt, der die Folgen von Gehirnerschütterungen bei Footballspielern untersucht, war das Thema in der Öffentlichkeit allgegenwärtig. Mindestens 1500 Klagen hat es in den vergangenen Jahren gegen die Liga gegeben, die einen Zusammenhang zwischen Kopfstößen und den Depressions- und Demenzerkrankungen lange leugnete.

Inzwischen jedoch, nachdem Spieler wie Jovan Belcher, O.J. Murdock, Ray Easterling, Kurt Crain oder Junior Seau sich selbst das Leben genommen haben und diese tragischen Vorfälle allesamt mit in der aktiven Karriere erlittenen Kopfblessuren in Zusammenhang gebracht wurden, hat die NFL reagiert und das Thema sehr weit oben auf ihrer Agenda angesiedelt. Eine Milliarde Dollar wurde für Schadensersatzzahlungen bereitgestellt, 100 Millionen in die Forschung investiert. Vor allem aber wird nun versucht, die Gesundheit der Spieler so gut wie möglich zu schützen. Zum Beispiel gibt es die „Helm an Helm"-Regel, die verbietet, dass man mit dem Helm auf den Helm des Gegners zielt. Wer es doch absichtlich tut, zahlt 50.000 Dollar Strafe.

Das Problem an einer Gehirnerschütterung ist, dass es keine äußerlichen Symptome gibt. Ich selbst habe das damals in Düsseldorf auch erfahren. Nur der Spieler selbst kann spüren, ob etwas nicht in Ordnung ist. Und damals gab es auch überhaupt keinen medizinischen Rat, wann man wieder mit der Belastung beginnen kann. Mir wurde gesagt, ich solle ein paar Tage pausieren, bis die Kopfschmerzen verflogen seien. In meinem jugendlichen Leichtsinn habe ich, obwohl ich mich noch mehrere Wochen lang ziemlich angeschlagen fühlte, schon am nächsten Wochenende wieder gespielt, ohne dass mich irgendein Arzt vorher durchgecheckt hat. Heute weiß ich, dass das Wahnsinn war, und ich bin froh, dass das Thema inzwischen ernst genommen wird.

Dazu muss man wissen, dass das Risiko einer Gehirnerschütterung dann sehr hoch ist, wenn man sie nicht richtig auskuriert. Passiert es nämlich ein weiteres Mal, während man noch unter einer Concussion leidet, riskiert man schwerste Schäden, die eine sofortige Sportuntauglichkeit nach sich ziehen können. Und nicht nur das: Die Schäden können das gesamte Leben lang bleiben. Das Fatale ist, dass viele Spieler gar nicht merken, dass sie eine Gehirnerschütterung haben. Wer ein harter Hitter ist, erleidet mit hoher Wahrscheinlichkeit in jedem Spiel eine leichte Concussion. Das Brummen im Schädel wird als normale Begleiterscheinung abgetan – bis die Vielzahl der Schläge eben doch zu einer schwerwiegenden Erkrankung führt.

Weil mir selbst die nötige medizinische Expertise fehlt, habe ich meinen Freund Homayun Gharavi, Leiter der Deutschen Akademie für Angewandte Sportmedizin, um seine Meinung gebeten, die ich an dieser Stelle gern mit euch teilen möchte. Er sagt: „In 20 Jahren Betreuung im Spitzensport konnte ich viele Sportarten kennenlernen. Allen gemein ist der aufmerksame und körperbewusste Athlet. Jede Sportart hat ihre eigene Kultur. Das geht beim Spucken los (Tennisspieler tun das zum Beispiel nicht) und hört bei der Reaktion auf Verletzungen auf.

American-Football-Spieler fallen, gemeinsam mit Spielern aus Teamsportarten wie Hurling, Rugby oder Handball, in eine Kategorie, die sagenhaft schonungslos mit sich selber umgeht. Wenn auch manche von ihnen außerhalb von Wettkämpfen manchmal wie große Sensibelchen rüberkommen, verwandeln sie sich in schmerzresistente Tiere, sobald das Spiel angepfiffen wird. Ich hatte Fälle von dislozierten Schultern und gebrochenen Fingern, die dem Teamplay nachgestellt wurden. Dies zieht sich wie ein roter Faden durch alle Spielklassen – von den San Francisco 49ers, die ich Ende der 90er-Jahre auf einem ihrer Summer Camps begleiten durfte, bis hin zur Bayerischen Jugendauswahl.

Bei der deutschen Meisterschaft in Berlin kam ein Spieler mit gebrochenem Ringfinger vom Spielfeld. Nach der Untersuchung habe ich ihm meine Vermutung mitgeteilt und bekam darauf nur ein `Doc, bitte mach, dass ich wieder reingehen kann. Wir können uns später darum kümmern.´ Dabei blickte ich durch die Facemask in sehr bestimmte Augen. Für mich ein bleibender Eindruck.

Der Leidensdruck wird in diesen Situation im Football relativiert und damit die Konsequenz daraus. Diese Beispiele machen es deutlich: Wenn akute strukturelle Verletzungen keinen Grund für den Spieler darstellen, sich zurückzuziehen, wird es unmöglich, nach einer Gehirnerschütterung – ohne vorliegendem Leidensdruck – dem Rat der Medizin zu folgen.

Insgesamt glaube ich weder an Verbote noch an Empfehlungen und Richtlinien. Die immerzu verbesserte Technologie der Schutzkleidung lädt geradezu zu Hochbeschleunigungsverletzungen ein. Die wohl effektivste Methode, der CET entgegenzuwirken, wäre eine Art Abrüstung, die den Spieler verwundbarer macht. Wenn man beispielsweise die Facemask weglassen würde, gäbe es höchstwahrscheinlich weniger Gehirnerschütterungen. Das würde allerdings zunächst auf Kosten der Gesichtsverletzungen gehen.“

Soweit die Einschätzungen eines Profis. Natürlich dürfen wir nicht vergessen, dass im Profifootball ein sehr weiter Spagat versucht wird. Einerseits will jeder, dass die Spieler so hart wie möglich draufgehen. Wer sich die Highlightvideos von Spieltagen oder der Saison anschaut, der wird neben den besten Touchdowns auch die besten Hits und Tackles geboten bekommen. Football ist eben kein Kontakt-, sondern ein Kollisionssport. Von dieser Faszination lebt unser Sport. Und klar ist auch: Bei der Geschwindigkeit, mit der das Spiel abläuft, sind unkontrollierte Treffer einfach nicht zu vermeiden. Auch wenn Ausnahmen natürlich die Regel bestätigen, kann ich mit Überzeugung sagen, dass niemand den Gegner absichtlich verletzen will. Jeder versucht, die Schulter anstatt des Kopfes zu erwischen. Aber: Jeder will auch gewinnen, und dazu gehört, den Gegner so hart wie möglich zu treffen, um ihn zu stoppen.

Ich verschweige nicht, dass es im Kollisionssport auch um die physische Einschüchterung des Konkurrenten geht. Das ist als mentale Komponente durchaus wichtig, denn wenn ein Receiver beim ersten Kontakt spürt, dass es sehr wehtun wird, sich gegen die Defensive zu behaupten, wird das Eindruck hinterlassen und sein Spiel beeinflussen. Das mag machohaft klingen, aber es geht ums Jagen und Erlegen im Rudel, und diese Triebe werden auf dem Footballfeld ausgelebt.

Leider lassen sich noch immer zu viele Spieler und auch Coaches von der Schutzkleidung blenden. Ein Helm mag zwar vor offenen Gesichtsverletzungen oder losen Zähnen bewahren, aber die Schläge, die auf das Gehirn wirken, kann er nur dämpfen, aber nicht komplett abmildern. Deshalb gaukelt der Helm eine Sicherheit vor, die er in Wahrheit nicht bietet. Ich bin sehr gespannt, was auf dem Feld der Technik in den kommenden Jahren passiert, um die Helme zu optimieren, denn da sehe ich noch sehr viel Potenzial.

In der Zwischenzeit muss sich jedoch vor allem die Einstellung aller Beteiligten noch weiter ändern. Ich bin der festen Überzeugung, dass weitere Regelveränderungen die Sicherheit der Spieler nicht erhöhen werden. Vielmehr glaube ich, dass man die Regeln kaum noch anpassen könnte, ohne dass sich das Spiel grundlegend verändern würde. Niemand will, dass Football ein reines Passing Game, ein körperloses Spiel wird. Schon jetzt scheiden sich ja die Geister an der Frage, was ein legaler Hit ist und was nicht. Natürlich ist ein Receiver, der zum Ball springt, schutzlos. Dennoch muss es dem verteidigenden Spieler erlaubt sein, ihn in dem Moment hart zu treffen. Für mich ist es ein legaler Hit, wenn Angreifer, Verteidiger und Ball im gleichen Moment aufeinanderprallen. Aber da bedarf es einer eindeutigen Regel ohne Ermessensspielraum, damit nicht jeder Call diskutiert werden muss.

Meine Überzeugung ist, dass der einzige Weg zu mehr Gesundheitsvorsorge der ist, den Spielern beizubringen, mehr auf sich selbst zu achten und den Gegner zu schützen. Das ist nicht einfach, denn Brutalität im weitesten Sinn hat für Footballspieler einen ganz anderen Stellenwert als für andere Sportler. Wer sein Leben lang darauf gedrillt wird, sich in harten physischen Duellen durchzusetzen, der ist davon geprägt und verschiebt auch seine körperlichen Schmerzgrenzen.

Umso wichtiger ist es deshalb, dass schon im Jugendbereich der Respekt vor dem Kontrahenten höchsten Stellenwert hat. Spieler sollten darauf eingestellt werden, sich präventiv zu verhalten. Sie müssen trainieren, wie man Tackles ordentlich durchzieht, ohne sich selbst und den anderen zu verletzen. Dazu gehört, dass man körperlich so gut trainiert ist, dass man Hits und Tackles aushalten kann, aber sich immer wieder klarmacht, dass man das Gehirn nicht wie einen Muskel trainieren kann. Deshalb finde ich den Ansatz der Seattle Seahawks gut, die Techniken aus dem Rugby übernommen haben, um zu lernen, sich vor Kopfkollisionen zu schützen.

Gleichzeitig müssen die Trainer und Verantwortlichen darauf achten, die Gesundheit ihrer Spieler in den Mittelpunkt zu stellen. Niemand sollte sich über den Rat eines Arztes hinwegsetzen und einen Spieler aufstellen, der nicht als gesund gilt. Wer mit all dem Wissen, das heute zur Verfügung steht, nicht kapiert, dass die Gesundheit das wichtigste Gut ist, der sollte nicht mit der Führung eines Sportteams betraut sein. Dazu gehört für mich auch, dass kein Spieler als Weichei verspottet werden darf, weil er wegen der Folgen einer Gehirnerschütterung nicht spielen will. Die meisten haben das mittlerweile verstanden. Aber es sollte überall selbstverständlich sein.

Ich musste das auf die harte Tour lernen, denn ich hatte nach der Kollision mit Estrus Crayton noch mindestens zwei weitere Gehirnerschütterungen. Einmal im Training bei den Blue Devils, weil ich, cool wie ich sein wollte, bei einem Drill keinen Helm trug. In der Kabine kam ich wieder zu mir und sollte ins Krankenhaus gefahren werden. Auf die Frage, wer aus meinem privaten Umfeld davon benachrichtigt werden sollte, wusste ich keine Antwort. Ein untrügliches Zeichen dafür, dass im Oberstübchen ein bisschen was verschoben war.

Das dritte Mal passierte es 1997, als wir bei den Hanau Hawks spielten. Die wurden damals von der Post gesponsert und spielten in gelbem Outfit. Ich war als Safety eingesetzt und wurde von deren Receiver ausgeknockt. Weil ich lässig aussehen wollte, hatte ich den Helm nicht richtig aufgesetzt, der Hanauer traf mich voll an der Schläfe. Als ich wieder aufstand, sahen die Spieler alle grasgrün aus und nicht mehr gelb. Irgendjemand fragte mich etwas, das ich nicht verstand, und so wankte ich benommen zur Seitenlinie und wollte mich auf die Bank setzen, als ich merkte, dass ich dort niemanden kannte. Ich war zur falschen Bank gelaufen. Da schrillten alle Alarmglocken.

Nun wäre es allerdings verkehrt, nur auf Kopfverletzungen herumzureiten, denn Football hat ja wahrlich noch einiges mehr an Verletzungsmöglichkeiten zu bieten. Ich habe sehr häufig Schulterverletzungen erlebt, die durch Kollisionen hervorgerufen wurden. Schlüsselbeinbrüche, ausgekugelte Gelenke – das volle Programm. Aber auch Knieverletzungen, vorrangig am Kreuz- und Innenband, sind häufig, genauso Blessuren am Knöchel. Die ekligsten Verletzungen, die ich mitansehen musste, waren ein ausgekugeltes Hüftgelenk zu meiner Zeit bei den Kiel Baltic Hurricanes, das unser Cornerback Jens zu ertragen hatte, und ein offener Schien- und Wadenbeinbruch mit viel Blut bei einer Partie mit Frankfurt Galaxy in Barcelona. Ich kann bei so etwas nicht hinschauen, da wird mir speiübel. Deshalb gucke ich auch nie, wenn die Amerikaner mal wieder die fünfte Superzeitlupe von Verletzungen laufen lassen. Finde ich echt widerlich.

Ich selbst bin von schweren Verletzungen zum Glück verschont geblieben. Mal ein Bänderriss im Fuß, einmal eine schmerzhafte Schulterverletzung „Tossy 2“ – aber Knie, Nacken und Rücken sind heil geblieben. Einmal blieb ich im Training mit dem kleinen Finger der rechten Hand in der Facemask meines Mitspielers Bobby Brown hängen. Der Finger war nicht gebrochen, aber an drei Stellen ausgekugelt, und entsprechend grotesk sah das aus. Ich wollte nicht hinschauen, sondern bat meinen Teamkameraden Simon, das zu tun, und er kriegte einen richtigen Schreck, als er sah, wie die Fingerglieder abstanden. Im Krankenhaus gab es eine Spritze und alles wurde wieder eingerenkt. Am ärgsten schmerzte mich, dass mir dazu mein cooler orangefarbener Handschuh aufgeschnitten werden musste – Disco halt.

Natürlich weiß jeder Footballspieler, dass der Körper sein wichtigstes Kapital ist. Aber nicht jeder handelt entsprechend. Selbstverständlich gibt es, was das Training angeht, himmelweite Unterschiede zwischen der NFL und Europa, und auch hier gibt es zwischen den Ligen deutliche Abstufungen. Grundsätzlich ist klar, dass Kraft- und Athletiktraining den größten Teil der Vorbereitung einnehmen sollten. Wer athletisch und explosiv ist, wird ein effektiverer Spieler. Wenn der Kopf von einem starken Trapezmuskel gehalten wird, kann das Nacken- und Kopfblessuren verhindern. Starke Beinmuskeln schützen die Knie vor schweren Verletzungen. Und man darf auch nicht vergessen, wie eitel Footballspieler sein können: Manche, vor allem charakterlich auffällige Typen wie Receiver oder Cornerbacks, wollen einfach gut aussehen, um sich so wohl zu fühlen, dass sie ihre beste Leistung bringen können.

Zu meiner aktiven Zeit war die GFL eine Liga, in der der Anspruch an die körperliche Fitness sehr hoch war. Heute ist das im Amateursport leider nicht mehr ganz so normal. Ich war damals mindestens fünfmal pro Woche im Gym, einer klassischen Muckibude namens „Metropol“ in Eidelstedt, wo ich mit Helmut de Jesus Lessig einen perfekten Trainingspartner hatte. „Memo“, wie er genannt wurde, zwang mich mit Backpfeifen und Anschreien zu tiefen Kniebeugen und Kreuzheben, und auch wenn ich ihn manchmal verfluchte, schaffte ich mir damit die Grundlagen für meine Fitness. Seine heutigen Klienten sind ein wenig exklusiver geworden, deshalb hoffe ich, dass er Toni Garrn oder Sylvie Meis nicht ohrfeigt, wenn er sie trainiert.

Ich konnte auf der Bank 17-mal in Folge die 100 Kilo drücken. Zudem hatten wir mit Horst Meinhardt einen Athletiktrainer im Team, der uns richtig hart rannahm. Heute ist so etwas leider nicht mehr gang und gäbe in Deutschland. Die Kultur im Bereich „Strength and Conditioning“ ist hier bei Weitem nicht so ausgeprägt wie in Nordamerika, wo diese Trainingslehre Teil der Footballkultur ist. In der Regel haben die meisten Teams hierzulande einen Vertrag mit einem Fitnessstudio, in das die Spieler kostenlos gehen können. Überwacht wird das jedoch kaum, sodass die meisten nur ein- bis zweimal pro Woche Krafttraining machen. Deshalb darf sich auch niemand wundern, dass sich gerade in unteren Ligen so viele Spieler verletzen. Vergesst nicht: Football ist ein Spiel, das man nicht mit halber Kraft spielen kann. Entweder ganz oder gar nicht – und wer nicht die körperlichen Voraussetzungen mitbringt, um das durchzuhalten, der wird sich sehr schnell verletzen.

In meiner Zeit in Kiel hatte ich eingeführt, dass es zweimal im Jahr einen öffentlichen Test gab, um herauszufinden, wie der körperliche Zustand meiner Spieler war. So wusste ich schnell, wer seine Vorbereitung bei McFit oder bei McDonald's gemacht hatte. Es gab den „Club 500", in den nur die Spieler hineindurften, die in einer von mir aufgestellten Punktewertung mindestens 500 Zähler erreichten. Natürlich wollte sich niemand die Blöße geben, nicht dazuzugehören, also entstand ein förderlicher Wettbewerb, der die körperliche Fitness der Jungs positiv beeinflusste.

In Europa haben die Teams in den höchsten Ligen in der Regel einen festen Physiotherapeuten, der am Gameday ein bis zwei Helfer hat. Dazu kommt ein Teamarzt, der bei den Spielen dabei sein muss. 90 Prozent aller Clubs haben aber keinen eigenen Athletiktrainer, sodass eine ganzheitliche Betreuung nicht gegeben ist. Dass der Vergleich zur NFL hinkt, weiß ich natürlich, denn hier in Europa hapert es vor allem am finanziellen Budget. Dennoch will ich euch kurz vor Augen führen, was in Nordamerika Standard ist. Dort hat jedes NFL-Team drei feste Athletiktrainer, Strength and Conditioning Coaches genannt, einen Chef und zwei Assistenten. Dazu kommt der Medical Staff mit dem Teamarzt, der in enger Absprache mit dem Chef-Physio arbeitet. Letzterer hat fünf, sechs Assistenten, dazu kommen an Spieltagen eine Reihe von Praktikanten, die beim Tapen helfen. In den Trainingszentren gibt es Abteilungen, die sich nur um Verletzungen kümmern, der Fitnessbereich bietet die modernsten Geräte, für alles ist gesorgt.

Interessant ist, dass die Amerikaner, die in Sachen Athletiktraining Vorreiter sind, auch für Einflüsse aus Europa offen sind. So hat es das im Schwarzwald entwickelte „Five-Mobilitäts-Konzept“, das auf das Muskel-Meridian-System abzielt, in die NFL geschafft. Tom Brady beispielsweise, der Superstar-Quarterback der New England Patriots, schwört darauf. Und ich seit meinem Bandscheibenvorfall übrigens auch!

Überhaupt ist in der NFL allen Profis bewusst, dass sie für ihren Körper verantwortlich sind und in ihn investieren müssen, um am Ende den größtmöglichen Profit rausschlagen zu können. Bestes Beispiel dafür ist James Harrison, die Linebacker-Legende der Pittsburgh Steelers. Der gibt 350.000 Dollar im Jahr dafür aus, um sich ein neun Mann starkes Team zu leisten, das sich um seinen Körper kümmert. Dazu gehören ein Akupunkteur, ein Chiropraktiker, ein Homöopath, drei Masseure und persönliche Physiotherapeuten. Aber es hat sich für ihn ausgezahlt, in der vergangenen Saison war er noch mit 38 eine richtige Maschine und wurde zum All-Time-Sack-Leader der Steelers.

Für NFL-Stars sind die gut fünf Monate, die eine Saison dauert, maximale Belastung. Aber natürlich liegen sie die restlichen sechs bis sieben Monate nicht auf der faulen Haut. Nach einem Erholungsurlaub trainieren sie in ihren Heimatstädten, und bevor die Camps starten, arbeiten sie für sechs Wochen in sogenannten Performance Centern. Dort bekommen sie spezielle Ernährungspläne und dazu Trainingsprogramme für die Bereiche Kraft, Mobilität und Ausdauer. Die sind auf jede Positionsgruppe individuell zugeschnitten, und bereits jeder Collegespieler weiß genau, was er zu tun hat, um in Form zu kommen.

Der Druck, der dabei auf den Spielern lastet, ist immens. Das Problem in der NFL ist, dass die Verträge nicht immer garantiert sind. Das Minimalgehalt eines NFL-Profis beträgt 450.000 Dollar. Verletzt man sich während des Trainings oder Spiels, ist der Vertrag garantiert, solange man verletzt ist. Wer verletzt ist, bekommt also Geld, stellt aber vor allem totes Kapital dar. Das bedeutet, dass viele Spieler alles dafür tun, um so schnell wie möglich wieder zurück auf den Platz zu kommen, was in vielen Fällen zu Problemen führt. Ich denke da zum Beispiel an Quarterback Robert Griffin jr., der

2012 bei den Washington Redskins zum Rookie des Jahres gewählt wurde. Er hatte mit einem instabilen Knie zu kämpfen, wollte sich aber keine Blöße geben und spielte trotzdem. In der Off-Season kam dann heraus, dass sein Knie völlig im Eimer war, inklusive Kreuzband und Meniskus. Die Ärzte hätten ihn mit dieser Verletzung niemals spielen lassen dürfen. Das kostete ihn letztendlich die Karriere.

Wo so viel Geld im Spiel ist, ist natürlich auch die Bereitschaft höher, mit gefährlichen oder sogar verbotenen Substanzen nachzuhelfen, um spielfähig zu bleiben. Im Amateursport, wo es nicht um Geld geht, kann man leichter sagen, dass man nicht spielfähig ist. Als Profi ist diese Hemmschwelle deutlich höher. Dazu kommt, dass bei Leistungssportlern das Schmerzempfinden deutlich verschoben ist. Das Adrenalin im Körper bewirkt, dass viele während des Trainings oder der Spiele gewisse Schmerzen gar nicht spüren. Die merkt man erst, wenn der Körper zur Ruhe kommt, und dann wird eben mit Schmerzmitteln Abhilfe geschaffen.

Im gesamten Leistungssport gibt es Athleten, die von Schmerzmitteln abhängig sind, im Football ist ihre Zahl aber sicher besonders hoch. Kein Spieler ist über 16 Spiele schmerzfrei, jeder hat kleinere Blessuren. Spritzen und Tabletten, die die Schmerzen beseitigen, sind deshalb völlig normal. Mein früherer Trainer Kirk Heidelberg hat immer gesagt, man müsse den Unterschied zwischen Schmerzen und Verletzungen kennen. Schmerzen auszuhalten, wenn dabei nichts weiter kaputtgehen kann, gehört einfach dazu. Mit Verletzungen zu spielen, das ist dagegen fahrlässig.

Problematisch ist es, wenn die physischen Schmerzen irgendwann dazu führen, dass die Seele leidet. Wenn Spieler vor Schmerzen nicht schlafen können, nehmen sie nicht nur Mittel gegen die Pein, die irgendwann den Körper kaputtmachen, sondern auch Schlafmittel oder andere Psychopharmaka. Oder die Probleme werden mit Alkohol und Marihuana gedämpft. Mein großes Glück war immer, dass ich totale Angst vor Nebenwirkungen hatte. Ich bin ein Beipackzettelleser, und die Sorge, die Wirkung nicht unter Kontrolle zu haben, hat mich davor bewahrt, Ibuprofen wie Smarties zu essen. Ich habe lieber die Schmerzen ausgehalten. Aber in der NFL ist das irgendwann einfach nicht mehr möglich.

Eine Grenze ist selbstverständlich überschritten, wenn es um den Missbrauch verbotener Substanzen geht. Die Dopingpolitik wird in jedem Team am Anfang des Vorbereitungscamps klar besprochen. Jeder Spieler kennt die Liste, auf der die erlaubten und verbotenen Mittel aufgeführt sind. Ein ganz wichtiges Thema sind Nahrungsergänzungsmittel, die eine große Gefahr darstellen. Wer sich irgendwelches Zeug im Internet bestellt, muss damit rechnen, dass es verunreinigt ist. Deshalb dürfen in der NFL die Spieler auch nur die Präparate einnehmen, die der Verein zur Verfügung stellt. Dabei handelt es sich um Eiweiß, Vitamine, Aminosäuren, Calcium, Magnesium, L-Carnithin, also um Stoffe, die beim Muskelaufbau, beim Abnehmen und bei der Regeneration unterstützen können.

Weil die NFL Dopingskandale fürchtet, wird sehr rigoros getestet. Es gibt Kontrollen im Training und bei Spielen. In den NFL-Camps habe ich es täglich erlebt, dass fünf oder sechs Spieler zum Dopingtest gebeten wurden. Und natürlich werden einige auch erwischt und entsprechend hart sanktioniert. Generell würde ich aber behaupten, dass das Thema in seiner Wichtigkeit erkannt und entsprechend bekämpft wurde. Die NFL ist nicht dopingverseucht. Niemand sollte verkennen, dass die Jungs, die dort angekommen sind, die Auslese der Auslese unter den Topathleten darstellen. Wenn Fälle vorkommen, dann sind es meist Ego-Trips. Oder es ist Unbedarftheit von Spielern, die in der Off-Season oder bei Verletzungspausen Dinge nehmen, die sie nicht nehmen dürften, einfach weil niemand da ist, der darauf achtet.

Vieles von dem, was ich in diesem Kapitel angesprochen habe, mag abschreckend wirken und die Frage aufwerfen, wie das mit der Faszination zusammenpasst, die der Football auf so viele Millionen Menschen ausübt. Und ich finde es sehr wichtig, dass das Bewusstsein dafür geschaffen wird, aufmerksamer mit seinem eigenen Körper und der Gesundheit des Gegners umzugehen. Vor allem muss jungen Spielern deutlich gemacht werden, dass die Gebrechen bleiben werden, auch wenn die Belastung von Training und Spielen wegfällt. Das machen sich sicherlich viele nicht bewusst, wenn sie auf dem Zenit ihrer Leistungsfähigkeit sind.

Dennoch bin ich andererseits auch zwiegespalten, was das Abwälzen der Verantwortung auf die Liga angeht. Wenn die Verantwortlichen in der NFL ihrer Verantwortung, die Gesundheit der Akteure so gut wie möglich zu schützen, nachkommen, dann ist es meines Erachtens nicht legitim, sich nachher darüber zu beklagen. Jeder erwachsene Mensch ist in der Lage zu entscheiden, welchen Risiken er sich aussetzen will. Und wer das fürstlich bezahlte Leben im Profifootball wählt, der wählt damit auch das Risiko von körperlichen Folgen, die im Zweifel das ganze Leben beeinträchtigen. Niemand wird zum Footballspielen gezwungen. Es ist für viele der beste Weg zum Reichtum, auch wenn sie oft durchaus andere Möglichkeiten hätten, ein sorgenfreies Leben zu führen.

Leider ist es in unserer westlichen Wohlstandswelt aus der Mode gekommen, für das Erreichen eines Ziels zu harter Arbeit bereit zu sein. Viele wollen heute den schnellen Erfolg und übersehen, dass man sich meistens eben täglich durchbeißen muss, um erfolgreich zu sein. Der Football lehrt uns diese Tugenden: Die Disziplin, durchzuhalten und nicht aufzugeben; die Bereitschaft, sich ohne den Fokus auf das eigene Fortkommen für eine Gemeinschaft aufzuopfern. Deshalb ist er – und das gilt selbstverständlich auch für andere Sportarten – sehr wichtig für die Gesellschaft.

Die eigene Persönlichkeit und das persönliche Umfeld spielen eine große Rolle, um den Übergang von der Karriere in das Leben danach zu schaffen. Es ist hart, wenn man über Jahre im Fokus der Öffentlichkeit steht und ein Star ist – und dann ist plötzlich alles vorbei. Aber wenn ich zurückblicke auf die vielen Jahre, die ich im Football verbringen durfte, dann sehe ich eine ganze Reihe an Menschen, die es auch dank des Sports zu etwas gebracht haben. Ich sehe Sportler wie Warrick Dunn, den ehemaligen Runningback der Tampa Bay Buccaneers, der mehr als 100 Häuser für alleinerziehende Mütter aufgebaut hat. Solche Beispiele gibt es zuhauf, und das zeigt mir, dass der Football uns viele Dinge lehren kann.

Hätte ich einen Sohn, und würde er irgendwann den Wunsch äußern, Footballprofi werden zu wollen, würde ich ihn darin bestärken? Ich würde mir natürlich Gedanken um die Auswirkungen auf seine Gesundheit machen, und ich würde die Dinge ansprechen, die er wissen müsste, um gewappnet zu sein für diese verrückte Welt. Aber ich würde wollen, dass er alles versucht, um es zu schaffen. Weil ich überzeugt davon bin, dass dieser Sport es wert ist.

KAPITEL 9:

EGOS UND WIE MAN MIT IHNEN UMGEHT – DIE VERRÜCKTEN STARS DER NFL UND VERGLEICHE ZU ANDEREN LIGEN

Football, das sage ich gern, ist ein Männersport, weil das Spiel die Grundinstinkte eines Mannes anspricht: Jagen und Beschützen. Deshalb sind Footballteams in den allermeisten Fällen eine Ansammlung von Alphamännchen. Insbesondere in der NFL gilt das, denn die Spieler, die es hierher geschafft haben, waren an der Highschool und am College meist schon Stars, zu denen alle aufschauten. So etwas schmeichelt dem Ego, und deshalb ist es für die Jungs, die dann nicht den Sprung ins Starting Line-up schaffen, umso härter, mit solchen Rückschlägen umzugehen. Aber auch in den Topligen in Europa gilt dieses Prinzip – das muss man wissen, wenn man als Trainer Erfolg haben möchte. In diesem Kapitel möchte ich euch deshalb gern etwas mehr über die verschiedenen Egos und Charaktere erzählen, die mir im Laufe meines Spieler- und Trainerlebens begegnet sind und mit denen ich lernen musste umzugehen.

Zunächst einmal ist es ganz wichtig, zu verstehen, dass eine Mannschaft in den unterschiedlichen Positionsgruppen auch ganz unterschiedliche Charaktere aufweist – und so ein Team nur als Einheit funktionieren kann, wenn alle wichtigen Charakterzüge vertreten sind und diese sich perfekt ergänzen. Wenn man es ganz generell und verallgemeinert betrachtet, dann beginnt es damit, dass der Quarterback das Oberalphatier des Teams sein sollte. Er leitet die Geschicke der Mannschaft, von ihm hängt maßgeblich ab, ob seine Farben gewinnen oder verlieren. Deshalb muss der

Quarterback ein Anführer sein, der Ruhe, Intelligenz und Führungsstärke ausstrahlt.

Dann gibt es die ruhige Elefantenherde. Das ist die Offensive Line, die aus starken Beschützertypen besteht. Die Defensive Line dagegen sind die wilden Nashörner, immer aggressiv und bereit, jeden Kampf auszutragen. Dazu kommen die Diven, das sind meist Wide Receiver und Cornerbacks, und die ruhigen Stars, das sind die Runningbacks und Linebacker. Zu guter Letzt gibt es noch die, die sich ständig missverstanden und nicht wertgeschätzt fühlen – Kicker und Punter. Zu allen Mannschaftsteilen werde ich in der Folge ausführlich Stellung nehmen, zunächst aber will ich noch einige generelle Dinge sagen.

In erster Linie stellt ein Trainer sein Team natürlich nach der Physis auf. Wenn du 185 Zentimeter groß bist und 145 Kilogramm wiegst, kannst du im Profifootball nicht in der O-Line spielen, sehr wohl aber in der D-Line gebraucht werden. Die Grundlagen dafür, auf welcher Position sich ein Spieler am wohlsten fühlt, sollten in der Jugend gelegt werden, was der Grund dafür ist, dass ich stets betone, dass die Jugendtrainer eigentlich die wichtigsten Aufgaben zu erfüllen haben. In höheren Ligen passiert es höchst selten, dass jemand noch einmal seine Position wechselt. In niedrigeren Klassen kann das schon allein aus Personalmangel passieren, weil dort Spieler manchmal mehrere Positionen gleichzeitig ausfüllen müssen. Aber die Regel ist, dass im Erwachsenenbereich jeder seine Position schon kennt.

Gibt die Physis die Position nicht eindeutig vor, dann kommt der Charakter ins Spiel. Als Trainer findest du schon vor dem ersten Training in Gesprächen heraus, wie deine Spieler ticken, welche Anlagen sie mitbringen und für welche Rollen sie zu gebrauchen sind. Ich halte nichts von Persönlichkeitstests, um den Charakter zu bestimmen. Spätestens im Training unter Wettkampfbedingungen sehe ich, wer für welche Aufgaben geeignet ist.

In meiner aktiven Karriere habe ich als Receiver angefangen. Mein Vorbild war Andre Reed, der Star der Buffalo Bills. Ich wollte so sein wie er, ein cooler, stylischer Typ, der die Bälle fängt,

Touchdowns abliefert – das ganz große Kino eben. Ich wollte auch seine Rückennummer tragen, die 83. Anfangs durfte ich auch als Receiver ran, weil ich schlank und schnell war, gute Hände hatte, physisch aber zu wenig anderem taugte und auch keine Ahnung von dem Sport hatte. Da dachten sie bei den Silver Eagles: Bälle fangen und dann schnell rennen, das wird er wohl können.

Bei den Blue Devils funktionierte mich Headcoach Kirk Heidelberg dann jedoch zum Cornerback um. Mir war das recht, schließlich war ich froh, spielen zu können. Und da Cornerbacks und Receiver vom Charakter her durchaus ähnlich sind, passte mir beides. Ich war damals ein sehr von meinem Können überzeugter, junger Mann, sehr extrovertiert und mit einem Hang zur Selbstüberschätzung. Würde man meine Teammates von damals bitten, mich mit einem Wort zu charakterisieren, dann würden die meisten – da bin ich mir ganz sicher – wohl antworten: „Disco!"

Mein Motto war: „Look good, feel good, play good!" Mein Aussehen kam an erster Stelle. Ich stimmte mein Outfit mit Schweißbändern in der Trikotfarbe ab. Das Shirt musste möglichst eng sitzen, damit die Bauchmuskeln zu sehen waren, möglichst kurze Ärmel haben, um die Oberarme zu betonen, die Hose musste richtig sitzen und durfte nicht herumschlabbern. Wenn das Aussehen nicht stimmte, konnte ich auch nicht ordentlich abliefern, und bis heute bin ich überzeugt davon, dass das tatsächlich stimmt. Wer sich nicht wohlfühlt, wird nicht seine beste Leistung bringen. Und ich fühlte mich einfach am wohlsten, wenn ich wusste, dass ein Blick in den Spiegel mir keinen Schock versetzen würde.

Es gibt im Leistungssport eine Menge Athleten, die aus ihrer Spielkleidung eine Wissenschaft machen, weil sie irgendeinem Aberglauben anhängen. Ich hatte auch zwei Marotten, aber die waren für die Öffentlichkeit nicht wahrzunehmen. Zum einen trug ich immer dasselbe abgewrackte Shirt unter meinen Shoulderpads. Zum anderen hatte ich stets einen Schokoriegel in meinen Socken, da ich nach dem Warm-up in der Regel eine Hungerattacke bekam, die ich mit ein paar Bissen Mars oder Raider (so hieß Twix zu meiner Zeit) bekämpfen konnte. Dabei kam es meist zu dem skurrilen

Bild, dass ich auf der Bank neben meinem Teamkollegen John Wright saß und genüsslich aß, während er vor Aufregung kotzte. Das passierte vor fast jedem Spiel. Er aß rückwärts, ich vorwärts. Und irgendwie brauchten wir das beide.

Natürlich nimmt man als aktiver Spieler die Charaktere der Teamkameraden anders wahr, als es ein Trainer tut. Aus meiner aktiven Zeit erinnere ich mich vor allem daran, dass wir bei den Silver Eagles zwei Importspieler hatten, die ganz besondere Typen waren. Der eine war John Davis, der Linebacker und Fullback spielte. Ein knallharter Typ mit Bürstenhaarschnitt und einem kantigen Gesicht, der aussah wie ein Elitesoldat der Navy Seals. John ist für mich das Paradebeispiel dafür, wohin Football einen Menschen führen kann. Er ist heute CEO bei Keller Williams, einer der größten Immobilienfirmen der Welt. Und diese Führungsqualitäten hat er im Sport gelernt und verfeinert. Er war ein absolutes Vorbild, was Härte, aber auch Teamplaying angeht. Wir haben bis heute Kontakt.

Der andere, Troy Conquest, arbeitete damals als US-Marine beim amerikanischen Konsulat in Hamburg. Nie wieder habe ich einen Menschen erlebt, der so erbarmungslos mit seinem eigenen Körper umging. Troy war das absolute Gegenteil von mir, gut auszusehen stand nicht auf seiner Agenda. Aber einmal erlebte ich, wie er schwer verletzt auf die Bank kam. Unser Physio sagte, er könne auf keinen Fall weiterspielen, aber Troy sagte nur: „Tape it up and let`s go!“ Da wusste ich: Dieser Mann ist härter als wir alle zusammen. Nach seiner Karriere wurde er als US-Soldat im Gefecht schwer verwundet und saß im Rollstuhl, aus dem er sich mittlerweile aber auch wieder herausgekämpft hat. Was für ein Typ!

Ähnliche Kaliber hatten wir natürlich auch bei den Blue Devils. Gern erinnere ich mich an Lutz Gernert, den Bruder des Vereinschefs Axel Gernert. Über den gab es mal eine Zeitungsstory mit der Überschrift „Steroide haben mich kaputtgemacht“. Das überraschte mich nicht wirklich, denn Lutz war dauerhaft aggro, immer auf Krawall gebürstet. Ein Mann, den du definitiv lieber in deinem Team haben willst als im gegnerischen. Und dann gab es noch

Bernhard Rozic, den wohl am meisten gefürchteten Deffensive-Line-Spieler der gesamten GFL. Er war ein Kraftsportfreak, ein absolut wahnsinniges Power-Monster. Heute betreibt er in Altona ein CrossFit-Studio und sieht fast noch immer so aus wie damals.

Wie also stellt man aus solchen Figuren eine funktionierende Footballmannschaft zusammen?

Zunächst einmal gilt es, als Trainer seinen Spielern beizubringen, das eigene Ego zugunsten des Teams auch mal in die Tasche zu stecken. Wer das nicht schafft, wem es nicht gelingt, sich selbst zu kontrollieren, der vergrößert das Risiko, das Team in Gefahr zu bringen. Dafür muss man allerdings verstehen, was die einzelnen Spieler antreibt. Viele NFL-Profis kommen aus familiären Umfeldern, in denen sie niemals eine männliche Vertrauensperson hatten, sondern nur Konkurrenten. Bis die Vertrauen zu einem Trainer fassen, kann es dauern, und diese Zeit hat man leider selten. Zeit und Vertrauen sind allerdings die wichtigsten Faktoren auf dem Weg zum gemeinsamen Erfolg. Wer das beherzigt, kann sehr viel gewinnen. In der NFL ist jeder Trainer, der es zum Headcoach bringt, ein Toptrainer. Aber die, die den größten Erfolg haben, sind die, die ihre Spieler erreichen, weil sie deren Vertrauen genießen.

Auch deshalb ist die Zeit auf dem College so wichtig, wo die Jungs noch formbar sind. Dort müssen sie Werte vermittelt bekommen, die über den Sport hinausgehen. Das Footballteam ist letztlich nur eine Parabel für die Gesellschaft. Wer es dort nicht lernt, auch den Schwächsten mitzunehmen, einfach weil er zum eigenen Team gehört, der wird im späteren Leben wohl eher bei Burger King das Hackfleisch wenden als die Filiale zu inspizieren, weil sie ihm selbst gehört. Oder er baut eine noch höhere Mauer zwischen den USA und Mexiko. Auf jeden Fall aber wird er kein guter Mensch.

Von den aktuellen NFL-Headcoaches halte ich Pete Carroll von den Seattle Seahawks für einen echten Meister, wenn es darum geht, seine Spieler zu erreichen. Er schafft es, die Atmosphäre im Team so zu steuern, dass alle an einem Strang ziehen und die richtige Balance aus Ernsthaftigkeit und Spaß finden. Er hat im Meeting Room einen Basketballkorb aufgehängt und lässt seine Spieler vor langen Meetings erst einmal einen Wettbewerb austragen, um herauszufinden, welcher Mannschaftsteil dem anderen eine Runde spendieren muss. Das sorgt in einem Team, das wahrlich eine Reihe an sehr interessanten Charakteren vereint, für die nötige Entspannung.

Zu den Old-School-Coaches, die streng regieren, aber trotzdem verstanden haben, dass sie ihre Spieler nicht verbiegen dürfen, zähle ich Bill Belichik und Andy Reid. Belichik hat sich bei den New England Patriots die Aura eines Champion erarbeitet. Die Spieler vertrauen ihm, weil sie wissen, dass er sie zu Siegern machen kann. Und Reid, den ich bei den Philadelphia Eagles kennenlernen durfte, ist bei den Kansas City Chiefs viel entspannter geworden. Er hat einen richtig trockenen Humor und akzeptiert dennoch, dass sein Quarterback zu Eagles-Zeiten, Donovan McNabb, der Spaßvogel im Team war. An McNabb ist ein richtig guter Comedian verloren gegangen, er sorgte in jedem Training für Lacher. Reid akzeptierte das, obwohl er selbst eine andere Vorstellung von einem Quarterback hatte.

Ein Negativbeispiel aus der NFL muss ich natürlich auch nennen. Für mich ist es Chip Kelly, der im College ein richtig guter Coach war, aber in der NFL in seiner Zeit bei den Eagles und den San Francisco 49ers versagte, weil er mit einigen Charakteren nicht zurechtkam und so nachhaltig das Teamgefüge zerstörte. Ihm hat der Umgang mit Riley Cooper das Genick gebrochen, dem Receiver der Eagles, der in einem Video nach einem Konzertbesuch im Juli 2013 pöbelte, er würde „gegen jeden Nigger kämpfen, der da drin ist“, weil er sich von einem schwarzen Security-Mitarbeiter ungerecht behandelt gefühlt hatte. Chip Kelly hat Cooper für diesen peinlichen Ausfall nicht angemessen gemaßregelt, und wenn du mehr Schwarze als Weiße in deinem Team hast, läufst du damit natürlich Gefahr, dein Team gegen dich aufzubringen. Diese mangelhafte Sensibilität kostete ihn letztlich den Kopf im NFL-Business.

Von allen Trainern, mit denen ich zusammenarbeiten durfte, war mit Sicherheit mein Mentor Bob Valesente der positivste Typ.

Coach Val ist nicht nur sportfachlich ein Experte, sondern vor allem menschlich eine Eins mit Sternchen. Die Negativbeispiele sind Dwain Painter und Ted Daisher. Dwain, der in meiner NFLE-Zeit bei der Frankfurt Galaxy unser Offensive Coordinator war, war zwar weder menschlich ein Arschloch noch fachlich schlecht. Sein Problem aber war, dass es mit seiner Sozialkompetenz zu Ende ging, sobald der Wettbewerb startete. Und wer es dann nicht schafft, zu seinen eigenen Fehlern zu stehen, sondern stattdessen andere vor den Bus wirft, hat sicherlich auch ein Charakterproblem. Spieler merken so etwas.

Ted, den ich in Oakland im Camp der Raiders 2006 kennenlernte und der mich anschließend immer wieder in die Camps seiner NFL-Teams einlud, war ein erstklassiger Fachmann, dem aber ebenfalls leider die Sozialkompetenz völlig abging. Er könnte noch heute Coordinator in jedem NFL-Team sein, aber es reicht eben nicht, nur fachliche Qualität mitzubringen. Du brauchst auch die sogenannten People Skills, musst motivieren und führen können. Ansonsten wirst du von den vielen Alphamännchen in den Teams einfach nicht akzeptiert.

Ich bin oft gefragt worden, ob ich als junger, deutscher Coach in der NFL überhaupt für voll genommen wurde. Tatsächlich hatte ich nie Probleme mit der Akzeptanz, was vor allem daran liegt, dass die Spieler nicht aufgrund von Herkunft, Alter oder Aussehen urteilen, sondern vor allem folgende Faktoren zählen: Hat der Typ Ahnung von dem, was er erzählt? Ist er authentisch? Und kann er mir helfen, meinen Job abzusichern? Wenn diese drei Fragen mit Ja beantwortet werden können, und das konnten sie bei mir in den allermeisten Fällen, dann wirst du als Coach akzeptiert. Dazu kam, dass viele es interessant fanden, von mir etwas über Deutschland zu hören, ein Land, unter dem sich viele wenig vorstellen konnten. Ich war ein Exot, auch das machte mich interessant.

Meine Auffassung ist, dass es im Innenverhältnis einer Mannschaft vor allem auf ein respektvolles Miteinander ankommt. Respektlosigkeit ist ein absolutes No-Go für mich, da gehe ich auch heute noch sofort steil. Wer dem Team oder dem Staff gegenüber keinen Respekt zeigt, der hat bei mir ausgespielt. Ganz egal, ob es ein Spieler, Offizieller oder ein Trainerkollege ist. Mein Credo ist: „Jeder darf alles sagen, aber auf den Ton kommt es an." Natürlich vergreift sich ein junger, testosterongesteuerter Footballer auch mal im Ton, deshalb gebe ich auch eine zweite oder dritte Chance. Aber gegen mutwillige Respektlosigkeit, weil man sich für etwas Besseres hält, bin ich höchst allergisch.

Deshalb halte ich es für unerlässlich, dass man als Trainer niemals persönlich wird. Man darf laut werden, man darf deutlich werden. Aber niemals darf es so weit gehen, dass man als Trainer seine Spieler persönlich attackiert. Vergleiche wie „Du bist so dumm wie deine Mutter hässlich ist" sollte man sich also tunlichst verkneifen.

Mir selbst ist in meiner Karriere als Trainer zweimal der Geduldsfaden gerissen. 2006, in meinem zweiten Jahr bei den Sea Devils, war ich Special Teams Coordinator. Wir hatten einen hoch talentierten Linebacker namens Kris Griffin, der gern zu spät zu den Meetings kam und es dann auch nicht für notwendig hielt, sich dafür zu entschuldigen. Normalerweise regle ich so etwas nach dem Meeting, um nicht unnötig Zeit zu vergeuden. Aber als Kris, der sich demonstrativ in die erste Reihe gesetzt hatte, dann auch noch anfing, mit seinem Nebenmann zu labern, rastete ich aus.

Ich baute mich vor ihm auf, hielt einen deutlichen Vortrag über Respekt und schmiss ihn dann aus dem Meeting. Von da an wussten alle Spieler: Wenn der junge Coach um 16 Uhr zum Meeting bittet, sind wir besser um 15.55 Uhr da und verhalten uns ruhig. Ich traf Kris später in Cleveland wieder, als er für die Browns spielte, und da fragte er mich, ob ich das damals ernst gemeint hätte: „Coach, es wirkte so, als hättest du vorgehabt, dich mit mir zu prügeln." Ich antwortete: „Wenn es nötig gewesen wäre, hätte ich das auch getan." Und er sagte: „Du bist verrückt, Coach. Und deshalb mag ich dich." Seitdem verstehen wir uns gut.

Das zweite Mal passierte ein Jahr später. Ich war zwar schon Offensive Coordinator, aber leitete noch immer die Special Teams Meetings bei den Sea Devils, und wir hatten das beste Kick-off-Return-Team der Liga mit durchschnittlich mehr als 30 Yards Raumgewinn. Wir saßen in einem Meeting und ich versuchte, ein etwas kompliziertes neues Spielschema zu erklären, als unser Punter Adam Anderson sagte: „Das wird doch nie funktionieren." Da ging ich, wie Frank Buschmann sagen würde, komplett aus dem Sulky. Ich marschierte in die letzte Reihe, wo Adam saß, packte ihn, zog ihn ganz nah an mein Gesicht heran und brüllte: „Du verlässt sofort mein Meeting."

Die Situation hätte leicht eskalieren können, aber Adam merkte sofort, dass er neben seinem Job auch noch seine Zähne hätte verlieren können, und so verließ er den Raum. Natürlich bekam Headcoach Jack Bicknell mit, dass ich Adam rausgeworfen hatte, und er war fest entschlossen, ihn zu feuern. Aber in dem Moment tat mir Adam leid, denn eigentlich war er kein schlechter Kerl, sondern nur einer dieser Klugscheißer, die ihre Klappe nicht halten können. Also bat ich bei Bicknell um Gnade, und der sagte: „Okay, aber ab jetzt fährt Adam auf deinem Ticket."

Als ich auf mein Zimmer kam, lag da ein Brief unter dem Türschlitz. Adam bat darin auf zwei Seiten tränenreich um Verzeihung. Ich rief ihn zu mir, konnte mir aber einen Scherz nicht verkneifen und sagte: „Bring dein Playbook mit." Unter Footballspielern ist diese Redewendung gleichbedeutend mit „Du bist raus!". Adam kam also, in Tränen aufgelöst, in mein Office. Da teilte ich ihm mit, dass er bleiben könne, aber nur unter der Bedingung, dass er von nun an nur noch Leistung sprechen lassen würde. Und das tat er. Von dem Tag an hörte ich von ihm nie wieder Widerworte.

Mit einigen Jahren Abstand würde ich diese beiden Situationen heute natürlich anders lösen. Ich hatte damals weder die Erfahrung noch die Werkzeuge, um souveräner damit umzugehen. Je älter man wird und je mehr man reift, desto entspannter und selbstsicherer geht man mit aufmüpfigen Spielern um. Denn es ist wichtig, keine Energie zu vergeuden, die man für andere Dinge viel dringender benötigt. Ein Musterbeispiel dafür ist Romeo Crennel, den ich als Headcoach der Cleveland Browns erlebte. Er war in der Lage, Spielern ihre 10.000-Dollar-Geldstrafen wegen Fehlverhaltens in einem ganz freundlichen Gespräch, in dem es hauptsächlich um private Dinge wie Familie oder Autos ging, ganz beiläufig mitzuteilen; mit einem Lächeln und dem Hinweis darauf, sich in Zukunft doch an die Regeln zu halten. Die Spieler waren meist völlig geplättet und haben sich am Ende sogar noch für den Rat bedankt. Mich hat das tief beeindruckt.

Ein ganz wichtiger Aspekt, den ich über die Jahre gelernt habe, ist der, dass man nicht alle Spieler gleich behandeln kann, auch wenn man das öffentlich gern mal propagiert. Du musst ein paar feste Regeln vorgeben, die wirklich niemand brechen darf. Und wenn das doch passiert, dann musst du durchgreifen, egal, um wen es sich handelt. Aber es dürfen nicht zu viele Regeln sein, denn sonst presst man sich in ein zu starres Korsett, aus dem man schwer wieder herausschlüpfen kann. Die wichtigsten Regeln dürfen nicht dehnbar sein, aber du brauchst als Coach eine Grauzone, in der du Dinge auslegen kannst, um Spielern auch Freiheiten zu gewähren. Manche brauchen es einfach mit der groben Kelle vom bunten Teller, während man andere verliert, wenn das Feingefühl fehlt. Wenn du Spieler, die viel Aggressivität in sich tragen, pausenlos zähmst, nimmst du ihnen ihre größte Stärke – und schadest damit dem Team. Das zu verstehen und danach zu handeln, ist die hohe Kunst.

In Kiel habe ich mal meinen besten Receiver rausgeworfen, weil mir seine Einstellung so auf den Sack ging und deshalb der Teamerfolg litt. Jamal Smith hieß der Kerl, er war verdammt gut, nur leider wusste er das auch und weigerte sich schlicht, unsere Spielzüge zu lernen. Während des fünften Saisonspiel auswärts in Dresden, rief Jamal doch tatsächlich vor unserem ersten Angriff laut Richtung Bank: „Hey Coach, was soll ich denn jetzt eigentlich laufen?" Der Cornerback der Dresdner verzog das Gesicht zu einem ungläubigen Grinsen, er konnte nicht glauben, dass unser bester Receiver eine solche Frage stellte und auch noch eine Antwort von mir darauf erwartete, die dem Gegner ja unseren Plan verraten hätte.

Ich habe sofort ein Time-out genommen und Jamal auf die Bank beordert, und am Montag danach hat er von mir den Laufpass bekommen. Das konnte der überhaupt nicht verstehen, weil er ja glaubte, er sei die Oberrakete und deshalb unverzichtbar. Aber ich meinte es ernst, denn das Team ist immer wichtiger als das Individuum, und mit einem solchen Spieler, der sich weigert, die Spielzüge zu lernen, wird man über kurz oder lang immer verlieren. Außerdem erwarten die Teamkollegen, die sich allesamt anständig verhalten, auch entsprechende Konsequenzen. Ein Trainer, der dann nicht einschreitet, verliert an Ansehen.

Wir entließen Jamal also und schwächten uns dadurch zunächst zwar selbst, aber am Ende wuchs das Team enger zusammen und einige Spieler konnten ihre Leistung deutlich verbessern, um den Abgang aufzufangen. Und die Ironie der Geschichte: Jamal Smith wurde nach den obligatorischen fünf Spielen Sperre von Dresden verpflichtet. In den Play-offs spielten wir gegeneinander, und gewannen, ohne dass er irgendetwas abgeliefert hätte.

Für mich beweist diese Anekdote, dass das gegenseitige Vertrauensverhältnis das wichtigste Element für Teamerfolg ist. Man muss sich darauf verlassen können, dass jeder Mitspieler vorrangig zum Wohl des Teams arbeitet. In der NFL ist leider das Geld das größte Problem, das dem entgegensteht. Da die Gehälter in Nordamerika öffentlich sind, weiß jeder, was der Kollege verdient. Und da Geld bekanntlich den Charakter verderben kann, verlieren die, die meinen, nicht das zu bekommen, was sie verdienen würden, schnell mal die Lust und Motivation. Ich habe oft mitbekommen, wie die Jungs das im Camp diskutierten, wenn sie während des Essens NFL-Network schauten und dort ein neuer Deal vermeldet wurde. Das ist jedes Mal ein großes Thema.

Ein anderer Faktor ist, ob ein Spieler, der sich zu Höherem berufen fühlt, sich in einem Team, das keine Chance auf den Super Bowl hat, mit vollem Einsatz einbringen kann oder nicht. Als ich 2006 im Camp der Oakland Raiders war, hatten die mit Widereceiver Randy Moss, Cornerback Charles Woodson und Defensive Tackle Warren Sapp drei echte Superstars, die alle drei überhaupt keinen Bock hatten, bei einem Verliererteam wie Oakland zu sein. Doch während Sapp mit der Situation professionell umging und für das gute Geld, das man ihm zahlte, entsprechende Leistung ablieferte, verhielten sich die anderen beiden wie Stinkstiefel.

Moss kam zu einer Trainingseinheit als Letzter auf den Platz geschlurft, er trug rote Chucks statt seiner Footballschuhe, die Pads hingen auf Halbmast, der Helm baumelte an seinem Handgelenk. Als ich ihn fragte, was das solle, sagte er nur: „Ich trainiere heute nicht." Randy war wegen Marihuanakonsums und häuslicher Gewalt schon mit dem Gesetz in Konflikt gekommen, er galt als schwieriger Charakter. Aber der Headcoach hätte ihn für diesen offensichtlichen Affront maßregeln müssen. Dass er es nicht tat, setzte die Maßstäbe für die kommenden Wochen, und das Team bezahlte es mit einer schlechten Saison. Als Moss ein Jahr später zu den New England Patriots wechselte, wusste er sich auf einmal zu benehmen. Solche Mätzchen hätte er sich beim Topteam der Liga auch nur zweimal erlaubt: das erste und das letzte Mal.

Probleme entstehen dann, wenn diese Stars wissen, dass sie unersetzlich sind. In den Spielen sind sie nämlich voll da, das ist ihre Bühne, und sie wissen, dass sie nicht nur dem Team schaden, wenn sie dann nicht abliefern, sondern auch sich selbst. Und Randy und Charles waren absolute Ausnahmespieler. Die Hand-Augen-Koordination von Randy war außergewöhnlich, und ich habe niemals wieder einen Spieler so schnell aus dem Backpedal (Rückwärtslaufen) auf die Vorwärtsbeschleunigung umschalten sehen wie Charles Woodson. Manchmal musste ich mir einige seiner Sequenzen ein paarmal auf Video anschauen, um überhaupt zu begreifen, was in Echtzeit nicht zu sehen gewesen war.

Man muss es ganz klar sagen: NFL-Stars sind oft wie kleine Kinder. Sie tun entweder das, was du ihnen sagst – oder sie tun das, was du ihnen durchgehen lässt. Deshalb funktionieren Spieler wie Randy Moss und Charles Woodson in Topteams, aber zerstören in schwächeren Mannschaften das Gefüge. Als Trainer muss man das erkennen und danach handeln. Wer NFL-Stars erlaubt, ein Arschloch zu sein, der darf sich nicht wundern, wenn er es mit Arschlöchern zu tun bekommt.

Lasst mich nun auf die verschiedenen Charaktere in den Positionsgruppen eingehen, um euch verständlich zu machen, wie ein Footballteam aufgestellt ist. Beginnen müssen wir mit dem wichtigsten Mann auf dem Feld, dem Quarterback. Er ist der Spieler, von dem das Wohlergehen des Teams in besonderem Maße abhängt. Er ist die Person, auf die alle schauen, wenn ein Spiel auf Messers Schneide steht. Wenn die Mitspieler sehen, dass ihr Quarterback in Panik gerät, ist alles verloren. Deshalb braucht der Spiellenker Nerven aus Stahl, er muss Ruhe ausstrahlen und in jeder Spielsituation den Eindruck machen, als könnte er sein Team ins Gelobte Land führen.

Der Quarterback ist der Spieler, der am meisten von allen das Spielsystem verinnerlicht haben muss, denn er ist derjenige, der seiner Offense im Huddle die Spielzüge erklärt. Er muss am meisten Zeit, Mühe und Herzblut investieren, denn wenn der Quarterback fünf Minuten zu spät zum Training erscheint, dann wird er in einem wichtigen Spiel nicht an seine Mitspieler appellieren können, dass sie gefälligst alles geben müssen. An ihn werden ganz besondere Ansprüche gestellt, deshalb ist der Quarterback in der Regel auch das Alphatier.

Für den Headcoach ist der Quarterback der verlängerte Arm, was bedeutet, dass es ein besonderes Verhältnis zwischen den beiden geben muss. Mit keinem anderen Spieler führt man mehr Einzelgespräche, er ist der „Trigger Man", derjenige, der im Angriffsspiel den Abzug drückt. Gelingt es dem Headcoach nicht, dass sein Quarterback seiner Philosophie bedingungslos folgt, wird das schlimme Folgen haben.

Ganz wichtig ist, dass sich der Anführer seine Position selbst erarbeitet, anstatt die Autorität vom Trainer verordnet bekommt. Er muss sich das Vertrauen der Mitspieler durch sein Auftreten im Training und im Wettkampf verdienen und darf es nicht geschenkt bekommen. Deshalb halte ich teambildende Maßnahmen extra für den Quarterback auch für Unsinn, weil er sich nur durch seine Leistungen auf dem Feld und seinen Einsatz rund um das Team positionieren kann. Das Vertrauen der Mitspieler bildet sich nur, wenn ihr Anführer da abliefert, wo es notwendig ist.

Der Prototyp des Quarterbacks ist, auch wenn ihr mich nun für opportunistisch halten mögt, Patriots-Superstar Tom Brady. Für mich muss ein Quarterback vor allem werfen können. Es kann helfen, wenn er, wie zum Beispiel ein Aaron Rodgers von den Green Bay Packers, auch im Laufspiel die Beine in die Hand nehmen kann. Aber in erster Linie soll er seine Pässe zum Mann bringen, und das erledigt Brady in Perfektion. Er ist der geborene Anführer, ein großer, sehr ehrgeiziger und hochgradig spielintelligenter Mann, der niemals den Fokus verliert, was er zuletzt im Super Bowl gegen die Atlanta Falcons wieder bewiesen hat. Für mich ist er der perfekte Quarterback.

Ich hatte das Glück, in meiner Zeit in Kiel Bradys GFL-Äquivalent trainieren zu dürfen. Jeff Welsh war von seiner Loyalität und Führungsqualität her ein enorm starker Quarterback, ein Mann mit großer Spielübersicht und einem einwandfreien Charakter. Das Negativbeispiel lernte ich als Sportdirektor bei den Hamburg Huskies kennen. Jerry Lovelocke brachte physisch alles mit, um es in die NFL zu schaffen. In der GFL hatte er eigentlich nichts zu suchen. Aber sein Problem war, dass ihm die mentale Komponente fehlte, um ein Leader zu sein. Er hatte nicht verstanden, was Teamplaying bedeutet. Ich führte viele Gespräche mit ihm, um ihm das zu verdeutlichen, aber er zog leider weiter seine Ego-Nummer ab und verbaute sich damit nicht nur eine großartige Karriere, sondern leider auch den Weg in eine Zukunft nach der Karriere. Denn wenn du mal nicht mehr spielst, hilft dir dein guter Arm nicht weiter, sondern nur dein Charakter. Und da fehlte es ihm.

Neben dem Quarterback sind die Wide Receiver die größten Stars, denn sie sind in der Regel für die Touchdowns zuständig. Allerdings sind sie dafür von den Zuspielen ihres Quarterbacks abhängig, und das macht viele von ihnen zu einem speziellen Spielertypen, den ich gern als Diva bezeichne. Es gibt viele Receiver, die großen Wert darauf legen, in jedem Spielzug die erste Anspieloption zu sein. Ein perfektes Beispiel für dieses Verhalten ist Braylon Edwards, den ich bei den Cleveland Browns kennenlernte. Hier reden wir von einer Prime-Time-Diva, einem Showboat der Extraklasse. Braylon hatte immer die neuesten Designer-Outfits, er stimmte die Farbe seiner Anzüge gern mit der seines aktuellen Autos ab. Komplett durchgeknallt!

Bei ihm war jeder Move wie ein Auftritt. Wenn er in den Teammeetings feststellte, dass er bei einem Spielzug mal nicht die erste Anspielstation sein sollte, fragte er ständig nach, warum und weshalb das so sei und nervte alle damit zu Tode. Ich fand allerdings nicht, dass er ein Arschloch war, er war einfach ein geltungssüchtiger Mensch, der sich schwer damit abfinden konnte, mal nicht im Rampenlicht zu stehen. Einmal lief ich an seinem Locker vorbei, als ein Stück Papier daraus auf den Boden schwebte. Ich hob es auf und sah, dass es sich um einen Scheck handelte, der auf eine hohe sechsstellige Summe ausgestellt war. In der NFL werden die Spieler jede Woche per Scheck bezahlt, und ich war erschrocken, die Summe zu sehen, die dort stand. Damit hätte ich mehrere Jahre gut leben können! Ich reichte Braylon etwas verdattert den Scheck, und er sagte nur: „Oh ja, danke, die liegen hier einfach so in meinem Locker herum." Verrückter Vogel.

Der deutsche Prototyp des Diva-Receivers ist Julian Dohrendorf, den ich 2010 von den Lübeck Cougars zu den Kiel Baltic Hurricanes holte. Er war der Meister des Trashtalks. Wenn er an der gegnerischen Seitenlinie zu Gange war, konnte ich regelmäßig sehen, wie die gesamte Bank sich über ihn aufregte, weil er wieder irgendein dreckiges Zeug faselte. Aber solche Typen, die polarisieren und damit den Gegner ablenken, braucht jedes Team. Mit seiner Leistung hat er mich immer überzeugt, denn Julian redete nicht nur, er lieferte auch ab. Wenn er in einem Spiel mal nur drei Bälle bekam, war er mucksch. Er wollte halt immer derjenige sein, der den Unterschied ausmacht. Das Muster einer Diva.

Es gibt natürlich Ausnahmen, die die Regel bestätigen. Bei den Philadelphia Eagles hatten sie einen Veteran-Receiver namens Kevin Curtis. Der trug den Spitznamen „Weißer Blitz", weil er die 40 Yards in 4,21 Sekunden laufen konnte. Einmal kam er mit einem Hybridauto zum Training und wurde dafür von den anderen

PS-Protzen ausgelacht. Das störte ihn überhaupt nicht. Er interessierte sich für solche Nebensächlichkeiten einfach nicht. Solche Typen gibt es auch.

Wer aktuell in der NFL die Superdiva ist, kann ich nicht beurteilen, dazu kenne ich die Spieler zu wenig persönlich. Ich weiß von meiner Zeit in Philadelphia, dass DeSean Jackson von den Tampa Bay Buccaneers ein ziemlich extrovertierter Typ ist. Als Trainer musst du deine Receiver zwar immer wieder bremsen, damit sie nicht völlig durchknallen. Aber du musst auch verstehen, dass du solche Charaktere brauchst. Mit 53 netten Jungs ohne Killerinstinkt wirst du niemals gewinnen, du brauchst das gewisse Extra, das dir diese Diven bringen. Schlimm ist nur, wenn du es nicht schaffst, diese Jungs unter Kontrolle zu halten.

Wenn wir über Diven auf der Receiverposition reden, müssen wir auch über die Cornerbacks sprechen. Eigentlich ist das die Arschkartenposition, und ich weiß aus eigener Erfahrung, wovon ich rede. Als Cornerback hast du einen Receiver als direkten Gegenspieler, der meistens ein Topathlet ist, der vorwärts läuft und die Passrouten kennt, die er laufen muss. Der Cornerback muss rückwärts laufen und hat meist keine Ahnung was kommt. Er kann von 60 Duellen 59 gewinnen, und dennoch wird später nur über das eine gesprochen, das er verloren hat und das zum entscheidenden Touchdown führte.

Damit muss man erst einmal klarkommen, und deshalb braucht es auf der Position des Cornerbacks Typen mit einem ausufernden Selbstbewusstsein, die sich von Fehlern nicht eine Sekunde aus der Bahn werfen lassen und die überzeugt davon sind, im nächsten Spielzug den Gegner auf jeden Fall plattzumachen. Mit schlotternden Knien hast du als Cornerback schon verloren. Der ideale Cornerback paart Topathletik mit Größenwahn.

Als Trainer muss man diese Spieler bei einem Fehler sachlich korrigieren, aber auch sofort wieder aufbauen. Wer als Trainer nicht versteht, wie schwer diese Position zu spielen ist, der wird Probleme bekommen, denn ein Cornerback braucht das volle Vertrauen seines Trainers.

In der NFL mag ich aktuell Richard Sherman von den Seattle Seahawks am liebsten, weil er nicht nur covern, sondern auch tacklen kann. Er ist nicht nur hochgradig intelligent, sondern hat auch die notwendige Attitüde. Der zweite NFL-Cornerback meines Vertrauens ist Marcus Peters von den Kansas City Chiefs, eine absolute Rakete mit unglaublichen Reflexen und großartigen Ballfertigkeiten. Dagegen halte ich Josh Norman von den Washington Redskins für überschätzt. Für das, was er abliefert, ist sein Ego doch ein Stück zu groß.

Der talentierteste Cornerback, den ich jemals trainieren durfte, war Lansana Teuber in Kiel. Ein Modellathlet mit unglaublichem Speed und enormer Power. Für den Profifootball wäre Lansana aber einfach zu nett gewesen. Physisch hätte er es mindestens im Division 1 College Football schaffen können. Aber schon an seinem Gesicht, das wie eine kleine, schwarze Ebenholzpuppe aussah, erkannte man, dass das Profigeschäft nichts für ihn gewesen wäre. Ähnlich verhielt es sich in Oakland mit Nnamdi Asomugha. Der war ein Riesentalent, brachte physisch alles mit. Aber ihm fehlte der „Dog" in sich, er war zu intelligent und zu nett, um langfristig erfolgreich zu sein.

In der NFL Europe haben mich auf der Cornerback-Position nachhaltig Lenny Greene, der für Frankfurt und Köln spielte und den ich später in Kiel auch trainierte, und Richard Yancy von Düsseldorf Rhein Fire beeindruckt. Und in Kiel hatte ich mit Richard Gardner einen ehemaligen NFL-Profi, der immer ganz nah an der Grenze wandelte, aber zum Glück von Coach Val in Schach gehalten werden konnte.

Die Typen, die am schwersten zu kontrollieren sind, spielen allerdings in der Defensive Line. Wobei es dort einen großen Unterschied gibt zwischen den Jungs im Zentrum und den Ends. Für die Pass Rusher, also die Jungs, die versuchen, das Passspiel der gegnerischen Offensive zu stören, sind die Quarterback Sacks die Währung, in der sie denken. Deshalb müssen die Defensive Tackles die härtesten Typen auf dem Feld sein, die es in Unterzahl mit den Kolossen in der Offensive Line des Gegners aufnehmen. Um diese Position in der NFL zu spielen, muss man schon ein ziemliches Biest sein.

Ich weiß, was es bedeutet, auf dieser Position zu spielen, weil ich in den NFL-Camps als Assistenzcoach in den Walkthroughs im Training immer den Nose Tackle simulieren durfte. Da steht man vor zwei riesigen Kampfschweinen, die man förmlich riechen kann, und fühlt sich wie ein dreijähriges Kind. Das Absurde ist, dass es tatsächlich Menschen gibt, die nicht nur Spaß daran haben, es mit gleich zweien dieser Fleischberge aufzunehmen, sondern die es auch noch schaffen, denen den Hintern zu versohlen. Das ist Wahnsinn.

Diese Jungs brauchen acht Vorwärtsgänge, dafür verzichten sie auf den Rückwärtsgang. Sie sind schiere Kraftpakete, denn sie vereinen Geschwindigkeit und Kraft. Einige Pass Rusher sind so schnell wie Receiver und haben die Power von Defensive Tackles. Diese Positionsgruppe unter Kontrolle zu halten, ist besonders schwierig, weil du immer den Wahnsinn einkalkulieren musst, der in den Köpfen einiger Spieler vorgeht. Manche von denen wären ohne Football vielleicht im Knast oder als Gewaltverbrecher in ihrem Wohnviertel berühmt-berüchtigt.

Der beste Pass Rusher in der NFL ist für mich aktuell Von Miller von den Denver Broncos. Der ist 191 Zentimeter groß und 113 Kilogramm schwer, seine Gegenspieler sind meistens zehn Zentimeter größer und 40 Kilo schwerer. Dennoch schafft er es mit seiner Mischung aus Geschwindigkeit und Masse, eine Kraft zu entwickeln, mit der er die Offensive-Line-Gegner in ihren Quarterback hineinwirft. Der beeindruckendste Pass Rusher, den ich jemals live gesehen habe, war allerdings Oaklands Derrick Burgess. Der sah mit seinen 188 Zentimetern Körperlänge eher wie ein Linebacker aus und war als Typ recht unscheinbar. Aber er hatte Monsterbeine, und dann sah ich bei einem One-on-One-Drill, wie er seinen O-Line-Kontrahenten Langston Walker, ein Tier von 203 Zentimetern und 166 Kilo, dermaßen aushebelte, dass der waagerecht in der Luft lag und krachend in dem Dummy landete, der den Quarterback simulierte. Da wusste ich: Mit Derrick Burgess sollte man sich nicht anlegen.

Solche Haudegen beeindruckt man nicht durch irgendwelche aufgesetzte Härte, sondern nur durch authentisches Handeln. Du musst du selbst sein und darfst keine Angst zeigen, denn Angst oder Unsicherheit können sie förmlich riechen. Ich habe die Jungs aus der D-Line oft über Gegner reden hören, und da fielen Sätze wie: „Die Nummer 75, die habe ich gebrochen. Ich konnte seine Angst riechen." Und das meinen die wirklich so. In Gesprächen oder Konflikten mit den Spielern habe ich immer die Flucht nach vorn angetreten. Da muss man zeigen, dass man die größeren Eier hat und keinen Schritt zurückweicht. Bei Special-Teams-Trainingseinheiten bin ich praktisch neben den Spielern das Feld heruntergelaufen, um sofort eingreifen zu können, wenn es etwas zu korrigieren und keine Zeit zu verschwenden gab. Alte Trainer schaffen das gar nicht, aber genau das hat meist für Eindruck gesorgt, weil sie respektierten, dass da einer genauso irre ist wie sie selbst.

Für mich persönlich ist die D-Line die mir fremdeste Positionsgruppe, was aber daran liegt, dass ich dort nie gespielt habe und auch keinen Coach hatte, der mir die Eigenheiten nahegebracht hat. Insofern liegt sie mir fachlich am fernsten.

Meine liebste Positionsgruppe ist die Offensive Line, weil ich die Charaktere besonders mag, die dort vorrangig zu finden sind. Das sind alles große, gutmütige Beschützer, die in der vorteilhaften Lage sind, dass sie niemals ihr Maul zu weit aufreißen mussten, weil sie physisch so eindrucksvoll sind, dass sowieso jeder Respekt vor ihnen hat. Die meisten von ihnen sind entspannte, freundliche Typen und entsprechend leicht zu coachen. Sie haben untereinander den besten Zusammenhalt, sind meist wie ein kleines Team im Team, das viel zusammen unternimmt, weil sie wissen, dass sie nur als Fünfergespann funktionieren können.

Was die meisten unterschätzen: Die O-Line ist in der NFL die intelligenteste Positionsgruppe, weil sie so viele verschiedene Spielschemata verinnerlichen müssen, um als Gesamtkunstwerk zu funktionieren. Besonders der Center sticht hervor, er ist eine Art Quarterback der Offensive Line, er sagt an, wer wen zu blocken hat und regelt auf diese Art den Verkehr. Ich war überrascht, wie smart Center sind. Ich habe in Cleveland Gespräche zwischen dem Center Hank Fraley und dem Quarterback Derek Anderson belauscht, die in einem derartigen Fachchinesisch geführt wurden, dass ich kaum verstand, worum es eigentlich ging.

Mein Alltime-Favourite-O-Liner, den ich coachen durfte, ist Sebastien „Babas“ Meynard, den ich bei Paris Flash im Team hatte. Ein unglaublicher Typ, der aussah wie ein Sack alter Schrauben, aber das Herz eines Löwen hatte und so smart war, dass er alle meine Anweisungen exakt so umsetzte, wie ich es mir wünschte. Und das, obwohl er kaum Englisch verstand und ich kaum Französisch sprach! Babas verkörperte das, worauf es im Football ankommt: Intelligenz, Härte und Leidenschaft. Er hat wirklich immer alles gegeben, und wenn wir uns heute treffen, freuen wir uns ein zweites Loch in den Hintern.

Bleibt noch die Gruppe der Runningbacks. Sie sind auch potenzielle Superstars, dennoch findet man unter ihnen selten Diven, was daran liegt, dass die Jungs wissen, dass sie ohne ihre Offensive Line, die ihnen den Weg freiblockt, gar nichts wären. Sie sind deshalb für Coaches eine sehr angenehme Gruppe, die hart arbeitet und genau weiß, worauf es ankommt. Sie setzen die geforderten Inhalte meist sofort um, denken sehr gut mit, weil sie in jede Offensivaktion – Passspiel, Laufspiel und Pass Protection – eingebunden sind, und sind körperlich meist sehr gut ausgebildet.

Für mich war Barry Sanders, Superstar der Detroit Lions, in der NFL das Sinnbild eines Runningbacks. Ein sehr bescheidener Spieler, der niemals Klamauk machte. In der NFLE und später auch in Kiel hatte ich das Vergnügen, mit Quentin Griffin zu arbeiten. Von seiner Qualität her war er ein Topmann, Kandidat für die Heisman Trophy, aber er war so zart besaitet, dass es schon einen Grund hatte, warum sein Spitzname „Täubchen“ lautete.

Nun habe ich euch hoffentlich einen ausreichenden Überblick über die Egos im Football und darüber, wie man mit ihnen umgeht, verschafft. Fehlt nur noch die Antwort auf die Frage, wo in der NFL eigentlich Platz ist für die Spieler, die keine Alphamännchen sind. Sie ist recht einfach: Solche Typen gibt es eigentlich nicht, denn jeder, der es in die beste Liga der Welt schafft, ist ein Spieler, der immerhin am College abgeliefert hat. Natürlich gibt es aber in jedem Team auch zwei Charaktere, die es in jeder Gruppe gibt: den Klassenkasper und das Opfer.

Opfer sind in NFL-Teams nicht charakterschwach oder physische Schwächlinge, sondern einfach die Jungs, die aufgrund ihrer Stellung im Team als Rookies oder Free Agents immer etwas hinterherhängen. Wenn die dann mal ein, zwei Fehler machen, den Ball fallen lassen oder ausrutschen, dann haben sie schnell den Ruf weg, an allem schuld zu sein. Das ist nicht schön für sie, aber es ist wichtig fürs Team, solche Leute zu haben, denn eine Mannschaft wächst daran, wenn es ihr gelingt, ihre Schwächsten mitzuziehen.

Die Klassenkasper, also die Jungs, die für die gute Laune zuständig sind, sind unglaublich wichtig für den Zusammenhalt. Sie sind nicht auf Positionsgruppen festzulegen. In Oakland war es LaMont Jordan, ein Runningback, mit dem ich mich blendend verstand. In Philadelphia war es unser Quarterback Donovan McNabb, und bei den Hamburg Sea Devils unser Linebacker Kenny Kern, der schon so lustig aussah, dass alle über ihn lachen mussten.

Viele meiner früheren Teamkollegen würden wohl behaupten, dass ich zu meiner aktiven Zeit die Rolle des Kaspers ganz ordentlich ausgefüllt habe. Und wahrscheinlich stimmt das auch, denn mir war es immer wichtig, dass es im Training auch etwas zu lachen gibt. Ich war immer ein emotionaler Spieler, und ich bin auch als Trainer so geblieben. Natürlich haben mich die vielen Erfahrungen ruhiger gemacht. Aber eigentlich coache ich so, wie ich als Cornerback auch gespielt habe: mit einer Portion Größenwahn, die mich glauben lässt, dass ich der Beste bin. Diesen Glauben braucht man auch, wenn man in einem solchen Sport wie Football eine Gruppe von Männern anführen will. Und deshalb werde ich ihn mir auch bewahren.

FOURTH QUARTER

KAPITEL 10:

DAS COACHING BUSINESS ALS SOLCHES – WAS MACHT EINEN GUTEN TRAINER AUS

Die Frage, wie man den richtigen Beruf findet, ist ungefähr so einfach zu beantworten wie die nach der Suche nach dem richtigen Partner fürs Leben. Man macht sich viele Gedanken, aber wenn es so weit ist, dann spürt man einfach, dass es sich richtig anfühlt. Genauso war es, als ich 1999 meine ersten Erfahrungen als Trainer des Zweitligisten Hamburg Wild Huskies sammeln durfte. Ich war erst 25 Jahre alt und hatte ein absolut beschränktes Wissen über Football, was mir damals zwar nicht so vorkam, aber definitiv so war. Aber ich spürte, dass es mir großen Spaß machte, Inhalte zu vermitteln.

Mein Antrieb ist bis heute das Gefühl, viel zu wenig über meinen Sport zu wissen. Dieses Gefühl hält mich auf dem Weg, es gibt mir den Hunger, den ich brauche, um mich immer wieder zu verändern und neue Einflüsse zuzulassen. Und ich bin der festen Überzeugung, dass nur so Erfolg möglich ist. Denn in dem Moment, in dem ich denke, dass ich alles weiß, werde ich stillstehen. Man kann überall neue Einflüsse finden, nicht nur in anderen Sportarten, sondern auch im Alltag. Es gibt auf allen Feldern doch jeden Tag so viel zu lernen!

Für mich war die NFL Europe wie ein duales Studium. Ich lernte direkt am Spiel und bildete mich durch die ständigen Meetings dauerhaft weiter. Dazu habe ich unzählige Stunden mit erfahrenen Coaches verbracht, die mir ihr Wissen weitergegeben haben. Diese Bereitschaft, immer wieder Extrastunden aufzuwenden, um besser zu werden, muss man mitbringen, um sein Wissen zu vermehren. Das ist das A und O – und sehr wahrscheinlich mehr wert als so manch ein Trainerschein, der in Deutschland gefordert wird.

Viel wichtiger aber als theoretisches Wissen ist für mich das Gefühl, dass es mir gelingt, Menschen zu erreichen und zu begeistern. Ich bin überzeugt davon, dass das eine der wichtigsten Eigenschaften ist, die ein Trainer besitzen muss. Du kannst dir all dein theoretisches Wissen über Trainingsformate und Playbooks aus dem Internet herauskramen oder andere Coaches kopieren. Aber Information ist nicht gleich Kompetenz. Wer es nicht schafft, das eigene Ego in die Tasche zu stecken und sich voll und ganz auf seine Spieler einzulassen, wird als Trainer nie erfolgreich sein.

Es geht darum, dass die Spieler dir zuhören, denn nur dann kannst du die maximale Information in ihre Gehirne pressen. Mein Mentor Coach Val ist das beste Beispiel dafür. Den kannst du mit 50 deutschen Jugendspielern in einen Raum setzen, und innerhalb kürzester Zeit kann er denen ein NFL-Playbook so erklären, als wäre es der krasseste Science-Fiction-Thriller. Er schafft es, Konzepte zu vermitteln und nicht nur Informationen, sodass die Spieler nicht nur verstehen, was wir tun, sondern auch, warum wir es tun. Das ist die hohe Schule, die nur wenige beherrschen.

Ein guter Trainer muss ein guter Kommunikator sein und jedem Spieler das Gefühl geben, dass er ihn besser machen kann. Dass er und seine Leistung gewürdigt werden, auch wenn er nicht immer gebraucht wird. Menschlichkeit ist das Zauberwort. Viele Trainer scheitern vor allem an ihrem Ego und daran, dass sie es nicht ertragen können, dass Spieler schlauer werden könnten als sie selbst. Der ideale Spieler aber ist in meinen Augen derjenige, der mit seinen Trainern auf Augenhöhe diskutiert, ohne es dabei an Respekt fehlen zu lassen. Deshalb sind doch die Bradys und Mannings dieser Welt so stark. Und wer das als Coach nicht zulässt, schwächt sich selbst und das Team.

Mir hat nicht nur in den ersten Jahren als Coach mein Studium der Heilpädagogik sehr geholfen, denn bei Licht betrachtet liegt zwischen Footballcoaching und der Arbeit mit seelenpflegebedürftigen Kindern gar nicht viel. Man hat es im Football mit großen Kindern und vielen speziellen Charakteren zu tun, und deshalb konnte ich vieles von dem Wissen, das mir das Studium vermittelt hatte, im Sport umsetzen.

Oft wird darüber diskutiert, ob ein Trainer eine Karriere als Spieler durchlaufen haben muss, um ein richtig guter Coach sein zu können. Meine Meinung: nicht unbedingt. Es ist zwar hilfreich, selbst mal gespielt zu haben, damit man Bewegungsmuster nachvollziehen und sich in gewisse Lagen besser hineinversetzen kann. Aber das Level, auf dem man gespielt hat, ist nicht entscheidend. Viel wichtiger ist, wie sehr man das Spiel tatsächlich verstanden hat. Mein Aha-Erlebnis hatte ich dahingehend im Camp der Cleveland Browns, als ich 20 Spielern in meinem ersten eigenen Meeting gegenübersaß, die es kaum erwarten konnten, dass es endlich losging. Da habe ich gespürt: Hey, du warst selbst definitiv kein Star in der deutschen Liga, aber diese NFL-Profis hören dir zu und erwarten von dir, dass du sie besser machen kannst und wirst!

Die Beziehung zu meinen Spielern war und ist mir verdammt wichtig. Natürlich kann nicht jeder Spieler seinen Coach mögen. Aber selbst die, die meinen, dass ich ein Arschloch bin, müssen definitiv sagen, dass das Arschloch verdammt noch mal weiß, wovon es spricht, wenn es um Football geht. Ich habe noch zu vielen ehemaligen Spielern guten Kontakt und pflege das sehr. Natürlich gibt es welche, die mich früher gehasst haben, heute aber einzuschätzen wissen, dass ich versucht habe, ihnen in ihrer Entwicklung zu helfen. Zum Beispiel Falk Horn, den ich aus der Jugend der Blue Devils ins GFL-Team nach Kiel geholt habe, und aus dem ein richtig guter Defensive Back und Nationalspieler, vor allem aber ein erstklassiger Mensch wurde. Ihn und auch Jaques Huke, einen jungen Linebacker, durfte ich nicht nur als Spieler, sondern auch auf dem Weg vom Jungen zum Mann formen, und wenn wir heute darüber reden, wissen sie das zu schätzen. Mich freuen solche Beispiele sehr, weil sie mir die Gewissheit geben, meinen Job zumindest nach meiner Auffassung richtig zu machen.

Wer mit seinen Spielern kommunizieren will, der muss selbstverständlich die neuen Kommunikationsmittel beherrschen und benutzen. Leistungssport ist etwas für junge Menschen, und die nutzen heutzutage eben ihre Smartphones als Hauptkommunikationsquelle. Wer also WhatsApp, Facebook, Instagram und Co. für Teufelszeug hält, wird es schwer haben, seine Jungs auf allen Ebenen zu erreichen. Dennoch ist für mich die gute, alte Taktiktafel kein Instrument aus grauer Vorzeit, sondern eine wichtige Ergänzung. Ich bin ein Freund davon, alles zu kombinieren und zum Beispiel auch mal in einem Meeting einen Spieler nach vorn zu holen, um ihn einen bestimmten Spielzug an die Tafel malen zu lassen. Für mich gehört das alles zur Arbeit eines Trainers.

Auch wenn heute sehr viel mithilfe von Mails, SMS oder anderen Chats auf elektronischem Weg kommuniziert wird, ist das wichtigste Mittel noch immer das direkte Gespräch. Mein Anspruch ist, alle meine Spieler genau zu kennen und mich auch mit ihrem Umfeld auseinanderzusetzen. Ich hatte in meiner aktiven Zeit Trainer, die von mir maximal den Namen kannten, der auf meinem Jersey stand. Manche haben über eine gesamte Saison nicht einmal mit mir persönlich geredet. So etwas kann ich nicht begreifen. Ich möchte, dass jeder Ersatzspieler das Gefühl bekommt, Teil des Ganzen zu sein. Was allerdings nicht bedeutet, dass meine Footballwelt nur aus Friede, Freude, Eierkuchen besteht. Ich bevorzuge die direkte Ansprache, die auch mal wehtut. Aber es geht darum, die Menschen, die einem anvertraut werden, ernst zu nehmen.

Man hat als Trainer so viele Gelegenheiten, mit seinen Spielern ins Gespräch zu kommen. Das müssen beileibe keine fest anberaumten Zehn-Minuten-Einzelgespräche sein. Es reicht, auch mal während des Trainings kurz nach dem Befinden zu fragen oder sich zu erkundigen, wie es daheim oder – sofern es sich um Amateurspieler handelt – im Beruf so läuft. Ich habe zum Glück niemals Notizen gebraucht, um mir zu merken, wie welcher Spieler heißt, wie seine private Situation ist oder was er arbeitet. Mein Team ist das, womit ich morgens aufstehe und abends ins Bett gehe, und da gehört jeder Spieler wie ein Puzzleteil dazu.

Ich glaube, dass ein wesentlicher Faktor meines Erfolgs darin liegt, dass ich mich nicht verstelle, sondern authentisch bin. Ich freue mich über die Vaterschaft eines Spielers ebenso wie über einen siegbringenden Touchdown. Natürlich bin ich abseits des Footballfelds ein ruhigerer Typ, aber vom Charakter her bin ich immer derselbe Mensch. Als junger Coach habe ich auch mal ausprobiert, wie ein anderer Trainer zu agieren. Aber wenn man unter Druck steht, dann kommen immer die wahren Charakterzüge zum Vorschein, und dann muss man schon sehr gut schauspielern können, um seiner Umwelt etwas vorzugaukeln.

Ich bin sicherlich ein emotionaler, lauter Trainertyp, wobei ich Lautstärke nicht mit Rumschreien assoziiere, sondern mit Enthusiasmus und Anfeuern. Es gibt dieses schöne Sprichwort, dass der Ton die Musik macht, und genau das halte ich für wichtig. Man darf als Trainer laut sein oder leise, beides hat seine Zeit und seine Gründe. Aber man sollte nie beleidigend werden oder Leute grundlos und vernichtend runterputzen. Es gibt Coaches, die offenbar in ihre Stimme verliebt sind und deshalb zu laut oder zu viel reden. Manchmal ist es aber viel wichtiger, sich zurückzunehmen, auch mal komplett zu schweigen, um zum einen einen anderen Reiz zu setzen, zum anderen aber auch alles in Ruhe observieren zu können. Dieser „Stealth Mode“ ist manchmal ein ganz wichtiges Element meiner Arbeit.

Wenn der Erfolg ausbleibt, fällt häufig ein Satz, der für mich keinen Sinn ergibt: „Jetzt ist der Trainer als Psychologe gefordert!“ Im Idealfall ist ein Cheftrainer immer Psychologe, Lehrer, Vater, Anführer und großer Bruder in einer Person, aber so wichtige Felder wie die Psychologie sollten wir eigentlich doch Fachleuten überlassen, die darin ausgebildet sind. Ich bin ein großer Freund davon, Spezialisten in allen Bereichen zu Rate zu ziehen. Das größte Problem dabei ist, besonders im Amateurbereich, der Faktor Zeit. Psychologische Betreuung ist meines Erachtens zwar ein immens wichtiger Bereich, aber während der laufenden Saison ist dafür erstens oft zu wenig Zeit und zweitens ist es dann auch meist schon zu spät. Deshalb plädiere ich dafür, psychologische Hilfe bereits in der Off-Season einzusetzen, um die Spieler mental so gut wie möglich vorzubereiten. Dann kann man während der Saison punktuell auf dem Erarbeiteten aufbauen.

Im Profisport generell, vor allem aber in Nordamerika, sind Charaktertests ein beliebtes Mittel, um die Zusammenstellung eines Teams zu optimieren. Ich habe damit bislang noch nicht gearbeitet, weil ich der Überzeugung bin, dass kein Test das Innerste eines jeden Spielers so sehr nach außen bringen kann wie unser Sport selbst. Ich kann als Trainer mein Training so steuern, dass die Mitglieder meiner Gruppe immer wieder an ihre Grenzen stoßen und diese überschreiten müssen. Wenn zum Beispiel im Training viel gelacht und Spaß gemacht wird, kann ich erkennen, wer darüber den Fokus verliert und wer trotzdem mit vollem Ernst bei der Sache bleibt. Oder wenn Druck ausgeübt wird, kann ich sehen, wer hart genug ist, ihn auszuhalten und wer einknickt, wenn es ans Eingemachte geht. Manche Spieler beklagen sich schon vor einer Zwei-gegen-eins-Übung, dass sie allein gegen zwei Gegner antreten sollen. Solche Kandidaten musst du dann als Trainer anders einsetzen als die, die am liebsten noch einen dritten Gegner hätten. All das lässt sich aber im Trainingsalltag herausfinden, dafür brauche ich keine Theorietests.

Was man braucht ist eine gute Mischung der verschiedenen Typen. Du benötigst eine kleine Gruppe an Führungsspielern, die unter den vielen Alphamännchen, die grundsätzlich im Football unterwegs sind, mit ihren Charaktereigenschaften noch einmal hervorstechen. Dann brauchst du viele Arbeiter, die Spezialisten in dem sind, was sie tun, aber keine absoluten Führungsansprüche hegen. Und dann brauchst du auch die sogenannte Omega-Fraktion. Das sind die Jungs, die öfter mal versagen, die Fehler machen und immer die Schuld kriegen.

Wofür man solche Spieler braucht? Sie geben dem Team die Chance, enger zusammenzurücken. Wer es schafft, auch die Schwachen mit einzubinden und dennoch als verschworene Einheit zu agieren, der wird es als Mannschaft weit bringen. Und dafür braucht es die Omega-Fraktion. Ich hatte in Kiel mal einen Tight End, Florian Birkner, der war genauso ein Typ. „Birk Alert“ war ein fester Begriff, weil Florian bei fast jeder Aktion hinfiel und dabei fast jedem Mitspieler schon mal die Knie gekostet hätte. Aber er war unheimlich wichtig für das Team, weil er zur Belustigung beigetragen hat, vor allem aber, weil er trotz seiner Defizite alles gab, was er hatte. Und das akzeptierten alle anderen. In seinen letzten Jahren reifte er dann zu einem richtig brauchbaren Tight End, und diese Entwicklung hat alle gefreut. An so etwas wachsen Mannschaften.

Im Amateurfootball hat der Headcoach meist keinen großen Einfluss auf die Zusammensetzung der Mannschaft, sondern muss mit dem klarkommen, was da ist. Umso wichtiger ist, dass die wenigen Importspieler, die er holt, sowohl die Kategorie Führungsspieler als auch die Kategorie Spezialist erfüllen. Da jedes Team solche Spieler sucht, ist es nicht leicht, sie auch zu kriegen. Aber danach streben sollte man in jedem Fall. Alles Weitere muss sich dann im Training ergeben. Wenn Spieler gewisse Qualitäten noch nicht haben, muss man ihnen dabei helfen, sie zu erlangen. Das geht aber meist nur über Jahre, deshalb braucht es Geduld, die es im Sport leider nur sehr selten gibt.

Oft kommt es auch vor, dass Spieler ihr Potenzial nicht abrufen können, weil sie auf einer falschen Position eingesetzt werden. Das muss ein guter Trainer erkennen, braucht dafür aber auch Erfahrungswerte. Und natürlich ist es auch unerlässlich, die mentale Konstitution seiner Spieler zu kennen, da jede Position andere Typen verlangt. Der Offensive Lineman ist Beschützer, der Defensive Lineman dagegen eher ein Aggressor mit sechs Vorwärtsgängen und ohne Rückwärtsgang. Linebacker sind Jäger, Cornerbacks größenwahnsinnige Athleten mit riesigem Ego. Aber das kennt ihr ja aus dem vorangegangenen Kapitel.

Die Anforderungen, die unser Sport an Spieler und Trainer stellt, sind so hoch, dass es allein schon aus logistischen Gründen Assistenztrainer braucht. Selbst im Amateurbereich kann nicht ein Headcoach alles allein machen, dazu gibt es innerhalb der verschiedenen Positionsgruppen so viele unterschiedliche Ausrichtungen, dass es ohne Assistenten überhaupt nicht mehr geht. Wenn ein Headcoach alles allein machen soll, leidet darunter die Qualität sehr arg, da er nur das große Bild zeichnen kann, die Feinheiten aber auf der Strecke bleiben. Ich habe das 2011 in Kiel erlebt, als Coach Val seinen Schlaganfall erlitt und kurz nach Saisonstart in die USA zurückkehren musste. Ohne ihn als Defensive Coordinator war ich aufgeschmissen.

Wer um die Wichtigkeit der Assistenten weiß, kann umso besser verstehen, warum die Zusammensetzung des Trainerteams noch gründlicher geschehen muss als die Aufstellung des Spielerteams. Der Unterschied ist, dass der Headcoach hier selbst bestimmen kann, welche Spezialisten er sich in sein Team holen will. Ich habe versucht, immer eine gute Mischung aus erfahrenen Toptrainern und namenlosen Talenten mit viel Potenzial zusammenzustellen. Die wichtigsten Positionen sind dabei der Offensive-Line-Coach und der Defensive-Backs-Trainer, denn auch die jeweiligen Koordinatoren sind immer nur so gut wie ihre Assistenten.

Meine Philosophie ist, dass die Assistenztrainer für ihre Positionsgruppen der Ruhepol sein sollen. Bei ihnen sollen sich die Spieler auch mal ausheulen dürfen. Sie sind die Korrektive im Verhältnis zwischen Trainern und Spielern, während der Headcoach und die Koordinatoren für Offense, Defense und Special Teams die Bad Guys sind. Dennoch darf der Hauptübungsleiter niemals vergessen, dass er die Gesamtverantwortung trägt. Auch ein Assistenzcoach dreht mal durch und hat Konflikte mit seinen Spielern, und dann bin ich als Headcoach gefordert, mit den Spielern zu reden und zu vermitteln. Wenn Assistenten die Contenance verlieren, muss der Headcoach beschwichtigen und für Ruhe sorgen können. Sind die Assistenten zu ruhig, muss der Headcoach aufs Gaspedal treten. Er muss die Richtung vorgeben und in der Lage sein, das Schiff durch jede See zu steuern.

Auch im Trainerteam ist Kommunikation das wichtigste Element. Mein Credo ist, dass der Headcoach so genau wie möglich vorgeben muss, was er von seinen Assistenten erwartet, aber auch, was die von ihm erwarten können. Aufgaben und Ziele müssen so klar wie möglich formuliert werden, damit jeder weiß, woran er ist. Ich erreiche das, indem ich beim ersten Trainermeeting in der Vorbereitung die sogenannte „Coaches Lecture“ austeile. Das habe ich mir von Andy Reid, dem langjährigen Cheftrainer der Philadelphia Eagles, abgeschaut.

In dieser „Coaches Lecture“ erkläre ich, wie die Kommunikation innerhalb des Teams abzulaufen hat, denn wenn ein Training mal schlecht läuft, sind es beileibe nicht immer die Spieler, die daran schuld sind. Das besprechen wir Punkt für Punkt, damit nichts dem Zufall überlassen bleibt. Das, was ich da vorgebe, will ich dann auch im Training hören. Und wenn jemand sich daran nicht hält, dann gibt es auch mal Ärger, denn es ist ja alles schriftlich festgelegt und mündlich besprochen worden. Wer nach der Besprechung der „Lecture“ nicht aufsteht und widerspricht, der muss für immer schweigen und sich daran halten. Manche sagen mir deswegen nach, ich sei ein Kontrollfreak. Stimmt vielleicht. Aber wenn alles genau definiert ist, kann sich jeder voll auf seine Aufgaben konzentrieren. Und dann ist die Chance, das Bestmögliche herauszuholen, am größten. Und am Ende des Tages muss der Headcoach ja auch den Head hinhalten, wenn es schlecht läuft.

Es gibt für mich eine ganz wichtige Regel im Umgang der Coaches untereinander: Konfrontationen niemals auf dem Spielfeld und niemals vor den Spielern. Wenn Trainer sich untereinander anbrüllen, haben sie sich mit den Spielern auf eine Ebene gestellt und sich damit selbst massiv geschwächt. Alle wissen: Wer sich an den Kodex hält, hinter dem stehe ich bedingungslos. Ich versuche stets, mein Feedback erst nach dem Training zu geben. Natürlich kommt es auch mal vor, dass man während des Trainings eingreifen muss, damit es nicht in die völlig falsche Richtung läuft. Kein Trainer mag das, wenn der Headcoach öffentlich eingreift. Ich sehe die Fehler, die geschehen, aber meist reicht es, diese später anzusprechen. Natürlich ist kein Assistent begeistert, wenn er kritisiert wird. Aber es ist ja alles in der „Coaches Lecture“ festgeschrieben, das gibt mir eine Grundlage, die mich am längeren Hebel sitzen lässt.

Vor allem aber ist diese Grundlage wichtig, um Geschlossenheit zu schaffen. Zusammenhalt im Trainerteam ist unerlässlich, wenn man Erfolg haben will. Genau daran sind wir beispielsweise 2004 bei der Frankfurt Galaxy gescheitert. Wir verloren den World Bowl, weil wir uns im Staff nicht grün waren. Umso wichtiger ist es, dass der Trainerstab mit einer Stimme spricht. Es wird immer Spieler geben, die versuchen, Keile zwischen die Coaches zu treiben. Wenn das passiert, ist das Team verloren.

Deshalb gibt es dieses schöne Wort Loyalität. Für mich bedeutet Loyalität allerdings nicht blinden Gehorsam, sondern eine ehrliche, kritische Auseinandersetzung miteinander im Sinne der Sache. Ich erwarte von meinen Assistenten, dass sie mir klar sagen, wenn sie das Gefühl haben, ich hätte einen Fehler gemacht oder wir würden in die falsche Richtung marschieren. Zwei Dinge sind dabei wichtig: Der Ton macht die Musik und Timing ist alles. Aber wer in mein Büro kommt und ein sachliches Gespräch sucht, wird immer auf offene Ohren stoßen. Ein echter Freund sagt einem auch die unbequemen Dinge, und diesen Maßstab lege ich an mein Trainerteam an; und natürlich auch an die Spieler.

Die haben ebenfalls das Recht, Fehler oder Probleme offen anzusprechen. Ich respektiere sehr, wenn Menschen mit ihren Anliegen vorsprechen. Zwar muss jeder sich im Klaren darüber sein, dass ich nicht immer seine Meinung teile. Aber wenn ich einen Fehler gemacht habe, dann gestehe ich ihn vor versammelter Mannschaft ein und versuche, daraus zu lernen. Diese Aufrichtigkeit gebietet der Respekt vor dem Miteinander, und Spieler wissen das zu schätzen. Das Eingestehen von Fehlern und das Stehen zu Konsequenzen sind Teil der Vorbildfunktion, die ein Headcoach haben sollte. Keiner sollte glauben, er sei unfehlbar. Umgekehrt möchte ich aber auch von meinen Trainern und Spielern keine Ausreden hören, wenn sie Fehler gemacht haben, zu denen sie stehen müssten.

Eine ganz wichtige Eigenschaft habe ich bislang ausgespart. Ein guter Headcoach muss die Fähigkeit haben, es ertragen zu können, sich mit besseren Leuten zu umgeben. Natürlich ist man im Idealfall Anführer und Spezialist in einem und hat einen solch immensen Wissensschatz, dass niemand einem das Wasser reichen kann. Aber im Normalfall ist es so, dass es auf jedem Feld Menschen gibt, die mehr darüber wissen. Und sich das nicht nur einzugestehen, sondern die Kompetenzen abgeben zu können, zeichnet einen guten Cheftrainer aus.

Ich habe dafür stets Coach Val als Beispiel angeführt, der mir lange in Kiel assistiert hat und der auch jetzt noch bei Frankreichs Nationalteam als mein Defensive Coordinator arbeitet. In puncto Wissen, Kompetenz und Erfahrung ist er mir so weit voraus, dass er der natürliche Headcoach wäre. Aber er vertraut meinen Fähigkeiten und stärkt mich dadurch in meiner Position. Ich bin sicher: Je stärker die Assistenten, desto besser können sie ihren Chefcoach reflektieren und das Team besser machen. Deshalb sage ich auf die Frage, was meine größte Stärke als Headcoach ist: „Coach Val, denn wer einen solchen Assistenten hat, der kann eine besondere Qualität garantieren."

Da ich davon ausgehe, dass die meisten von euch keinen wirklichen Plan davon haben, was die Arbeit eines Headcoaches beinhaltet, und stattdessen immer nur den coolen Typen mit Sonnenbrille und Headset vor sich sehen, den „ran NFL" euch aus Nordamerika präsentiert, habe ich mir gedacht, dass es ganz spannend sein könnte, einmal eine normale Arbeitswoche eines Cheftrainers in der German Football League zu skizzieren, so wie ich sie über viele Jahre erlebt habe.

Starten wir also nach einem Match am Sonnabend. Nach der Pressekonferenz und den Besprechungen mit dem Trainerstab war ich meist so platt von der Woche, dass ich relativ zeitig ins Bett gegangen bin, sofern es ein Heimspiel war und nicht noch eine lange Busreise nach Hause anstand. Am Sonntagmorgen stand ich gegen 6 Uhr auf, um das Video des Spiels zu schauen und die Partie in ihre Bestandteile zu zerlegen. Da wir am Montagabend das erste Meeting zur Vorbereitung auf das nächste Spiel hatten, blieben mir 36 Stunden, um alles dafür vorzubereiten.

Um das vorangegangene Spiel zu analysieren, kreierte ich eine Tabelle, in die ich alle Spielzüge, Formationen und weitere Details eintrage, und das nicht nur für mein Team, sondern auch für den Gegner. Das bedeutet, dass ich alle Spielzüge in Bezug auf jede einzelne Positionsgruppe durchschauen musste. So sieht man sich jeden Spielzug zehnmal an und braucht für eine Zehn-Sekunden-Sequenz locker drei bis vier Minuten. Bei Minimum 60 Plays pro Spiel ist man damit also vier Stunden beschäftigt, bis die Offensive verarbeitet ist. Dasselbe noch einmal für die Defensive und die Special Teams, schon hat man den Sonntag locker mit zehn Stunden Videostudium gefüllt.

Das ist aber längst nicht das Ende. Wenn man die Pause zur Nahrungsaufnahme erledigt hat und die Familie im Bett ist, geht es ans Gegnerstudium. Tapes des nächsten Gegners anschauen und dabei versuchen, dessen Defensivsystem zu knacken – das braucht Zeit. Um 2 Uhr fiel ich ins Bett, vier Stunden später stand ich schon wieder auf den Beinen.

Da wartete dann die Aufgabe, all das, was analysiert worden war, zu Papier respektive in eine Datei zu bringen. Da ich zusätzlich auch als Offensive Coordinator fungierte, musste ich den Scouting Report für die Offensive erstellen. Dafür hatte ich eine riesige Tafel, die ich mit einem kruden Infoschwall füllte. Wer das sah, dachte, dass da ein verrückter Professor am Werk war. Aber es war nur ein verrückter Footballtrainer, der alle seine Ideen aufmalte und dadurch meist ein Muster herausfilterte, nach dem die Planungen für die neue Woche ausgerichtet wurden.

Am Montagnachmittag war daraus ein 25-seitiger Scouting Report geworden, den die gesamten Spieler der Offense zugeschickt bekamen. Dasselbe machten der Defensive- und der Special-Teams-Coordinator auch für ihre Positionsgruppen. In der NFL gibt es dafür Advanced Scouts, die diese Arbeit erledigen, aber in der GFL heißt es: Selbst ist der Mann. Die Spieler bekamen auf diese Art und Weise komprimiert alle Informationen darüber, was sie für das kommende Spiel wissen mussten.

War ich damit fertig, ging es ins Büro. Meeting mit Coach Val, Ausarbeitung und Erstellung des Gameplans für die Woche und gemeinsames Studium des vorangegangenen Spiels. Am Abend dann das erste Meeting mit den Spielern, und um Mitternacht lag ich völlig übermüdet im Bett – und konnte doch oft nicht schlafen, weil die Gedanken im Kopf rotierten.

Im ersten Training am Montag wurde zunächst in Meetings das vorangegangene Spiel noch einmal kurz in den jeweiligen Gruppen aufgearbeitet, bevor alle wichtigen Informationen über den nächsten Gegner vermittelt werden konnten. Das Ganze musste innerhalb einer Stunde durchgepeitscht werden, um die Spieler nicht zu überfordern. Umso wichtiger ist deshalb die verschriftlichte Form, damit alle die geballte Informationsflut noch einmal nachlesen können. Nach dem theoretischen Teil ging es ganz praktisch aufs Feld. Die Trainingsinhalte waren selbstverständlich schon vorher ausgearbeitet und in sogenannten Practice Schedule Scripts Spielzug für Spielzug festgehalten worden. Vor 23 Uhr war ich dienstags nie zu Hause, aber immerhin waren die drei härtesten Tage der Woche dann geschafft.

Der Mittwoch wurde genutzt, um das Donnerstagstraining vorzubereiten, bevor dann am Freitag die wichtigste Aufgabe der Spielpräparation wartete: die Erstellung des Callsheets, das man vielleicht am ehesten als Spielanleitung bezeichnen kann. Auf der Vorderseite listete ich die ersten 15 Plays auf, die wir im Spiel nutzen wollten. Da ich meist recht genau wusste, welche Formation der Gegner gegen diese Spielzüge nutzt, konnte ich mir die zurecht legen, die besonders gut funktionieren würden.

Diese 15 Plays schickte ich am Freitagabend meiner Offense, damit die sich darauf mental einstellen konnte. Das habe ich aus der NFL gelernt, denn wenn die ersten 15 funktionieren, dann kann man den Rest vergessen. Trotzdem denkt immer an CYA – ist der Zettel wichtig, damit man auf alles vorbereitet ist. In der NFL stehen bis zu 500 Spielzüge auf dem Callsheet, 60 bis 80 davon werden gelaufen.

Neben den 15 ersten Plays standen bei mir auf der Vorderseite noch alle Calls für „First and Ten“, dazu die ersten beiden Calls für den Fall, dass man innerhalb seiner eigenen Zehn-Yard-Line festsitzt (auch Backed-Up-Offense genannt), sowie der erste Call in der gegnerischen Red Zone. Auf der Rückseite ging es dann ans Eingemachte, da standen alle anderen Calls für die verschiedensten Angriffssituationen, dazu die Trickspielzüge und alle Varianten in der Red Zone plus Short Yardage und Goal-Line-Offense. Um dieses Callsheet zu erstellen, ging meist der gesamte Freitag drauf. Und Sonnabend wusste man dann, ob man sich gut vorbereitet hatte.

Es gibt Trainer, die weniger Aufwand betreiben. Aber für mich gab es nie eine andere Möglichkeit, als alles zu geben, was möglich war. Ob ich in der NFL oder in der GFL arbeitete, hat an meiner Einstellung nichts verändert. Das allerdings hat dazu geführt, dass ich es während der sehr langen Spielzeiten in der GFL nie geschafft habe, ordentlich abzuschalten. Um loszulassen, braucht es eine innere Einstellung, aber es gab so viele Dinge außerhalb meiner Kontrolle, dass ich es als sehr schwierig empfand, mir darüber keine Gedanken zu machen. Auch wenn man mit der Zeit Erfahrungen sammelt und Dinge gelassener angehen kann, wusste ich, dass das, was ich tat, weder erstrebenswert noch gesund sein konnte.

Besonders belastend ist der chronische Schlafmangel. Als Assistenzcoach in der NFL Europe und in der NFL hatte ich zwar auch viele Nächte, in denen ich kaum Zeit zum Schlafen hatte, aber ich hatte nicht den Druck, den ich als Headcoach spürte. Das Gefühl, als schlechter Cheftrainer im schlimmsten Fall sogar einen ganzen Verein ins Verderben stürzen zu können, hat sehr an mir genagt. Sicherlich ist es eine Frage der Persönlichkeit, wie man mit einem solchen Druck umgeht. Ich bin so gestrickt, dass ich mir den meisten Druck selbst mache, deshalb war es letztlich auch nicht wichtig, in was für einem Umfeld ich arbeitete.

Für mich war beispielsweise während meiner Zeit in Kiel klar: Wenn ich nur zehn Prozent weniger Leistung bringe, dann hängen wir noch weiter hinter den Topteams her, und das war mit meinem Anspruch, überall Top of the Pops zu sein, einfach nicht vereinbar. Von meiner Mutter habe ich gelernt, dass nicht rumgejammert wird, sondern angepackt und gemacht. Das habe ich beherzigt, was jedoch dazu führte, dass ich irgendwann das Gefühl bekam, von diesem Job aufgefressen zu werden.

Nicht dass ihr mich falsch versteht: Eine berufliche Krise hatte ich nie, dazu liebe ich den Sport zu sehr und hatte auch immer zu viel Spaß an dem, was ich tat. Aber es gab einige Momente, in denen ich spürte, dass ich Raubbau an meinem Körper betrieb. Der erste war in der Saison 2010, als wir mit Kiel den German Bowl gewonnen hatten. Es war meine erste Saison bei den Hurricanes, ich wollte es besonders gut machen und hatte während der Saison Tag und Nacht geschuftet. Nach dem German Bowl wurde ich krank und fiel zu Hause vom Stuhl, weil ich vom Schlafmangel und dem Stress regelrecht entkräftet war.

Im Krankenhaus ließ ich mich von Kopf bis Fuß durchchecken. Befund: topfit, mir fehlte nichts. Die Ärztin fragte mich nur: „Sind Sie nicht der Trainer, der gerade die deutsche Meisterschaft nach Kiel geholt hat? Ich habe Sie in der Zeitung gesehen. Sie haben bestimmt eine Menge Stress und Druck. Wann haben Sie das letzte Mal Urlaub gemacht oder mal einen Tag wirklich entspannt?" Ich konnte ihr nicht antworten. Da sagte sie: „Sie müssen lernen, Pausen zu machen, sonst werden wir Sie in Zukunft öfter hier sehen." Das saß, und ich verstand, dass der Körper Signale sendet, wenn er Pausen braucht. Ich hatte einen ersten Warnschuss abbekommen. Dafür, dass ich 18-Stunden-Tage und kaum Schlaf für ein normales Arbeitspensum gehalten hatte. Das wollte ich natürlich – der eigenen Gesundheit zuliebe – ändern. Leider konnte ich meine guten Vorsätze in der Saison 2011 nicht umsetzen. Mit Coach Val hatte ich besprochen, dass wir andere Abläufe bräuchten, einen festen Pausentag in der Woche einbauen müssten. Aber dann hatte er kurz nach Saisonbeginn seinen Schlaganfall, und alle Pläne waren hinfällig. Ich war auf mich allein gestellt und schuftete sogar noch mehr als im Vorjahr. Gerettet hat mich in diesem Jahr meine Hochzeit, die in der Sommerpause stattfand. Die einwöchige Hochzeitsreise lud mir die Akkus so weit auf, dass ich die Saison durchstehen konnte, ohne wieder vom Stuhl zu kippen.

Der Umschwung in meinem Leben kam dann 2012 mit der Geburt meiner Tochter. Durch sie hat sich mein Blick aufs Leben und den Beruf komplett verändert. Seit ich ein Kind habe, gehe ich ganz anders mit jungen Spielern um. Ich fühle mich für andere Menschen nun noch einmal mehr verantwortlich. Vor allem aber ist Romy für mich das, was mir so lange gefehlt hatte: ein Ausgleich zum Alltagsstress im Beruf. Wenn ich mich zu ihr ins Zimmer setze und mit ihr spiele, vergesse ich alles um mich herum. Sie ist für mich die größte Kraftquelle, die es geben kann.

„Faith, Family, Football", diese Reihenfolge hatte Coach Val als Leitlinie für sein Leben aufgestellt. Ich bin ein gläubiger Mensch, aber dass die Familie vor dem Football kommt, das ist eigentlich erst seit Romys Geburt so. Als erste Konsequenz zogen wir daher von Kiel zurück nach Hamburg, was meiner Entspannung sehr zuträglich war. Die tägliche Pendelei im Auto mag viele Menschen nerven, für mich war sie eine wichtige Zeit, um abzuschalten, auch wenn ich oft während der ganzen Fahrt telefoniert habe. Aber die räumliche Trennung ermöglichte mir, auch im Kopf eine Art Trennmauer zu errichten zwischen Job und Privatleben.

Der Schritt aus der Liga nach der Saison 2014 war dann die logische Konsequenz daraus, dass ich das Gefühl hatte, in jenem Jahr viel zu selten an Romys Aufwachsen teilgehabt zu haben. Seit ich 2002 ins Trainergeschäft eingestiegen bin, wähnte ich mich auf einer Abenteuerfahrt, die nicht enden wollte. Den Druck habe ich anfangs gar nicht wahrgenommen, weil er vom Spaß überlagert wurde. Am Ende meiner GFL-Zeit aber musste ich mir eingestehen, dass der Aufwand in keinem Verhältnis zum Ertrag stand. Wer in der NFL einen Vertrag als Headcoach unterschreibt, der muss nach Vertragsende eigentlich nie wieder arbeiten. In der GFL gibt es keine Sicherheiten, und weil ich nicht dazu bereit war, Abstriche bei meiner Einstellung und meinem Pensum zu machen, war der Schritt aus der Liga hinaus die einzig mögliche Konsequenz.

Für einen wie mich, der es wie die Pest hasst zu verlieren, war diese Entscheidung nicht einfach. Aber das, was ich jetzt mache, ist entspannter und bietet mir die Möglichkeit, mein Privatleben besser mit dem Beruf zu vereinen. Natürlich habe ich einige Male meine Freunde beneidet, die einen normalen Nine-to-five-Job haben, aber ich muss mir eingestehen, dass ich dafür nicht der Typ bin. Ich bin ganz schlecht darin, nichts zu machen. Einfach faul auf dem Sofa zu liegen, bereitet mir ein schlechtes Gewissen. Ich habe dann immer das Gefühl, jemanden zu beschummeln, weil ich nicht damit umgehen kann, nichts zu tun, wo das Leben doch so viele Möglichkeiten zur Beschäftigung bietet.

Rückblickend kann ich sagen, dass ich es versäumt habe, mir einen Ausgleich zu schaffen. Wenn ich heute Zeit für mich brauche, gehe ich zum Sport in mein Fitnessstudio, das Elbgym, und absolviere dort mein Programm mit Laufband, Geräten und Five-Mobility. Aber in meiner Zeit als Headcoach habe ich das zu selten getan, auch weil mir gar nicht so klar war, wie wichtig das ist, um nicht mittelfristig als Burn-out- oder Herzinfarktpatient zu enden. Für mich war das Gassigehen mit dem Hund wichtig, obwohl ich auch dabei oft wie auf Autopilot funktioniert habe. Mein Glück war, dass ich mich nicht in irgendeine Sucht gestürzt habe, weder Koffein noch Nikotin, kein Alkohol und vor allem keine Drogen. Ich kenne genügend Trainer, die abends eine Flasche Wein brauchen, um runterzukommen. Das alles brauchte ich nie.

Vielleicht interessiert euch noch, wer die Trainer waren, von denen ich mir am meisten abgeschaut habe. Wenn ich sie in eine chronologische Abfolge bringe, dann muss ich mit Bill Shipman beginnen, meinem ersten Coach bei den Silver Eagles. Die Art, wie er mit mir sprach, bewies mir damals, dass er ganz bei mir war und sich auf mich einlassen konnte. Der wusste, wen er vor sich hatte, auch wenn ich ein Niemand war. Das hat mir imponiert.

In der NFLE hat mich in der Frankfurter Zeit besonders Don Lawrence geprägt, unser Offensive-Line-Coach. Er hat mir beigebracht, dass im Football alles mit der Offensive Line beginnt und dass ich nur ein guter Koordinator werden würde, wenn ich das verstünde. Mit ihm habe ich jeden Morgen um 6 Uhr zusammengesessen, jeden Morgen, drei Jahre lang. Ich habe ihn ausgequetscht und weiß heute deshalb so viel über Offensivsysteme und Blocking Schemes.

Als Nächsten muss ich Coach Val nennen, der mich vor allem in meiner Zeit nach der NFLE im Amateurfootball sehr häufig begleitete. Er stellte mir seine komplette Verteidigungsstrategie als Gehirn-Download zur Verfügung. Vielmehr aber ist er mein Mentor auch über den Sport hinaus. Wenn ich mit 77 so bin wie er heute, dann habe ich vieles richtig gemacht. Coach Val ist seit 55 Jahren mit derselben Frau verheiratet, und er war nie Headcoach, weil er sein Leitmotiv „Faith, Family, Football“ nicht gefährden wollte. Davor habe ich Hochachtung, deshalb ist er einer der wichtigen Stützen in meinem Leben.

Von den Coaches, die ich in Nordamerika kennenlernen durfte, hat mich Romeo Crennel am meisten beeindruckt. Der Headcoach der Cleveland Browns zeigte mir auf, dass man auch mit einer ruhigen Art in dem Business zurechtkommt, und dass man auch hochbezahlte NFL-Stars am besten mit Menschlichkeit erreicht. Zu nennen ist aber auch Ted Daisher, der mich zu jedem Team, bei dem er war, mitgenommen und mich überall protegiert hat. Leider muss ich Ted auch als Negativbeispiel nennen, denn er hat mich gelehrt, was passiert, wenn man Spieler nur als Figuren auf einem Schachbrett betrachtet. Ihm fehlten die bereits erwähnten „People Skills“. Damit hat er alle vergrault und sich selbst letztlich aus der NFL geschossen, was mir sehr leidtut, weil ich persönlich mit ihm wirklich sehr gut klarkam.

Als weitere Negativbeispiele muss ich Dwain Painter und Lorenzo Ward anführen. Painter war der Mann, der mir als Offensive Coordinator bei der Galaxy das Leben schwer gemacht hat. An ihm habe ich gesehen, was mit einem Menschen im Football, der fachlich top und abseits des Feldes auch nett ist, passieren kann, wenn er die falschen Prioritäten setzt. Und Ward, den ich im Camp der Oakland Raiders traf, war das Paradebeispiel dafür, wie man durch Faulheit die Chance seines Lebens einfach auf den Müll werfen kann.

Besonders abschreckend war für mich im Allgemeinen der Fakt, dass es nur ganz wenige Trainer wirklich schafften, Beruf und Privatleben zu vereinen. Ich habe viele Coaches getroffen, die mehrfach geschieden waren oder zu ihren Kindern überhaupt kein Verhältnis hatten. Aber wenn man zehn, 15 Jahre fast nie zu Hause ist, muss man sich nicht wundern, wenn die eigenen Kinder nur noch „Onkel“ zu ihrem Vater sagen. Das will ich keinesfalls erleben.

Zu meinem Karriereweg gehört aber auch, dass ich mich außerhalb des Footballs betätigt habe und diese Einflüsse als Inspiration nutzen konnte. Angefangen hat das 2008, als der Hamburger Thaiboxer Brian Al-Amin, dem in Rahlstedt das Hansegym gehört, bei mir anfragte, ob ich ihn auf seine anstehende WM vorbereiten würde. Ich hatte selbst mit 16 im „Metropol" in Eidelstedt, einer richtig fiesen Muckibude alter Schule, mit Kraftsport angefangen und später dann in der NFL bei einem Coach der New York Jets eine Weiterbildung in Kraft- und Athletiktraining absolviert. Ich wusste also durchaus gut Bescheid, weil ich mich auch in den Camps stets mit den Strength and Conditioning Coaches ausgetauscht hatte, und so konnte ich Brian vier Wochen komplett durch den Wolf drehen und ihm helfen, sich in der Explosivität und der Maximalkraft deutlich zu steigern.

Er ist dann tatsächlich Weltmeister geworden, weil er so viel Kondition hatte, um den Gegner in der letzten Runde mit einem Highkick auszuknocken. 2013 erinnerte er sich deshalb an mich, als in seinem Gym ein Schwergewichtsboxprofi trainierte, der zwar schon Weltmeister gewesen war, aber sich in einem körperlichen Zustand befand, der eher an einen Weltmeister im Hot-Dog-Essen erinnerte. Ruslan Chagaev war sein Name, er hatte 2007 als Erster den russischen Riesen Nikolai Valuev besiegt, war dadurch WBA-Champion geworden und hatte zwei Jahre später gegen Wladimir Klitschko verloren. Chagaev sollte noch eine letzte WM-Chance bekommen, und Brian erhoffte sich, dass ich ihn dafür fit machen könnte.

Als Ruslan im ersten Probetraining sein Shirt auszog, wusste ich, dass viel Arbeit auf uns warten würde. Nach einem dynamischen Warm-up und ein paar Koordinationsübungen pumpte er wie besagter Hot-Dog-Champion, aber er ließ sich darauf ein, mit mir die Vorbereitung durchzuziehen. Ich war erstaunt darüber, was für Grundlagen ihm bezüglich Koordination und Beweglichkeit fehlten, und dass er so hatte Weltmeister werden können. Aber dafür hatte er eine enorme Technik und eine hohe Schlagkraft, die intuitiv zu sein schienen.

Da ich keine Erfahrungswerte hatte, war für mich spannend zu sehen, welche Parallelen man zwischen Boxern und Footballern ziehen konnte. Und weil Ruslan die Erfolge unserer Trainingseinheiten sah, blieb er am Ball und war im Januar, kurz bevor der WM-Kampf gegen den US-Amerikaner Fres Oquendo stattfinden sollte, richtig fit. Sein damaliger Cheftrainer Artur Grigorian hatte mir volles Vertrauen geschenkt und sein Ego hintangestellt, sodass ich richtig durchziehen konnte.

Leider wurde der Kampf zweimal verschoben, für mich begann die Saison, sodass ich nicht mehr mit Ruslan trainieren konnte. Und als dann im Juli 2014 der Kampf tatsächlich stattfand, sah er wieder aus wie ein Sack Muscheln. Sehr schade. Gewonnen hat er trotzdem, und zum nächsten Kampf war dann Fritz Sdunek als neuer Cheftrainer im Boot, der Weltmeistermacher des Universum-Stalls, eine absolute Koryphäe im Boxen. Von ihm habe ich wahnsinnig viel gelernt, was die Einstellung und das Eingehen auf die Eigenheiten eines Athleten angeht. Leider verstarb Sdunek im Dezember 2014 im Alter von 67 Jahren an einem Herzinfarkt. Er war auch einer der Trainer gewesen, die nie loslassen konnten und sich für ihre Sportler aufopferten.

Als Nachfolger kam der Kubaner Pedro Diaz, und von dem konnte ich wieder ganz andere Dinge lernen. Wie der eine Trainingseinheit gestaltete und was für ein technisches und taktisches Verständnis er hatte, eröffnete mir eine neue Welt. Ruslan gewann unter ihm im Juli 2015 gegen Francesco Pianeta, verlor allerdings im März 2016 gegen den Australier Lucas Browne seinen Titel und ist seitdem in Miami untergetaucht. Wir haben keinen Kontakt mehr, und ich habe seitdem auch mit keinem anderen Sportler außerhalb des Footballs mehr zusammen gearbeitet.

Oft werde ich gefragt, ob ich mir vorstellen kann, in anderen Sportarten zu arbeiten, im Football wieder ein Clubteam zu übernehmen, und ob ich nicht doch noch immer davon träumen würde, einen Posten in der NFL zu bekommen. Meine Antwort darauf ist, dass ich niemals nie sage, aber mit der momentanen Situation sehr glücklich bin. Durch das Engagement bei Frankreichs Nationalteam bin ich dem Football als aktiver Coach verbunden. Dank meines Expertenjobs für ProSieben Sat.1 kann ich mich intensiv um die NFL kümmern.

Und an Angeboten aus anderen Sparten mangelt es auch nicht. Fußball liegt mir, da ich es in der Jugend gespielt habe, nicht fern. Auch Basketball finde ich interessant, Kontakt zu den Hamburg Towers, die in der Zweiten Liga spielen, besteht. Aber wenn ich so einen Job annehme, dann muss es schon im Profibereich sein. Alles andere würde sich – und da wären wir wieder beim Einstieg in dieses Kapitel – nicht richtig anfühlen.

KAPITEL 11:

FANS – WARUM SIE SO VERRÜCKT NACH FOOTBALL SIND

Das Sportbusiness ist eine Ansammlung von ganz unterschiedlichen Individuen, die alle ihren eigenen Antrieb hatten, ihr Glück in diesem Lebensbereich zu versuchen. Doch eine Sache gibt es, die uns alle, die wir von und mit dem Sport leben, eint: Wir fanden früher alle irgendeinen Verein, eine Band oder einen Schauspieler so gut, dass wir Fan waren. Das ist wichtig, denn auch wenn diese Zuneigung oder gar Liebe bei jedem unterschiedlich stark ausgeprägt ist, hat doch jeder dieses Gefühl, Fan zu sein, schon einmal erlebt. Und deshalb sollte auch jeder in der Lage sein, die Rolle einschätzen zu können, die Fans im Sport spielen.

Lasst mich zunächst also erzählen, wem früher mein Herz gehörte. Als Hamburger Jung, der Ende der 70er- und Anfang der 80er-Jahre jeden Tag Fußball spielte, war man Fan des HSV. Es war die große Blütezeit des Clubs mit den Titelgewinnen in der Bundesliga (1979, 1982, 1983) und dem Triumph im Europapokal der Landesmeister 1983 gegen Juventus Turin, und so war es klar, dass auch ich mit der blau-weiß-schwarzen Raute etwas anzufangen wusste. Allerdings war mit meiner Zuneigung schnell Schluss, als ich bei einem Besuch im Volksparkstadion in der Westkurve, wo die härtesten Fans standen, von einem Skinhead mit den Worten „Was will denn der Scheiß-Neger hier?" bedacht wurde. Der HSV hatte damals ein ziemliches Problem mit rechten Dumpfbacken im Fanblock, und zu so einem Verein, der solche Leute in seinem Stadion tolerierte, wollte ich wirklich nicht dazugehören.

Das war aber auch nicht weiter tragisch, denn tatsächlich gehörte meine größte Leidenschaft in meiner Jugend der Musik, und mein Held war Michael Jackson, der King of Pop. Als ich ihn 1988 bei seiner „Bad“-Tour live erleben durfte, war ich beseelt und sehr beeindruckt. Ich hatte alle seine Tanzmoves drauf und fand ihn richtig gut. Dennoch ging es bei mir nie so weit, dass ich seinen Look kopiert oder alles über ihn gesammelt hätte. Die-hard-Fan war ich nie.

Das galt viel mehr noch im Football, wo ich tatsächlich nie ein Lieblingsteam hatte. In der Phase der späten Jugend, als ich erstmals richtig mit dem Sport in Berührung kam, spielte ich ja für das beste Team in Deutschland, die Hamburg Blue Devils, und das fand ich allemal cooler, als Fan zu sein. Mittendrin statt nur dabei, das war schon damals mein Motto. Und bei mir hängt die Liebe zum Sport nicht an einzelnen Teams. Ich liebe den Football als Sportart und die NFL als Liga, die meine Bedürfnisse bedient. Einzelne Klubs und Spieler, zu denen ich eine besondere Beziehung habe, gibt es natürlich. Aber als Fansein würde ich das nicht bezeichnen.

Ich bin auch einigermaßen immun gegen Starkult. Wenn ich Tom Brady treffen würde, dann würde ich ihn nicht um ein Foto bitten, ebenso wenig Cristiano Ronaldo. Das sind zwar Superstars in ihrem Sport, aber auch nur ganz normale Menschen. Wenn ich jemanden richtig bewundere, dann dafür, dass er sich selbstlos für andere Menschen einsetzt. Wenn ich die Chance gehabt hätte, Martin Luther King zu treffen, Nelson Mandela, den Dalai Lama oder Mutter Teresa – hätte ich vor Ehrfurcht vermutlich kaum ein Wort herausgebracht. Von denen zu erfahren, was sie in ihrem Leben angetrieben hat, sich für die Gemeinschaft aufzuopfern, hätte ich sehr spannend gefunden. Aber einen Menschen anhimmeln, nur weil er besonders gut einen Ball fängt oder ein Tor schießt, liegt mir persönlich doch recht fern. Der einzige NFL-Star, den ich wirklich gern mal treffen würde, ist Colin Kaepernick, Quarterback der San Francisco 49ers, der dadurch bekannt wurde, weil er sich aus Protest gegen Polizeigewalt gegen Schwarze weigerte, bei der Nationalhymne aufzustehen. Von ihm würde ich gern wissen, wie er mit den ganzen Repressalien und Drohungen umgeht, die ihm sein Kniefall eingebracht hat.

Das einzige Autogramm, das ich mir mal habe geben lassen, war von Jim Brown, NFL-Superstar der Cleveland Browns in den 50er- und 60er-Jahren. Den traf ich, als ich 2007 im Camp der Browns war. Man hatte mir erzählt, dass er sehr ungern Autogramme gibt, aber als ich dann neben ihm stand, sagte ich zu ihm: „Wenn ich Sie jetzt nicht frage, ob Sie mir diesen Football hier unterschreiben, werde ich mir das mein ganzes Leben lang vorwerfen." Er lachte, fragte mich, wer ich sei, und unterschrieb „für meinen schwarzen Bruder aus Deutschland". Der Football liegt an einem Sonderplatz in meinem Badezimmer, meiner Drei-Quadratmeter-Footballwelt, wo ich all meine Ringe, Pokale und Urkunden aufbewahre.

Auch wenn ich mich selber niemals zu den Hardcore-Fans zählte und deshalb vielleicht auch nicht zu 100 Prozent nachfühlen kann, warum Menschen ihr letztes Hemd geben, um sich das Ticket für das nächste Spiel leisten zu können – die Rolle, die die Fans für den Sport im Allgemeinen und den Football im Besonderen spielen, kann ich sehr wohl einschätzen. Und ich habe das als Trainer immer auch meinen Jungs gesagt: Dass sie daran denken sollen, dass sie ohne Fans gar nicht die Möglichkeit hätten, ihr Hobby zum Beruf zu machen, sondern stattdessen vielleicht bei Lidl unter der Kasse sitzen und Piep machen müssten. Die Fans zahlen letztlich das Essen auf dem Tisch und das Auto in der Garage, und wer das vergisst, der versündigt sich an denen, denen er dankbar sein muss.

Ich schaue ja gern auch in andere Sportarten, deshalb meine ich beurteilen zu können, dass die Footballfangemeinde in ihrer Gesamtheit doch etwas anders gestrickt ist als andere Sportfans. Ich habe sie sowohl in meiner Zeit als Aktiver als auch als Coach als sehr warmherzige, verständnisvolle und fachkundige Begleiter wahrgenommen. Besonders der Vergleich zum Fußball zeigt das. Versucht doch mal, bei einem Derby zwischen dem HSV und St. Pauli mit einem braun-weißen Trikot in den HSV-Block zu gehen. Oder in London als Tottenham-Fan in den Arsenal-Bereich. Beim Football ist es gang und gäbe, dass selbst Fans von Erzrivalen in ihren Trikots nebeneinander sitzen, ohne dass es zu körperlichen Auseinandersetzungen kommt. In den USA gibt es den klassischen

Gäste-Fanblock, den man in Europa kennt, gar nicht. Zum einen, weil aufgrund der Entfernungen nicht viele Fans mit ihren Teams reisen können. Zum anderen aber auch, weil man eine solche Trennung gar nicht braucht.

Natürlich kann man sich darüber wundern, dass ausgerechnet beim Football – oder auch beim Rugby, da ist es ähnlich –, wo es auf dem Platz körperlich sehr aggressiv zur Sache geht, auf den Rängen eine friedliche Stimmung herrscht. Das Gegenteil könnte man doch eigentlich erwarten, nämlich dass die Fans vom Spielgeschehen so aufgeheizt werden, dass sie ihre Aggressionen selbst loswerden müssen. Meine Erklärung dafür, dass das nicht so ist: Der Respekt vor dem Gegner, der im Football ein elementarer Teil des Spiels ist, wird auf die Fans übertragen, weil sie diesen Grundgedanken verstehen und respektieren. Es geht darum, anständig und ehrenvoll miteinander umzugehen, und dazu gehört, den anderen nicht zu verunglimpfen. Das ist im Football tief verwurzelt und gefällt mir sehr gut.

Ein weiterer Punkt ist, dass Football traditionell ein Familienevent ist. Schon immer waren auf den Tribünen sehr viele weibliche Besucher zu sehen. Beim Fußball in Europa setzt sich das zwar langsam auch durch, aber gerade die Fanblocks und auch die Fangesänge sind männlich dominiert. Das ist im Football anders, es ist ein Spiel für die ganze Familie – wenigstens zum Zuschauen. Was das Selberspielen angeht, bin ich allerdings ein ziemlicher Macho. Ich finde, dass Football kein Frauensport ist, weil es zu ganz großen Teilen um Kraft und Schnelligkeit geht, außerdem um die Grundbedürfnisse des Mannes, Jagen und Beschützen. Das ist in 99 Prozent der Frauen nicht genetisch angelegt. Aber hey, wir sind im 21. Jahrhundert, selbstverständlich hat jede Frau das Recht, Football zu spielen!

Wenn wir generell über die verschiedenen Eigenheiten von Footballfans sprechen, dann müssen wir ganz klare Trennlinien ziehen zwischen den USA und Europa. In den USA wird Football praktisch von jedem Kind mit der Muttermilch aufgesogen. Es ist Schulsport, jeder kommt damit in Berührung. Den Super Bowl gucken in Amerika alle Gesellschaftsschichten, vom Präsidenten bis zum letzten Junkie im Ghetto von Detroit. Dort entsteht die Verbundenheit zu einem Team bereits dadurch, dass jede Schule ihr eigenes Team hat. Bist du also Absolvent der Highschool in einer Kleinstadt, ist das Footballteam dieser Highschool dein Team.

Das setzt sich fort über das regionale College bis hin zum nächsten NFL-Team, wobei es natürlich in den USA auch viele Menschen gibt, die sich nicht das wohnortnächste NFL-Team aussuchen. Das liegt zum einen an der Größe dieses Landes, wo man nicht mal eben als New Yorker zum Heimspiel seiner heiß geliebten 49ers fahren kann. Zum anderen aber auch daran, dass viele zu dem NFL-Team halten, in dem die Helden ihres Highschool- oder Collegeteams spielen. Diese Verbundenheit hält dann an, auch wenn diese Helden irgendwann nicht mehr spielen.

In Europa dagegen ist Footballfan sein fast schon eine Lebenseinstellung. Die meisten von denen, die den Sport in Deutschland – oder auch in Frankreich, Österreich oder wo auch immer – lieben, haben eine hohe Affinität zu den USA. Sie gehören damit einer Minderheit an, die umso fester zusammenhält, um die eigenen Werte hochzuhalten und zu stärken. Footballfans sind viel offener als Fußballfans. Während Fußballfans die Spiele ihrer Vereine meist unter ihresgleichen anschauen, ist es im Football völlig normal, dass sich Fans beider Teams die Spiele gemeinsam anschauen. Und Leute, die nicht beteiligte Clubs gut finden oder einfach nur mal schauen wollen, sind ebenso willkommen. NFL-Übertragungen in Deutschland sind mittlerweile ja schon richtige Social Happenings.

Ich konnte das sehr gut beobachten, als ich im Januar in Hamburg meine erste Coach-Esume-Fansause hatte. Da schrieben sich verschiedene Gruppen aus Stuttgart, Dresden oder vom Bodensee, die sich nicht kannten, über meine Facebookseite Nachrichten, verabredeten sich auf ein Bier in Hamburg, und als wir dann mit mehr als 500 Leuten in diesem Raum standen, war das ein buntes Durcheinander von Trikots aller möglichen NFL-Teams, aber auch von deutschen Clubs, und alle waren friedlich und freundlich und daran interessiert, sich mit den anderen Fans auszutauschen. Mich fasziniert das sehr, und wenn ich so etwas sehe, dann weiß ich, dass ich im richtigen Sport gelandet bin.

Natürlich bekomme ich auch die Diskussionen mit, dass durch die steigende Popularität mehr und mehr Event-Fans Football gucken, die dann von den Old-School-Fans belächelt werden. Ich finde diese Diskussion ehrlich gesagt müßig. Jeder, der sich in irgendeiner Form für den Sport interessiert, ist ein Gewinn, denn ich finde, dass der geilste Sport der Welt von so vielen Menschen wie möglich geschaut und geliebt werden sollte.

In meiner Zeit als Spieler habe ich den Kontakt zu den Fans immer sehr geschätzt. Natürlich ist es ein riesengroßer Unterschied, ob man in Deutschland Footballspieler ist oder Fußballer. Im Amateursport haben es die Fans ja grundsätzlich leichter, Kontakt zu ihren Spielern zu bekommen. Da kann man zum Training kommen und mit seinem Star ein paar Worte wechseln. Manche laden ihre Lieblingsspieler sogar zu sich nach Hause ein – und die kommen tatsächlich! In den USA werden schon die Collegespieler abgeschirmt, und an die NFL-Stars kommt niemand ran. Das ist zwar einerseits schade, andererseits aber auch verständlich, denn bei der Masse an Anfragen, die auf die Jungs einprasseln, muss man einfach Grenzen ziehen.

In meiner aktiven Zeit gab es nach jedem Heimspiel eine After-Game-Party, auf der Spieler und Fans in Kontakt kamen. Da unterhielten wir uns mit den Fans über das Spiel, aber auch über private Dinge. Dennoch galt für mich schon damals ein Leitmotiv, das ich bis heute all meinen Spielern einpräge: Der Fan ist ein Begleiter, dem du dankbar sein musst. Aber er ist nicht dein Freund, dem du alles erzählen kannst. Damit bin ich über die Jahre gut gefahren.

Mich hat die Unterstützung der Fans als Spieler immer unheimlich gepusht, und ich glaube, dass das allen Spielern so geht. Ich nehme es niemandem ab, der beschwört, dass er im Spiel die Zuschauer nicht wahrnehme, weil er so im Tunnel sei. Wenn da mehrere Tausend Leute brüllen, während du kurz vor der Endzone stehst, dann gibt dir das einen Monsterschub. Wir hatten das Glück, in Hamburg eine großartige und stimmgewaltige Fanszene zu haben. Es gab nicht wenige Auswärtsspiele, in denen unsere Anhänger stimmungsmäßig das gegnerische Stadion übernommen haben. Vor allem an die Spiele in Braunschweig erinnere ich mich gern, weil die Lions auch sehr laute Fans hatten. Da ging es immer ordentlich ab, und ich fand das richtig geil.

Als Spieler bin ich kein einziges Mal von Fans angepöbelt oder sonst wie attackiert worden. Das lag mit Sicherheit auch daran, dass ich erstens in guten Teams spielte, die sportlich erfolgreich waren, und zweitens auch nie einer der Stars war, die besonders im Fokus standen. Dennoch finde ich es bemerkenswert, dass ich mich nicht daran erinnere, einmal ausgepfiffen worden zu sein. Meine Erinnerungen und die Bilder vor meinem inneren Auge sind wirklich durchweg positiv.

Ein Trainer dagegen hat naturgemäß ein anderes Verhältnis zu den Fans. Kein Zuschauer kommt wegen des Trainers ins Stadion. Die lieben den Verein oder die Spieler. Der Trainer steht eigentlich nur im Fokus, wenn es nicht läuft, denn dann bekommt er die Schuld und wird weggejagt. Wenn es schlecht läuft, sind plötzlich auch alle Fans hoch qualifizierte Trainer.

Was ich damit sagen will: Als Trainer nimmst du die Fans ganz anders wahr. Du bist viel zu sehr auf das Coachen konzentriert, um irgendwelche Anfeuerungsrufe oder Stimmungen aufnehmen zu können. Dennoch, und das ist sonderbar, erinnere ich mich an einige besondere Momente mit Fans aus meiner Zeit als Coach, während ich aus meiner Phase als Spieler keine speziellen Erinnerungen mehr habe. Ich werde niemals den World Bowl 2007 vergessen, als wir mit den Sea Devils in Frankfurt die Galaxy besiegten. Da füllten unsere Fans einen mehrere Tausend Leute starken Block, der mit seinem Blau aus dem ganzen Lila im Stadion hervorstach. Die haben so einen Alarm gemacht, dass man sie das ganze Spiel über gehört hat. In einem lauteren Stadion bin ich niemals gewesen.

Drei Jahre später, als ich als Headcoach mit den Kiel Baltic Hurricanes den German Bowl gegen die Berlin Adler gewann – übrigens wieder in Frankfurt –, waren unsere Fans auch extrem laut. Wenn deine Anhänger ein Stadion so auseinandernehmen, dann ist das schon ein ganz besonderer Gänsehautmoment. Ich erinnere mich aber auch an zwei Begebenheiten mit einzelnen Zuschauern. 2007, als wir mit den Sea Devils im letzten Hauptrundenspiel Frankfurt schlugen und uns damit für den World Bowl qualifizierten, sah ich auf der Tribüne einen Fan, den ich kannte, weil er immer im gesamten Gesicht geschminkt war.

Zu dem lief ich hin, weil er wie wild gestikulierte. Ihm liefen die Tränen der Freude übers Gesicht. In mir, dem es niemals einfiele, vor Freude zu weinen, löst so etwas eine Mischung aus Verwunderung und Staunen aus. Der Mann drückte sich immer wieder an mich und verteilte die Schminke, die er sich so kunstvoll aufs Gesicht aufgetragen hatte, in einem Tränengemisch auf mein Gesicht. Und im Überschwang der Freude riss er mir mein Coaching-Shirt vom Leib, sodass ich mit freiem Oberkörper dastand. In dem Moment wurde mir klar, welche Bedeutung so ein Footballspiel für manche Menschen haben kann, und ich spürte eine tiefe Demut in mir.

Das gleiche Gefühl hatte ich zwei Jahre später, als ich mit Paris Flash im Europapokal gegen Berlin gewann. Es war für die Franzosen der erste Sieg überhaupt gegen ein deutsches Team, und auf der Tribüne fielen sich reihenweise heulende Menschen in die Arme. Einer kam auf dem Platz auf mich zu und weinte wie ein Schlosshund, als sei gerade sein bester Freund gestorben. Ich bin in solchen Momenten wirklich einfach nur völlig perplex.

Trotz all der Zuneigung will ich nicht verschweigen, dass Starkult und Fanatismus natürlich auch ihre Schattenseiten haben. Das kommt immer dann zum Tragen, wenn Grenzen überschritten werden, die der gesunde Menschenverstand setzen sollte. Auf der einen Seite habe ich kein Verständnis für Spieler, die sich Fans gegenüber respektlos oder arrogant verhalten. Wer sich nicht bewusst macht oder es nicht zu schätzen weiß, dass er ohne seine Fans ein Niemand wäre, der hat nicht verstanden, wie das Geschäft funktioniert. Auf der anderen Seite jedoch wünsche ich mir, dass die Privatsphäre der Stars geschützt bleibt. Wer mit seiner Familie, vor allem mit kleinen Kindern unterwegs ist, sollte nicht angesprochen werden, ob er mal eben schnell für ein Foto bereitsteht.

Leider gibt es in der großen Gruppe der Fangemeinde immer wieder Individuen, deren Verständnis von Gemeinschaftssinn und sozialer Verantwortung ein anderes ist als das der breiten Mehrheit. Die brenzligsten Situationen entstehen, wenn Alkohol im Spiel ist und die Menschen enthemmt sind, oder wenn der Beschützerinstinkt alarmiert wird. In Cleveland habe ich so einen Fall erlebt, als ein Koloss aus der Defensive Line – 1,97 Meter groß, 128 Kilogramm schwer – am freien Tag nach einem schwachen Spiel mit seiner Familie unterwegs war.

Er wurde von drei jungen angetrunkenen Männern angesprochen, warum er denn so schwach gespielt habe. Auf seine Bitte, seine Privatsphäre zu respektieren, wurden die drei immer ausfallender. Irgendwann fing die kleine Tochter des Spielers zu weinen an, und da riss ihm die Hutschnur. Er packte die drei Jungs und schmiss sie aus dem Lokal. Das Ganze wurde von der Überwachungskamera aufgezeichnet.

Zum Glück gelang es, den Fall vor der Presse verborgen zu halten. So konnte er intern gelöst werden, ohne den Spieler bestrafen zu müssen. Denn im Trainerteam waren sich alle einig, dass sie genauso gehandelt hätten. Das Problem ist doch, dass du nie weißt, mit was für Typen du es zu tun hast. Aber wenn Grenzen überschritten werden, wenn man beleidigt oder sogar körperlich angegriffen wird, dann ist es leider realitätsfern, erst mal die Polizei zu rufen. Dann regelt man so etwas selbst, vor allem, wenn man 128 Kilo wiegt und ein Profiathlet ist.

Zum Glück war ich selber nie in einer solchen Situation und werde hoffentlich auch niemals so etwas erleben müssen. Aber natürlich muss jedem, der in der Öffentlichkeit steht, bewusst sein, dass der Preis für Berühmtheit und ein hohes Gehalt (leider nicht als Experte) die Aufgabe der Privatsphäre ist. Deshalb sage ich ganz klar: Ich möchte auf keinen Fall mit einem Tom Brady, einem Cristiano Ronaldo, einem Usain Bolt oder einem Mike Tyson tauschen.

Ein paar Worte möchte ich noch zu einem Thema sagen, auf das man regelmäßig angesprochen wird, wenn es um übersteigerte Fanliebe geht: Groupies. Diese jungen Frauen, die Interesse an intensiveren horizontalen Kontakten zu Stars haben, gab es zu jeder Zeit in jedem Bereich vom Sport- oder Showbusiness, und so natürlich auch bei uns. Vor allem die Importspieler waren das Ziel dieser Mädels. In den USA gibt es eine fast schon professionelle Gruppe, die „Goldgräber" genannt werden, die wirklich mit allen Tricks versuchen, an die Spieler heranzukommen. In meinen Augen hat das aber nichts mit Fansein zu tun, sondern ist nichts anderes als eine Art des Trophäensammelns.

2002 in meiner Zeit als junger Coach bei der Frankfurt Galaxy musste ich abends auf den Hotelzimmern der Spieler immer den „Bedcheck" machen. Was glaubt ihr, wie viele leicht bekleidete Mädels ich da aus den Zimmern herausbitten musste! Einmal stieg ich in einen Hotelfahrstuhl, in dem drei Mädels in Bikini und Stringtanga standen. Eine fragte mich: „Oh, welche Nummer bist du denn?", so als würde sie eine Checkliste abarbeiten. Ich sagte nur: „Ich bin gar keine Nummer, sondern der Coach, und ihr verlasst jetzt nicht nur diesen Fahrstuhl, sondern auch das Hotel!"

Ich selbst bin aufgrund meiner Nichtigkeit als Spieler von Groupies völlig ignoriert worden. Als Coach habe ich meinen Jungs immer gesagt: „Was ihr in eurem Privatleben treibt, ist ganz allein euer Bier. Aber denkt dran, dass ihr ein Leben vor und nach dem Football habt, und je mehr Unsinn ihr treibt, desto mehr wird sich das auf eure Leistung auswirken." Mein Rat war immer: Wenn du dir als Import eine deutsche Freundin suchen willst, dann nimm dir eine, die nicht weiß, dass du Footballspieler bist. Außer man steht darauf, eine Trophäe unter vielen zu sein. Um vor den üblichen Verdächtigen, also den stadtbekannten Groupies, zu warnen, hatte ich einen Spruch parat, der eigentlich immer recht gut wirkte. „Wenn ihr nicht den Geschmack eures Vorgängers auf den Lippen haben wollt, dann lasst ihr besser die Finger davon." Das hat nicht alle abgeschreckt, aber viele.

Wie in so vielen Lebensbereichen hat das Aufkommen der sozialen Medien auch im Football für gravierende Veränderungen im Zusammenspiel zwischen Fans und Spielern oder Funktionären gesorgt. Ich selbst bin bekanntlich ein reger Nutzer dieser Kanäle.

Ich verbreite meine Videos auf Youtube, habe bei Facebook, Twitter und Instagram insgesamt eine Viertelmillion Follower. Für mich ist diese Zahl überhaupt nicht greifbar, weil ich mir keine 250.000 Menschen vorstellen kann, die Interesse an mir haben. Greifbar wird das erst, wenn, wie bei der Fansause, ein paar hundert Fans vor einem stehen. In solchen Momenten bin ich sehr dankbar dafür, dass mir diese Menschen ermöglichen, das zu tun, was mir Spaß macht. Und natürlich bin ich auch meinen vielen Followern dankbar, denn ich würde nicht ein neues Telefon geschenkt oder einen Volvo gestellt bekommen, wenn ich nur Patrick Esume wäre. Das geht nur, weil ich Coach Esume bin und das ein paar Menschen interessiert.

Doch bei all den positiven Aspekten, die die sozialen Medien haben – dass sich Menschen ihren Fans präsentieren und sie an ihrem Leben teilhaben lassen können und dass die Fans im Gegenzug daran teilhaben und ihre Meinungen austauschen können –, sehe ich natürlich auch die Schattenseiten. Wenn alle zu allem ihre Meinung öffentlich kundtun können, ohne irgendwelche Hintergründe zu kennen, entsteht eine Beliebigkeit und Oberflächlichkeit, die gefährlich werden kann.

Am schlimmsten finde ich aber die vielen Verunglimpfungen, die anonym abgefeuert werden. Ich habe das Glück, selten Ziel solcher Attacken zu sein. Meine Strategie ist, nur das zu lesen, was auf meiner eigenen Seite geschrieben wird. Damit allerdings setze ich mich sehr intensiv auseinander. Oft kommt es vor, dass sich Kommentarschreiber wundern, wenn sie eine Antwort von mir bekommen. Aber ich finde, dass das dazugehört, wenn man den Kontakt zu seinen Followern ernst nimmt.

Auch ich habe natürlich schon Beschimpfungen erlebt. Einer hat mal geschrieben: „Der Affe soll zurück nach Afrika gehen." Über so etwas lache ich wirklich nur. Solche armen Würstchen sind es nicht wert, dass man sie ernst nimmt. So etwas muss man einfach aushalten – und sich an den vielen Menschen erfreuen, die sich ernsthaft und kritisch mit einem auseinandersetzen.

Ich finde es absolut legitim und sehr befruchtend, wenn Fans eine andere Meinung haben und diese auch schreiben oder sagen. Meine Mutter hat immer gesagt, dass der Ton die Musik macht, und deshalb bin ich sehr froh darüber, dass meine Fangemeinde sich dadurch auszeichnet, sachlich, kontrovers, aber in den allermeisten Fällen fair miteinander zu diskutieren. Was mich ärgert ist, wenn es Leute gibt, die mir nicht zugestehen wollen, zu anderen Themen als Football meine Meinung zu sagen. Wer mir folgt, muss wissen, dass er auch mal politische oder gesellschaftliche Äußerungen zu lesen oder hören bekommt. Wer nur Football will, muss der NFL folgen.

Für mich ist diese ganze Nummer mit dem gesteigerten Bekanntheitsgrad noch immer völlig irreal. Ich bin wirklich überrascht, dass in so kurzer Zeit so viele Menschen einen Narren daran gefressen haben, sich meine Videos anzuschauen, zumal ich wirklich nicht immer medienkonform oder politisch korrekt auftrete. Nach dem Draft in der NFL zum Beispiel habe ich ein Video veröffentlicht, das mich beim Skype-Interview mit Coach Val zeigt. Das Ding ist 1:08 Stunden lang. Die Youtube-Experten hatten mich mal gewarnt, bloß keine Videos zu machen, die länger als fünf Minuten sind. Aber das Interview mit Coach Val hatte innerhalb von drei Tagen mehr als 30.000 Zugriffe. Ich glaube, das funktioniert so gut, weil die Fans genauso geistesgestört sind wie ich.

Für mich war es ein großartiges Erlebnis, auf der Fansause in Hamburg endlich mal ein paar Gesichter den Leuten zuordnen zu können, deren Kommentare ich sonst nur lese. Dadurch entsteht natürlich noch einmal eine viel engere Bindung. Es gibt da diesen einen Wahnsinnigen, Joshua Ringler, ein Hardcore-Fan, der wirklich alles kommentiert. Der hat sich meine Initialen auf den Unterarm tätowieren lassen. Als der dann vor mir stand, wurde mir plötzlich klar, was für eine Verantwortung man trägt, um seinen Fans gerecht zu werden. Ich muss ja irgendetwas in ihm ausgelöst haben, das ihn dazu gebracht hat, sich die Buchstaben CE zu tätowieren. Damit demütig umzugehen ist eine Herausforderung, der ich mich stellen muss.

Die Bindung zu meinen Fans ist auch deshalb so gefestigt, weil sie an meinem Weg teilhaben können. Meine Klamottenkollektion ist das beste Beispiel, denn das Logo dafür hat ein Fan entworfen. Ich hatte unseren Eigenentwurf mal in meinem Netzwerk gepostet, daraufhin schrieb Jens Bracht, dass das ja kein Knaller sei. „Anstatt zu meckern kannst du ja mal zeigen, was du selbst drauf hast", antwortete ich ihm. Das machte er, wenige Tage später hatte ich das Logo, das ihr alle kennt, in meinem Postfach. „Darf ich das benutzen?", fragte ich ihn. „Klar, würde mich freuen", war die Antwort.

Seitdem gibt es die Shirts und Caps mit dem Coach-Esume-Logo. Und das auch nur, weil mich wiederum Fans darauf ansprachen, ob die Klamotten, die ich in der Sendung trage, irgendwo zu kaufen wären. Waren sie nicht, aber der „ran"-Ausrüster Mahagony hat sich dann daran gemacht, ein paar mehr Sachen zu produzieren. Wer glaubt, daran würden wir uns gesundstoßen, dem sei gesagt: Dahinter steht mitnichten eine große Marketingmaschine, das machen mein Freund Stefan Gerber, seine Frau Kim und ich ganz allein, und von den paar hundert Caps und Shirts wird man wahrlich nicht reich. Aber ich freue mir ein zweites Loch in den Hintern, wenn ich irgendwo in Deutschland Menschen sehe, die mit meinem Logo auf ihrer Mütze herumlaufen. Das allein ist den Aufwand mehr als wert!

Für mich sind zwei Dinge ganz wichtig: Dass ich mich von meinem Bekanntheitsgrad nicht beeinflussen lasse und stets daran denke, dass es am Ende auch nur Fernsehen ist, was ich mache. Und dass ich niemals vergesse, dass all das, was derzeit für mich möglich ist, nur deshalb möglich ist, weil es Menschen wie euch gibt, die das interessiert, was ich tue. Dafür bin ich sehr, sehr dankbar.

KAPITEL 12:

WIE ICH TV-EXPERTE WURDE – UND WAS HINTER DEN KULISSEN VON RAN NFL PASSIERT

Kennt das nicht jeder? Man sitzt vorm Fernseher, schaut seinen Lieblingssport und ist schwer genervt von dem, was der sogenannte Experte von sich gibt. Kann ich besser, denkt man. Sagt man dann auch. Und nervt damit die, die mit einem zusammen schauen, manchmal genauso sehr wie der im Hintergrund plappernde Experte. Dass man dann aber tatsächlich die Chance bekommt, zu beweisen, dass man es besser kann, das ist höchst selten, und deshalb war es ein riesengroßer Zufall, dass mir genau das widerfahren ist. Wie das kam, und was das für mein Leben bedeutet, davon will ich euch in diesem Kapitel etwas mehr erzählen.

Entgegen der Legende, ich hätte mich bei ProSieben Sat.1 – der Einfachheit halber nenne ich den Sender hier ab jetzt nur noch P7S1 – für ein Casting beworben, bin ich zufällig in meine Rolle als Experte hineingestolpert. Ich hatte euch ja bereits erzählt, dass ich mal den Schwergewichtsboxer Ruslan Chagaev trainiert und mit meiner Firma vermarktet habe. Im Frühsommer 2015 waren mein Geschäftspartner Mario Lemke und ich zu Verhandlungen über Ruslans TV-Verträge mit Alexander Rösner verabredet, dem Senior Vice President Sport bei P7S1. Zu derselben Zeit überlegte der Sender, die NFL im Free-TV zu zeigen. Und weil Alex mitbekommen hatte, dass ich mal in der NFL gecoacht hatte und von dem Spiel ein bisschen was verstehe, fragte er ganz unverbindlich, ob ich mir vorstellen könnte, in der Sendung als Experte zu fungieren.

Nun bin ich ja grundsätzlich ein für neue Dinge aufgeschlossener Mensch. Aber ich und TV-Experte? Da war ich nicht so sicher. Dennoch vereinbarten wir einen Termin bezüglich Boxen, an dem ich dann auch im P7S1-Studio in Unterföhring vor den Toren Münchens zu einem Probedreh mit Frank Buschmann kommen sollte. Ich wusste zwar, wer das war und kannte seine Stimme vor allem von Basketballübertragungen. Aber persönlich hatten wir uns noch nie getroffen. Ich bin also hin zu dem Dreh, wir quatschten fünf Minuten und spielten ein paar Szenen durch, dann war ich schon wieder draußen.

Zeitgleich, und daher rührt die Legende von meiner Teilnahme am Casting, fand in Unterföhring ein Kommentatorencasting statt. Doch erstens war mir klar, dass mir dafür der fachliche Hintergrund fehlte, und zweitens wäre ich viel zu stolz gewesen, um mich zu bewerben, denn mein Credo war immer schon, dass man mich entweder findet oder es sein lässt.

Noch am selben Tag, nachdem Buschi und ich zusammen gedreht hatten, rief Rösner mich an und sagte: „Patrick, du musst das unbedingt machen!“ Mein erster Impuls war, dass ich mir durch einen Expertenjob im Fernsehen die Seriosität für meinen eigentlichen Job als Trainer zerstören könnte. Und ich war mir auch wirklich nicht sicher, ob mir so eine Rolle liegen würde. Bis auf einige Interviews während meiner Trainerzeit hatte ich noch nie vor der Kamera gestanden, zieht man mal die Sprechrolle ab, die ich als Zehnjähriger in einer Folge „Großstadtrevier“ hatte. Allerdings war ich beim Probedreh total locker gewesen, weil ich erstens nichts zu verlieren hatte, und weil das zweitens genau meine Materie war. Ich musste keine Rolle spielen, sondern war einfach Coach Esume.

Und wahrscheinlich war es genau das, was Alex Rösner und seine Crew überzeugt hat. Für den Impuls, meine Zusage zu geben, hat allerdings meine Frau Anna gesorgt, mit der ich solche Dinge immer bespreche. Sie hatte schon oft, wenn ich mich wieder über die Experten beklagte, weil die zu wenige Informationen rüberbrachten oder nicht fachlich genug waren, gesagt, dass ich es besser machen solle. Und nun, da man mir die Chance dazu bot, legte sie mir nahe, es doch zu versuchen.

Am nächsten Tag sagte ich zu. Im August 2015 gab es eine Pressekonferenz in Berlin, auf der das neue Team für „ran Football“

vorgestellt wurde. Für mich war das eine tolle Sache, aber damals dachte ich nicht, dass das ein so riesiges Ding werden würde. Da gucken doch maximal 150.000 Leute zu, dachte ich. Selten lag ich mit einer Einschätzung so daneben...

Im September, zum Start der NFL-Saison 2016, hatten wir die erste Sendung. Frank Buschmann war für mich ein absoluter Glücksfall. Buschi ist mit seiner Erfahrung ein totaler Ruhepol, der genau weiß, wie er eine Sendung steuern muss. Er hat mir anfangs viele Fragen gestellt, damit ich mich an das Sprechen vor der Kamera gewöhnen konnte und nicht gleich Eigeninitiative ergreifen musste. Das hat mir immens geholfen. Ich weiß zwar tatsächlich nicht mehr, welches Spiel wir damals zeigten. Noch eine Minute vor Sendebeginn war ich tiefenentspannt, doch als dann der Countdown begann, mit dem die letzten zehn Sekunden runtergezählt werden, dachte ich an tausend Dinge, die schiefgehen könnten, und da war mir plötzlich doch ziemlich mulmig. Allerdings, und das ist auch heute, nach rund 50 Sendungen, noch immer so: Wenn die Kamera läuft, ist man im Tunnel, dann sind alle anderen Gedanken wie weggeblasen.

An dieser Stelle möchte ich euch gern die Crew von „ran Football“ etwas besser vorstellen, damit ihr wisst, mit was für Menschen ihr es Woche für Woche zu tun habt, wenn ihr bei uns die Livespiele verfolgt. Und da ich die meisten Sendungen mit Buschi machen durfte, fange ich mit ihm an. Er ist der „Godfather“, war in den vergangenen Jahren der Dreh- und Angelpunkt der Sendung. Das Wichtigste, was man zu ihm sagen muss: er polarisiert. Wahnsinn, was er für eine Fangemeinde hat, aber ebenso verrückt, wie viel Hass ihm bisweilen in den sozialen Netzwerken entgegenschlägt.

Um seine Art der hoch emotionalen Kommentierung zu verstehen, muss man wissen, dass Buschi selbst ein erfolgreicher Leistungssportler war. Er war Spieler in der zweiten Basketball-Bundesliga. Diese Emotionalität, das Mitfiebern mit den Protagonisten, hat er sich bewahrt, und für mich ist das eine richtig geile Kombination. Buschi ist fachlich einer der Besten im Business, er wagte als Erster den Spagat zwischen Sport und Entertainment. Er hat eine immense

Kompetenz, was das Steuern von Sendungen angeht. Er kann sich komplett zurücknehmen und den Experten reden lassen, aber auch das Ruder in die Hand nehmen, wenn er merkt, dass die Sendung Führung braucht. Von ihm konnte ich wahnsinnig viel lernen, was den Umgang mit der Kamera und der eigenen Stimme angeht.

Was ich an ihm besonders schätze: Er ist vor der Kamera und abseits des Bildschirms derselbe Typ, er verstellt sich nicht, sondern ist absolut authentisch. Menschlich ist er ein erstklassiger Charakter, der absolut selbstlos andere in den Vordergrund schiebt. Er hat uns unerfahrene Neulinge großartig unterstützt, mit Rat und Tat zur Seite gestanden. Der Spruch „Harte Schale, weicher Kern" muss für ihn erfunden worden sein. Für mich war er ein absoluter Glücksfall, weil ich nicht nur einen Mentor, sondern auch einen Freund gewann.

Dass er nun zu Sky und RTL gewechselt ist, macht uns alle traurig, denn natürlich wird er als Kopf der Bande immens fehlen. Er war nicht nur das Gesicht der Sendung, sondern auch ihr Herz. Ich wünsche mir, dass die fast 500.000 Fans, die er hat, uns trotzdem treu bleiben und nicht abschalten, weil Buschi nicht mehr da ist.

Als seinen legitimen Nachfolger habe ich immer Schmiso gesehen. Florian Schmidt-Sommerfeld ist mit seinen 27 Jahren zwar noch ein Jungspund, aber ein umso größeres Talent. Er gewann damals das Kommentatorencasting, und ich dachte, dass man ihn als neuen Buschmann aufbauen würde. Dass er dem Original nun zu Sky gefolgt ist, ist ein weiterer herber Schlag fürs Team. Aber ich kann ihn sehr gut verstehen, immerhin hat er früher selbst Handball gespielt und ist großer Fußballfan, von daher ist es für ihn ein Traum, bei Sky nun Handball und Fußball kommentieren zu dürfen.

An Schmiso habe ich – neben seiner wunderbaren Stimme – die Gabe bewundert, sich von den Anweisungen über das Headset überhaupt nicht aus der Ruhe bringen zu lassen. Wir tragen die Dinger, damit wir neben der Regie auch den amerikanischen Originalton der Spiele und die Stadionatmosphäre hören können, und nicht, um authentisch auszusehen. Anfangs hat es mich total aus dem Konzept gebracht, wenn, während ich redete, auch noch alle möglichen anderen Stimmen durch das Headset trompeteten. Schmiso dagegen konnte die Informationen, die ihm auf die Ohren gegeben wurden, so souverän in seine Moderationen einbauen, dass ich manchmal dachte, dass da eine Maschine neben mir sitzt.

Kein Kommentator ist besser vorbereitet als er, er ist genauso akribisch informiert wie ich als Experte. Von ihm habe ich mir im Übrigen die Zettelvorlage geklaut, auf der ich meine Informationen notiere, weil ich die so super fand. Außerdem ist die Schmisette – den Namen hört er nicht gern – einer der Menschen, mit denen es sofort geklickt hat. Wir verbringen auch privat Zeit miteinander, haben uns schon gemeinsam mit unseren Partnerinnen getroffen. Er ist wirklich ein guter Freund geworden.

Nach diesen beiden schmerzhaften Abgängen ist es umso wichtiger, dass es Konstanten gibt. Und der wichtigste Stützpfeiler ist Christoph Dommisch, den alle nur als „Icke" kennen. Icke ist der geilste und härteste Typ von uns allen, der „Iron Man", der als Social-Media-Monster alle Sendungen begleitet und sonntags von 18.30 Uhr bis 2 Uhr nachts am Ball ist. Für mich ist er „Mister ran Football", weil er genau den Großteil der Fans verkörpert, die zwar selbst nie Football gespielt haben, aber das Spiel dennoch lieben.

Icke ist unser Verbindungsoffizier zur riesigen Online-Community. Gemeinsam mit seinem fleißigen Helfer Tobias „Tobbi" Hock, der ihm übers Headset neue Entwicklungen ins Ohr flüstert, durchforstet er die sozialen Medien nach Verrücktheiten, die er mit seiner unvergleichlichen, charmanten Art zu präsentieren weiß. Dabei vermittelt er, was ich sehr sympathisch finde, nie den Eindruck, ein Footballexperte sein zu wollen, auch wenn er besser als viele andere weiß, was gerade in der NFL los ist. Gleichzeitig aber spürt man das Herzblut, das er in die Sendung investiert. Icke kriegt auch sehr viel Lack im Internet, aber die, die ihn angreifen, haben einfach das Konzept der Sendung und auch unseren Sport nicht richtig verstanden.

Dazu kommt, dass Icke menschlich eine Eins mit Sternchen ist. Er kennt meine Familie, wenn er mal in Hamburg ist, treffen wir uns, und ich darf sagen, dass er eine Bereicherung für mein Leben geworden ist. Vor jeder Sendung telefoniert er über Facetime mit meiner Tochter Romy, die darauf besteht, mit ihm zu sprechen. Deshalb kann ich sagen, dass an ihm ein sehr guter Pädagoge oder Kindergärtner verloren gegangen ist. Und was uns noch verbindet, ist die Leidenschaft für Sneaker. Ich trage in fast jeder Sendung ein neues Paar Turnschuhe, weil es mir wichtig ist, mich gut angezogen zu fühlen. Look good, feel good, play good, das war mein Motto als Spieler, und das ist heute nicht anders. Und Icke kann das nachfühlen, ihm geht es ebenso. Allerdings schwört er auf Nike Air Force One, während ich durchaus auf Abwechslung stehe.

Nach „Mister ran Football" komme ich nun zum größten Experten in unserem Team: Volker Schenk. Volker war ein erstklassiger Spieler bei der Frankfurt Galaxy, er hat selbst gecoacht, und das macht ihn zu einem höchst kompetenten Footballkenner, der dazu auch gelernt hat, seine Kompetenz auf das Kommentieren auszuweiten. Ich finde, dass er eine tolle Stimme und eine sehr sympathische Art des Präsentierens hat. Dazu kommt, dass er ein großartiger Mensch ist. Er ist wirklich so nett, wie er im Fernsehen wirkt! Vielleicht ist das andererseits auch ein bisschen sein Problem, dass er zu nett für das Business ist, weil er sein Herz auf der Zunge trägt.

Dennoch glaube ich, dass er nach dem Abgang von Buschi und Schmiso einer derjenigen ist, deren Rolle nun größer wird, was ich ihm von Herzen wünsche. Um mit ihm zu telefonieren, reicht oftmals eine halbe Stunde nicht aus, weil wir uns auch abseits des Footballs so viel zu erzählen haben. Das hat teilweise schon philosophischen Charakter. Ich schätze den Schenkster wirklich sehr.

Der zweite Mann, dessen Rolle nun wachsen dürfte, weil er als Kommentator und Experte gleichermaßen gut ist, ist Jan Stecker. „Käptn Old School", wie ich ihn nenne, ist ein Beispiel dafür, wie man vom Fernsehen missgeleitet werden kann. Es gibt viele, die sagen, dass Jan auf dem Bildschirm arrogant wirkt, und das kann ich aufgrund seines Äußeren sogar nachvollziehen. Die graue

Eminenz sieht halt super seriös aus. Er würde problemlos auch als „Tagesschau"-Sprecher durchgehen.

Aber nach unserer ersten gemeinsamen Sendung haben wir lange geredet und uns kennengelernt, und da habe ich realisiert, was für ein feiner Kerl Jan ist. Er hat lange für die Cologne Crocodiles in der GFL gespielt, kennt sich deshalb mit dem Sport aus. Und aus dieser Zeit hat er sich bewahrt, ein echter Teamplayer zu sein. Jan ist eine Allzweckwaffe. Wenn er als Experte gefragt ist, macht er das, switcht aber genauso locker um und kommentiert. Zudem hat er einen richtig guten Humor, was vieles erleichtert.

Mein Schlüsselerlebnis mit Jan hatte ich aber in diesem Jahr beim Super Bowl. Jahrelang hatte er zusammen mit Buschi die Reise nach Amerika machen dürfen. Nun hieß es in diesem Jahr, dass ich an seiner Stelle fliegen sollte. Das war sicherlich nicht ganz einfach für ihn zu verkraften, dass der Neue seinen Platz kriegen sollte. Aber er hat zu keiner Zeit irgendwelche komischen Gefühle aufkommen lassen, sondern mir stets versichert, wie sehr er sich für mich freue und dass ich es verdient hätte. Und an dieser Stelle will ich auch einmal Danke dafür sagen, dass er mich nach den Sendungen mit dem Auto zum Hotel mitnimmt und mich nicht durch den dunklen Park zum Hotel latschen lässt!

Einer, den man selten sieht, der aber trotzdem sein Handwerk beherrscht, ist Uwe Morawe. Uwe kommt aus dem Fußball, hat sich aber in den Football total reingebissen und ist ein richtig guter Kommentator, dessen Stimme ich cool finde. Ich hatte nur eine Sendung mit ihm, aber freue mich stets, mit ihm zu arbeiten. An unserem Experten Roman Motzkus, früher Wide Receiver bei den Berlin Adler, fasziniert mich, was für Statistiken er sich merken kann. Das ist wirklich absurd. Dadurch dass wir beide Experten sind, hatten wir leider noch nie die Möglichkeit, zusammenzuarbeiten.

Und dann ist da noch Jörg „Opu" Opuchlik. Er vertont die Highlights und ist mit seiner Berliner Schnauze ein absoluter Hit. Gemeinsam mit Volker Schenk kommentiert er den German Bowl, und wer das noch nie gesehen hat, sollte es sich mal anschauen.

Nicht vergessen möchte ich natürlich die vielen Helfer, die man niemals vor der Kamera sieht oder über die Mikrofone hört, die aber mit unglaublichem Einsatz dazu beitragen, dass die Sendungen möglichst reibungslos ablaufen. Wenn es mal holpert, dann liegt das – und das schreibe ich nicht, um unserer Crew Honig um den Bart zu schmieren – meist an den Amerikanern, die den Ablauf manchmal komplett umwerfen. Und dann müssen unsere Leute gucken, wie sie das von der Platte putzen. Meist gelingt das so gut, dass die Zuschauer wenig von dem Chaos mitbekommen, und dafür hat die Crew meine Hochachtung.

Lasst mich nun jedoch einmal schildern, wie für mich eine normale Woche während der laufenden NFL-Saison aussieht, um euch einen Eindruck von dem Job zu verschaffen, den ich machen darf. Meine Vorbereitung beginnt am Dienstagmorgen mit dem Aufklappen des Laptops, um auf der Internetseite der NFL die neuesten Entwicklungen nachzulesen. Das mache ich selbstverständlich jeden Tag, denn ein grober Überblick über das Geschehen ist Pflicht. Am Dienstagnachmittag gibt es eine telefonische Redaktionskonferenz, auf der das abgelaufene Wochenende noch einmal analysiert und zudem festgelegt wird, welches Spiel wer am kommenden Sonntag zu betreuen hat.

Sobald ich das weiß, beginnt für mich die spezifische Vorbereitung auf die Partie. Ich nehme mir jeden einzelnen Spieler vor, checke seine Statistiken, seine Vergangenheit, wo er herkommt, was er schon geleistet hat. Und ich versuche, so viele Zusatzinformationen wie möglich zu sammeln. All das schreibe ich mir in Stenoform in mein Tablet. Dafür habe ich keine Assistenten, ich mache das alles selbst. Bei 53 Spielern auf dem Active Roster pro Team sind das 106 Menschen, über die ich Informationen sammeln muss. Dazu kommen natürlich noch die 35 bis 40 Coaches, und dann hat man's.

Damit bin ich gut zwei Tage beschäftigt. Natürlich hilft es, wenn man mehrmals in der Saison das gleiche Team hat, denn dann hat man die Basis schon gelegt und muss nur die Updates einpflegen. Grundsätzlich gehört es aber zu meiner Arbeit dazu, wirklich alle NFL-Spieler wenigstens mit Namen und Trikotnummer zu kennen.

Zusätzlich zur Vorbereitung auf die Sendung habe ich noch meinen Youtube-Kanal zu bestücken. Dienstags gibt es dort unter #resume eine Analyse des abgelaufenen Spieltags, donnerstags läuft dann unter #presume die Vorschau auf die Spiele des Wochenendes, insbesondere auf die Partien, die auf P7S1 laufen. Gefilmt wird das bei „Soul Kitchen" in Hamburg. Anfangs waren die Videos sieben bis acht Minuten lang, heute sind es, entgegen aller Empfehlungen der Marketingexperten, die Videos über fünf Minuten als zu lang brandmarken, 25 bis 30 Minuten. Und wir sind, das darf ich ganz unbescheiden sagen, mittlerweile eins der wichtigsten deutschsprachigen Football/NFL-Magazine.

Um mal mit einem großen Missverständnis aufzuräumen: Da ich auf meinem Kanal keine Werbung schalten darf, verdient damit niemand auch nur einen Cent. Wir machen das für die Fans alles kostenlos. 99 Prozent der Nutzer wissen das auch zu schätzen, ein paar gibt es aber, die immer nur meckern, wenn es mal etwas länger dauert, bis das Video online ist, oder vielleicht die Qualität nicht ganz astrein ist. Die Kritiker möchte ich hier deshalb um etwas mehr Verständnis bitten, wenn mal etwas hakt. Das Ganze ist letztlich immer noch ein Goodie.

Ein Goodie, der für mich Fluch und Segen zugleich ist. Fluch, weil mich der Kanal unheimlich viel Zeit und Mühe kostet. Segen, weil ich mich dort ausprobieren und mich so mit der Materie auseinandersetzen kann, wie ich es möchte. Ich bin Moderator, Kommentator, Experte und Interviewer in einer Person, und es gibt niemanden, der mir verbietet, so zu reden, wie mir der Schnabel gewachsen ist. Das genieße ich wirklich sehr.

Entschuldigt den kleinen Exkurs, kommen wir aus der Werbepause in eigener Sache zurück zur Sendung. Am Sonntagmittag, nachdem ich mit der Familie gefrühstückt und mein rituelles Bad genommen habe – ohne Badewanne geht die Sendung schief –, fliege ich nach München. Da ich nur mit Handgepäck reise, ist das Drumherum des Fluges entspannt. In München fahre ich mit der S-Bahn – nicht dass ihr glaubt, ich werde von einem Fahrer abgeholt – vom Flughafen nach Unterföhring, wo ich meine Sachen kurz in der kleinen Pension rauswerfe, in der ich übernachte. Von dort zum Studio sind es rund 15 Minuten Fußweg, und ich mag es gern, vor den Stunden im Studio noch etwas Bewegung an der frischen Luft zu haben.

Das Sendergelände ist bewacht wie ein Gefängnis. Man kommt ohne Zugangskarte nicht hinein, und drumherum gibt es eigentlich gar nichts. Wer glaubt, Fernsehen ist Glamour, der sollte mal in Unterföhring vorbeischauen. Wobei das letztlich nichts bringt, denn Publikum ist bei uns nicht zugelassen. Die ganze Logistik, die dazu notwendig wäre, würde zu viel finanziellen Aufwand bedeuten. Einmal hatten wir Zuschauer dabei, da war ich allerdings mit Frankreichs Nationalteam unterwegs. Und ich glaube auch, dass es für Fans gar nicht so attraktiv wäre, ein ganzes Footballspiel lang live in einem Studio zu sitzen. Da hat man es auf dem heimischen Sofa mit Bier und Chips – oder was auch immer ihr trinkt und esst – doch wesentlich angenehmer.

Die Sendung beginnt am Sonntagabend um 18.30 Uhr, zwei Stunden vorher treffen wir uns mit dem jeweilig diensthabenden Leiter der Sendung (LDS), um letzte Details zu klären und mögliche Änderungen an dem Sendeablauf zu besprechen, den man donnerstags per E-Mail zugeschickt bekommt. Diese Besprechung dauert 15 bis 20 Minuten, dann geht es ab in die Maske. Dort wird man – ja, auch als schwarzer Bruder – geschminkt und zieht die Klamotten von Ausstatter Mahagony an, auf die man Bock hat. Und um 17.30 Uhr ist die 30-minütige Generalprobe. Da wird all das noch einmal durchgegangen, was wichtig ist, bis das Livespiel startet, denn das, was dann kommt, ist natürlich nicht planbar.

Sieben Minuten vor dem Start der Übertragung sind wir auf Stand-by, dann muss jeder sich bereit machen. Ich filme dann gern für Facebook Live, um meiner Community zu zeigen, was im Hintergrund passiert. Und das Letzte, was ich mache, ist, meine Tochter anzurufen, die die erste Stunde der Sendung gucken darf. Sie besteht darauf, mit mir noch einmal ein paar Worte zu wechseln, bevor ich das Telefon an Icke weitergeben muss. Das ist ein festes Ritual geworden.

Wenn dann der Countdown runtergezählt wird, spüre ich auch nach fast 50 Sendungen noch immer dieses Kribbeln im Bauch. Nicht schlimm, also nicht in der Form, dass es mich stört. Aber doch deutlich als Lampenfieber wahrnehmbar, das aber mit dem Start der Sendung verflogen ist. Viele fragen mich, was man tut, wenn man in der Livesendung auf Klo muss. Das ist ganz einfach: gehen. Die Toilette ist direkt neben dem Studio, und es gibt genug kleine Unterbrechungen, in denen das kleine Geschäft erledigt werden kann. Und Buschi ist auch schon mal während einer Sendung aufgesprungen, weil er es nicht mehr aushalten konnte – Altmännerblase halt. Dann habe ich allein überbrückt, bis er wieder da war. Alles easy! Und in der Halbzeit des Spiels, wenn wir die lange Werbepause haben, können wir sogar ein Stück Pizza essen, das Herr Buschmann und auch Schmiso dann während der Livesendung gern mal unter ihren Notizen verstecken.

Natürlich möchte man während einer Livesendung auch keinen Hustenanfall bekommen oder plötzlich heiser werden. Dennoch habe ich keine besonderen Tipps dafür, wie man seine Stimme am besten schont. Der berühmte Ring-Announcer Michael Buffer, dessen „Let's get ready to rumble" vor Boxkämpfen ihr bestimmt auch im Ohr habt, lutscht während seiner Auftritte ganz langsam ein Pfefferminzbonbon. Mich stört es nicht, wenn meine Stimme auch mal arg lädiert klingt, was der Fall ist, wenn ich vor der Sendung mit den Franzosen im Camp war. Das gehört dazu. Dennoch ist klar, dass ich während der Sendung viel trinke. Einerseits, um den Hals vorm Austrocknen zu bewahren, andererseits aber auch, weil es unter den Scheinwerfern im Studio manchmal furchtbar heiß werden kann.

Vom permanenten Reden bin ich, wenn die Sendung gegen 22.30 Uhr beendet ist, vollkommen gerädert. Meist habe ich ja das erste Spiel und kann dann an das zweite Team übergeben. Wenn das passiert ist und ich mich abgeschminkt habe, gehe ich zu Fuß ins Hotel zurück, sofern ich nicht das Glück habe, dass Jan Stecker mich fährt. Dort dusche ich und lege mich ins Bett, um das zweite Match zu schauen. Meist jedoch, muss ich zugeben, schaffe ich es nicht, es ganz zu sehen, weil ich von den Strapazen der eigenen Sendung zu müde bin. Außerdem geht am Montagmorgen recht früh der Flieger zurück nach Hamburg, damit ich mittags pünktlich zurück bin, um Romy aus dem Kindergarten abzuholen und sie zum Tennis zu fahren. Montagnachmittag ist Papa-Tochter-Zeit, und die ist mir heilig.

Natürlich möchtet ihr nach fast 50 Sendungen gern wissen, ob es mal eine Panne gab, die mir richtig peinlich war. Zum Glück muss ich euch da enttäuschen. Da ging vielleicht mal ein Headset kaputt, sodass der Techniker durchs Bild stolperte. Oder ich habe mal ein paar Namen verwechselt. Aber das sind Dinge, die jedem einmal passieren. Vielmehr ist es eher so, dass an jedem Wochenende lustige Dinge passieren, was daran liegt, dass wir im Team untereinander wie Kumpels miteinander umgehen. Manche denken, dass Buschis Icke-Bashing ernst gemeint ist und die sich wirklich nicht verstehen. Aber das ist natürlich Unsinn. Wir sehen uns als Freunde, die sich gemeinsam durch einen netten Footballabend labern, und nicht als Sprachroboter.

Den größten Spaß hatten wir, so meine ich mich zu erinnern, beim Pro Bowl 2016. Der fand auf Hawaii statt, aber Jan Stecker, Schmiso und ich haben aus Unterföhring kommentiert. Es war mitten in der Nacht, und wir haben in der Halbzeit die Ansprachen der Trainer an ihre Teams nachgestellt. Stecker auf Deutsch, ich danach auf Englisch mit einer kruden Aneinanderreihung von Schimpfwörtern. Da war die Regie teilweise doch irritiert, ob man so etwas im deutschen Fernsehen anbieten dürfte. Aber das Video davon ging ab wie geschütteltes Selters.

Die nachhaltigste Sendung war wahrscheinlich die, in der Buschi mitbekommen hat, dass ich über den Inhalt der Naschkiste gelästert hatte. Da war nur No-name-Schokolade drin, und ich habe gefragt, ob man nicht auch mal Lakritze bekommen könnte. Als Norddeutscher mag man das Zeug einfach. Es ist doch so: Die im Süden essen Schokolade und Fischstäbchen, wir im Norden essen Lakritze und Lachs. Davon bekam Buschi Wind, und während einer langen Pause, die wir überbrücken mussten, fragte er mich vor laufender Kamera, was das mit meiner Vorliebe für Lakritze auf sich hätte. Immerhin würde ich davon ja vor jeder Sendung zwei Säcke verdrücken. Was natürlich Unsinn ist, weil ich sonst wohl Pirelli-Reifen kacken würde.

Aber egal, Buschi fragte, woher meine Leidenschaft käme, und da ich selten um eine dumme Antwort verlegen bin, sagte ich nur: „Ist doch klar: Schwarzer Mann, schwarzes Essen." Damit hatte ich Pandoras Büchse geöffnet. Von da an bekam ich von den Fans massenweise Lakritze geschickt. Mir ist es sogar schon mehrfach passiert, dass Fans mich im Supermarkt getroffen haben und kurz darauf mit einer Tüte Lakritz ankamen, die sie für mich gekauft hatten. Wahnsinn! Mittlerweile habe ich zu Hause einen halben Schrank voll, und auch wenn ich weiß, wie lieb das alles gemeint ist, möchte ich hier zu einem Eindämmen der Lakritzflut aufrufen. Ich komme einfach nicht mehr allein dagegen an!

Das kurioseste Erlebnis hatte ich im Zusammenhang mit der Sendung allerdings im vergangenen Jahr in London. Dort trägt die NFL ja regelmäßig reguläre Saisonspiele aus, in diesem Jahr sind es bereits vier. Ich liebe es, Spiele vor Ort zu kommentieren. Es ist einfach ein himmelweiter Unterschied, ob man in einem Studio sitzt oder die Stadionatmosphäre live erlebt. Vor einem der Spiele im vergangenen Herbst hatte ich auf Facebook live aus meiner Badewanne heraus die deutschen Fans, die nach London geflogen waren, dazu aufgefordert, zu einem kleinen Gedankenaustausch in den Pub „Pride of Paddington" zu kommen.

Weil die Jungs von Sat.1 Füchse sind und einen guten Braten riechen, hatten die ein Kamerateam mitgeschickt. Ich war überzeugt, dass da nicht mehr als 50 Fans auflaufen würden. Doch als wir um die Ecke bogen, sah ich, dass vor dem Laden mehrere Hundert Menschen standen. Und im Inneren war der nicht gerade kleine Pub zum Bersten gefüllt. Da war die Hölle los, es spielten sich unglaubliche Szenen ab, und an dem Abend habe ich realisiert, wie riesig die deutsche Football-Community ist und was für einen Nerv wir mit der Sendung getroffen haben. Was für ein legendärer Abend, der sich in diesem Jahr definitiv wiederholen wird!

Was die Zukunft bringt, darauf bin ich selbst sehr gespannt. Für mich persönlich ist das Reisen die größte Herausforderung. Gerade weil der Sonntag eigentlich ein Familientag ist, tut mir das Fortgehen dann besonders weh, und dann wünsche ich mir, dass wir „ran Football" in Hamburg produzieren könnten. Dennoch habe ich nach den zwei Jahren eine Routine entwickelt, die mir auch hilft, das Ganze professionell durchzuziehen. Und natürlich werden nach den Abgängen von Buschi und Schmiso die Karten neu gemischt. Zum Zeitpunkt, da dieses Buch gedruckt werden musste, standen noch keine Details zum neuen Team fest. Aber ich bin mir sicher, dass es weiterhin eine tolle Truppe sein wird, mit der es großen Spaß macht, euch die NFL näherzubringen. Und daran mitzuarbeiten, das ist für mich eine Ehre und eine Verpflichtung zugleich.

COOL-DOWN:

EIN AUSBLICK AUF DAS, WAS KOMMT IM FOOTBALL IN DEUTSCHLAND, EUROPA UND DEN USA

Bevor ihr jetzt das letzte Kapitel dieses Buches lest, möchte ich euch danken und ein Lob aussprechen. Dafür, dass ihr mein Erstlingswerk gekauft und sogar bis hierhin durchgehalten habt! In der Hoffnung, dass ihr Spaß hattet und vielleicht auch ein bisschen was gelernt habt, möchte ich euch zum Ausstieg mit meinen Visionen für unseren geliebten Sport belohnen.

Starten wir mit der anstehenden NFL-Saison. Der Respekt erfordert, dass ich den amtierenden Champion an vorderster Stelle erwähne, was andererseits natürlich auch passend ist, denn auch in der neuen Spielzeit wird auf dem Weg zum Super-Bowl-Triumph kein Weg an den New England Patriots vorbeiführen. Es hat während der Off-Season keine Anzeichen dafür gegeben, dass die Jungs um Superstar-Quarterback Tom Brady schwächeln könnten. Brady selbst ist körperlich in Topform, und die Mannschaft wurde mit Brandin Cooks, den man für einen Erstrunden-Draftpick mit den New Orleans Saints getraded hat, um einen Granaten-Receiver verstärkt.

Weil mit Rob Gronkowski der lange verletzte und schmerzlich vermisste Top-Tightend zurückkehrt, frage ich mich, wer diese Patriots eigentlich stoppen will. Selbst wenn sich Brady verletzt, haben sie mit Jimmy Garoppolo einen Ersatzmann, der bewiesen hat, dass er auf ähnlich hohem Level das Spiel lenken kann. Deshalb steht für mich außer Frage, dass New England in der American Football Conference (AFC) erneut das „Team to beat“ sein wird.

Zuzutrauen, diesen Brocken zu schlucken, ist es den Pittsburgh Steelers. Sie haben mit „Big“ Ben Roethlisberger einen

Top-Quarterback, mit Le'Veon Bell einen der besten Runningbacks der Liga und mit Antonio Brown einen hervorragenden Receiver. Außerdem steht ihnen mit dem im vergangenen Jahr gesperrten und an Depressionen leidenden Martavis Bryant eine weitere Vollrakete zur Verfügung. Obendrauf sicherten sie sich im Draft mit JuJu Smith-Schuster einen weiteren sehr hoch einzuschätzenden Passempfänger, sodass sie offensiv eine Menge auf die Platte bringen werden. Ach, und Sammy Coates haben sie ja auch noch!

Angesichts meiner Zuneigung zu den Oakland Raiders freut es mich, dass sie diesmal zu den ärgsten Herausforderern zu zählen sind. Mit Derek Carr haben sie den wahrscheinlich stärksten jungen Quarterback, dazu kommen mit Khalil Mack der Defensiv-MVP der vergangenen Saison und mit Marshawn „Beastmode" Lynch, der nach einem Jahr Pause zurückkehrt, ein Top-Runningback, der das Laufspiel absolut bereichern wird. Im Draft haben die Raiders den Fokus auf Passverteidigung gelegt, was angesichts ihrer Schwäche in der vergangenen Saison sinnvoll war. Mit ihnen wird zu rechnen sein wird.

Mein Überraschungsteam in der AFC sind allerdings die Cleveland Browns. Nun mag es kein gewagter Tipp sein angesichts nur eines Sieges in der Saison 2016/17, dass sie sich verbessern werden. Aber ich bin überzeugt, dass sie sogar einen richtig großen Schritt machen und einer ausgeglichenen Bilanz nahekommen können. Die Browns haben in der Off-Season große Arbeit geleistet und ihren Kader komplett neu strukturiert. Ich denke, dass ihnen nur ein echter Franchise-Quarterback fehlt, um ein Play-off-Team zu sein.

Ihre Rolle als Schlachtvieh könnten die New York Jets übernehmen, bei denen mir bislang nicht klar geworden ist, welchen Plan sie verfolgen. Auch die Jets haben den Reset-Knopf gedrückt, dabei wirkt es aber so, als hätten sie einfach mal alle Spieler gecuttet, die teuer oder älter als 30 sind, um mit einem völlig neuen, jungen, unerfahrenen Team den Neustart von ganz unten zu wagen. Ob das gut geht? Ich fürchte eher nicht.

Schauen wir in die National Football Conference (NFC). Ob die Atlanta Falcons eine ähnlich starke Saison spielen werden wie im vergangenen Jahr, hängt von zwei Faktoren ab: Wie haben sie die bittere Super-Bowl-Pleite gegen die Patriots verdaut? Und wie wirkt sich der Abgang von Offensive Coordinator Kyle Shanahan aus, der jetzt Headcoach der San Francisco 49ers ist? Ich glaube, dass sein Abgang ein tiefes Loch reißen wird, das die Falcons erst einmal stopfen müssen. Matt Ryan hat als MVP der vergangenen Saison gezeigt, dass er einer der Top-Quarterbacks der Liga ist, und defensiv hat Atlanta sich mit Takkarist McKinley im Draft verstärken können. Aber ob sie offensiv ohne Shanahan dieselbe Qualität bringen können, bleibt abzuwarten.

Hinter den Falcons sehe ich einige Teams, die definitiv das Zeug haben, richtig weit zu kommen. Da seien natürlich die Green Bay Packers genannt, die sicherlich nicht noch einmal eine solche Verletztenmisere erleben werden wie im vergangenen Jahr. Über die Quarterback-Qualitäten eines Aaron Rodgers müssen wir nicht reden, er gehört zu den Top-Drei der Liga. Mit Martellus Bennett haben sie einen starken Tightend von den Patriots geholt, und überhaupt wurde die Defensive und die Passverteidigung dermaßen verstärkt, dass ich sicher bin, sie am Ende der Saison weit vorn zu sehen.

Große Stücke halte ich auch auf die Dallas Cowboys und die Seattle Seahawks. Die Cowboys um ihre Superjungstars Dak Prescott (Quarterback) und Ezekiel Elliott (Runningback) werden auch in dieser Saison die Liga aufmischen, und die Seahawks sind defensiv eine Macht und haben mit Eddie Lacy einen Runningback von den Packers geholt, der ihr Laufspiel auf ein neues Level hieven kann.

Der Geheimfavorit aber sind für mich die New York Giants, denn die haben sich in diversen Mannschaftsteilen verbessert. Mit Brandon Marshall haben sie vom Lokalrivalen Jets einen Top-Receiver geholt, und sie haben auf der gleichen Position mit Sterling Shepard einen der Top-Rookies der vergangenen Saison. Dazu kamen im Draft der beste Pass-Receiving-Tightend Evan Engram und mit

Wayne Gallman ein starker Runningback, sodass ich glaube, dass die Giants im Laufspiel deutlich besser sein werden. Wenn Quarterback Eli Manning mit dieser Offensivpower nichts hinkriegt, dann weiß ich auch nicht weiter.

Ein paar Spieler, von denen ich in dieser Saison viel erwarte, möchte ich euch auch nicht vorenthalten. Ezekiel Elliott von den Cowboys wird auch in seinem zweiten Jahr ein Feuerwerk abbrennen und weiter durchstarten. Leonard Fournette, dem jungen Runningback der Jacksonville Jaguars, traue ich mehr als 1000 Yards Raumgewinn und eine große Anzahl an Touchdowns zu. Myles Garrett, Defensive End der Cleveland Browns, ist für eine zweistellige Zahl an Quarterback-Sacks gut. Ein Quarterback, von dem ich ebenfalls viel erwarte, ist Jameis Winston von den Tampa Bay Buccaneers, der in der Offensive so viele Waffen im Passempfang hat, dass er einen großen Sprung machen wird. Und persönlich hoffe ich sehr, dass Colin Kaepernick noch einen neuen Klub findet und zeigen kann, was er drauf hat. Dass ihn die Teams meiden, nur weil er wegen seines „Kniefalls“ für die schwarzen Opfer von Polizeigewalt Haltung gezeigt hat, finde ich erbärmlich und halte das für ein Armutszeugnis. Ich denke, dass irgendwann, wenn die Not größer ist als die vermeintliche Moral, ein Team zugreifen wird – und dann wird Colin wieder sportlich für Schlagzeilen sorgen.

Ich bin sehr gespannt, welche Trends die NFL in der neuen Spielzeit setzen wird. Generell glaube ich, dass das Running Game eine Renaissance erfährt. In den vergangenen zehn Jahren wurde in der NFL oft propagiert, dass Football zum Passing Game werden würde, aber ich glaube das nicht. Der Trend, dass Quarterbacks den Ball selber laufen, wird ebenfalls abnehmen, weil das Risiko zu groß ist. Dafür wird das Screen Game wichtiger, der kurze Pass hinter der Line of Scrimmage, weil die Passrusher mittlerweile so schnell sind, dass diese Screens sehr nützlich dafür sind, den großen, schweren Offensive Linemen das Leben leichter zu machen. Davon werden wir mehr sehen.

Generell gibt es in der NFL eine Abkehr von der schieren Körpergröße hin zu mehr Athletik. Das gilt auch für die Offensive Line. Das Spiel wird immer athletischer, es ist eine Mischung aus Athletik und Geschwindigkeit, die gefragt ist. Was ein wenig auf der Strecke bleibt, das ist die taktische Ausbildung. Die Spieler sollen immer schneller funktionieren, werden aber nicht besser geschult, was mich zu einem Thema bringt, das ich für sehr wichtig halte.

Ich bin der Überzeugung, dass die NFL wieder eine Ausbildungs- und Entwicklungsliga braucht, wie es die NFL Europe war. Eine solche Liga wäre nicht nur für die Entwicklung der jungen Spieler gut, die dort Spielpraxis auf höherem Niveau als im College bekommen und sich so an das NFL-Niveau herantasten könnten. Auch die Ausbildung der Schiedsrichter und die Fortbildung der Coaches würden davon profitieren. Und das Argument, die nationalen Ligen könnten unter einer NFL-Europaliga leiden, halte ich für absoluten Unsinn. Das Gegenteil ist der Fall: Football wäre mehr im Gespräch, und wenn es einen Austausch und einen Wissenstransfer gibt, strahlt das auf die Amateurligen ab.

Das allerdings würde bedingen, dass es in Deutschland einen Verband gäbe, der versteht, dass die Spieler das Wichtigste sind und nicht die Funktionäre. Es müsste ein Programm geben, in dem Spieler und Trainer entwickelt werden. Und es müsste alles dafür getan werden, um den nationalen Football ins Fernsehen zu kriegen, um potenziellen Partnern eine Bühne zu bieten. All das gibt es beim American Football Verband Deutschland (AFVD) unter dem jetzigen Präsidenten leider nicht. Im Gegenteil: Statt einer Annäherung an die NFL und an TV-Partner gibt es nur Abschottung und Konfrontation. Beispiel gefällig? Der diesjährige Eurobowl zwischen den Braunschweig Lions und Frankfurt Universe sollte auf ran.de live im Stream gezeigt werden. Leider waren die Gespräche zwischen RAN und dem AFVD wenig fruchtbar ...

Deutschland ist in Europa das Land mit dem mit Abstand größten Talent, wir sind Europameister und haben die am besten ausgebildeten Spieler. Aber nicht, weil der Verband so tolle Arbeit leisten würde, sondern weil wir hier mal fünf NFL-Europe-Teams hatten, die Strukturen hinterlassen haben. Das Nationalteam könnte ein Aushängeschild sein, aber leider sind sich die Verbände auch international nicht grün. Da gibt es mehrere Weltverbände, die verschiedene Ziele verfolgen, und das ist so absurd, dass sich daraus leider nichts entwickeln wird.

Die NFL verfolgt das Ziel, internationaler zu werden und sich die großen Märkte in Übersee besser zu erschließen. Dazu gehört mehr, als nur ein paar Spiele in London zu veranstalten. Spätestens 2019 muss eine Partie in Deutschland stattfinden, Berlin und Frankfurt bieten sich dafür an. Der Markt ist höchst interessant, es gibt eine riesige Zielgruppe. Natürlich will die NFL auch in den chinesischen Markt. Dort identifiziert sich zwar bislang kaum jemand mit Football, aber wer den Hype um den Basketballer Yao Ming kennt und weiß, was er der NBA und Mings Club Houston Rockets gebracht hat, der kann verstehen, warum China als wichtigster Wachstumsmarkt gilt.

Aber der nächste logische Schritt ist Deutschland, denn neben England ist das der interessanteste Markt. Frankreich, und das sage ich als französischer Nationalcaoch, ist wegen der starken Position des Rugbys nicht interessant, in Skandinavien leben schlicht zu wenige Menschen, und in Südeuropa interessieren sich die meisten für nichts anderes als Fußball. Deutschland zieht aufgrund seiner Lage auch Fans aus den Nachbarländern an und bietet als stabile Wirtschaftsmacht alles, was sich die NFL wünscht.

Was ich als wenig sinnvoll erachte, ist ein festes NFL-Team in Europa, das ja durchaus schon diskutiert wurde. Die Reisekosten und die mit der Zeitumstellung und den Reisezeiten verbundenen Strapazen für den Körper wären einfach zu hoch. Vielleicht würde London funktionieren, aber ich denke, der Aufbau einer Entwicklungsliga wäre der sinnvollere Schritt, denn wer die Liga internationaler machen will, der sollte lokale Stars aufbauen, die die Identifikation mit dem Sport stärken. Die NFL wird sich bewegen müssen, wenn sie die Aufbruchsstimmung, die hier herrscht, nicht verpassen will.

Ob das passieren wird? Ich weiß es nicht. Ich bin aber überzeugt davon, dass unser Sport noch viel mehr Potenzial hat. Wenn der Schulterschluss zwischen der NFL, den Verbänden und dem Fernsehen gelingt, dann kann Football auch in Deutschland zu einer stabilen Größe heranwachsen. „Believe the hype", diesen Titel haben wir für das Buch gewählt, weil ich daran glaube, dass Großes im Football steckt. Und ich hoffe, dass ich euch klarmachen konnte, warum es Sinn ergibt, das zu glauben. Deshalb: Bleibt am Ball, unterstützt euer Team und unseren Sport – und tragt dazu bei, dass aus einem Hype ein Dauerzustand wird.

DANKSAGUNG

Patrick und Björn danken:

Dem Edel-Verlag für das Vertrauen und die Möglichkeit, dieses Buch zu schreiben.

Unseren Lektoren Marten Brandt und Alex Raack für die großartige und entspannte Zusammenarbeit.

Dem Marketingteam um Nadja Schreiber für die liebevolle Betreuung und Unterstützung.

Sascha Fabian und Lennart Scheller von der Agentur Sportsfreude für Rat und Tat bei der Entstehung dieses Buches.

Patricks Dank geht:

An den großen Gasförmigen, der mich über viele Umwege bis an diesen Punkt geleitet hat und mir immer eine neue Tür aufgetan hat, wenn ich mal wieder keine Ahnung hatte, wohin mein Leben mich führen sollte.

An die beste Mutter der Welt, von der ich gelernt habe, dass harte Arbeit keine Schande ist und dass man in schweren Lebenssituationen nach vorne schauen sollte, statt im Moment zu verharren.

An meine Frau Anna, die meine Leidenschaft Football und all ihre Nebenwirkungen versteht und mich immer unterstützt hat.

An meine Tochter und meine Schwester, dafür, dass sie in meinem Leben sind.

An meinen Mentor Robert Valesente, der mich nicht nur in meinem Footballleben geleitet und unterstützt hat, sondern mir auch als Mann immer ein Vorbild war.

An alle Trainer, die mit mir gearbeitet und meinen Hang zum Perfektionismus ertragen haben.

An alle Spieler, die ich coachen durfte und die mein Leben sehr bereichert haben.

An meine Freunde Nommi, Memo, Semih, Emmi und viele andere, die mich über all die Jahre begleitet, mir beigestanden und bei gefühlt 100 Umzügen geholfen haben.

An meinen Co-Autor Björn Jensen, der es geschafft hat, mich sowohl als Trainer als auch als Mensch zu verstehen und meine absurden Gedanken zu einem Buch zusammenzufassen.

Der letzte und wichtigste Dank geht an meine verstorbene Schwester Jessica Itemietan Esume, mit der ich eine sehr tiefe Verbindung hatte. Ohne Jessica wäre ich nicht der Mann, der ich jetzt bin.

Björn dankt:

Meiner Frau Anne und meinen Kindern Ida und Ole für ihre Geduld und ihre Liebe.

Meiner Familie und meinen Freunden für ihr Verständnis, wenn ich mal wieder nicht dabei sein konnte, obwohl es geplant war.

Dem „Hamburger Abendblatt“ für die vielen Chancen, mich beruflich zu entwickeln, und die Erlaubnis, das Buch „nebenbei“ zu schreiben.

Und natürlich Patrick für das Vertrauen, mich als seinen Co-Piloten auszuwählen, für viele unvergessliche und lehrreiche Stunden sowie literweise Tee.